廉价的代价

A History of the World in
Seven Cheap Things

资本主义、自然与星球的未来

A Guide to Capitalism, Nature and the Future of the Planet

[美] 拉杰 · 帕特尔（Raj Patel） [美] 詹森 · W. 摩尔（Jason W. Moore） 著
吴文忠 何 芳 赵世忠 译

中信出版集团 · 北京

图书在版编目（CIP）数据

廉价的代价：资本主义、自然与星球的未来 /（美）
拉杰·帕特尔，（美）詹森·W. 摩尔著；吴文忠等译. --
北京：中信出版社，2018. 1

书名原文：A History of the World in Seven
Cheap Things

ISBN 978-7-5086-8511-3

Ⅰ. ①廉… Ⅱ. ①拉… ②詹… ③吴… Ⅲ. ①资本主
义－研究 Ⅳ. ①D091. 5

中国版本图书馆 CIP 数据核字（2017）第 318037 号

廉价的代价——资本主义、自然与星球的未来

著　　者：［美］拉杰·帕特尔　［美］詹森·W. 摩尔
译　　者：吴文忠　何　芳　赵世忠
出版发行：中信出版集团股份有限公司
（北京市朝阳区惠新东街甲 4 号富盛大厦 2 座　邮编　100029）
承 印 者：北京通州皇家印刷厂

开　　本：787mm ×1092mm　1/16　　印　　张：19. 5　　字　　数：260 千字
版　　次：2018 年 3 月第 1 版　　印　　次：2018 年 3 月第 1 次印刷
京权图字：01-2017-1968　　广告经营许可证：京朝工商广字第 8087 号
书　　号：ISBN 978-7-5086-8511-3
定　　价：68. 00 元

谨以此书献给

导师、良师益友、段子手、大鲨鱼——

菲尔·麦克迈克尔

序 言

在经历了原始文明、农业文明、工业文明三个阶段后，人类社会正在进入一个全新的发展阶段：向生态文明过渡。生态文明是工业文明发展到一定阶段的产物，是超越工业文明的新的文明境界，是人类社会文明的高级形态，也是当今世界各国特别是我国正在大力推动的一种社会文明形态。

全面理解生态文明的丰富内涵，需要我们用“世界-生态”思维方式，重新看待人类以及人类所处的生命网络中其他自然种类的生命和劳动，重新分析人类社会权力、生产和再生产之间的关系，这种思维方式有助于我们理解当前所处的世界，以及预测未来的发展走势。

目前，人类正面临多领域的灰犀牛式危机：世界经济增长动能不足、贫富分化严重、恐怖主义肆虐、金融风险加剧、资源枯竭警钟长鸣、生态破坏成为全球性课题……站在“世界-生态”和生命网络的角度，我们可以更清楚地看到这些问题的根源。

西方的工业文明史，也可以称作一部资本主义廉价史。自然、货币、劳动、关怀、食物、能源、生命，这些在资本主义形成及发展中发挥着不可替代作用的要素，其价值被廉价化。“廉价”不仅仅是低成本，它是资本主义为在其既定的生命网络中无限攫取财富而采用的一种战略、一种手法。

资本主义之所以繁荣，并非完全通过毁灭自然，而是通过驱使自然来运行，驱使其尽可能廉价地运行。我们看到，树木、水、土壤、动物和植物，以及陆地边缘的海域，都被当作了“免费的礼物”，被转变成生产的投入。自然界成了资本随需随取的储备库以及垃圾箱。

不过，在人类历史进程中，危机总是促使新的战略产生。当被“廉价化”支撑起来的工业文明发展到其每一个要素——自然、货币、劳动、关怀、食物、能源、生命全都存在危机时，我们迫切需要一种创新性与系统性的思维，重新思考人类与自然之间、人与人之间、国与国之间的关系。

推进生态文明建设，是习近平新时代中国特色社会主义思想的重要内容，是对自然规律、社会规律再认识的重要成果，是坚持和发展中国特色社会主义的重大理论创新。

人类文明进步有两个基本关系必须处理好，一是人与人的关系，二是人与自然的关系。人与人的关系处理不好，会带来社会动荡、国家衰败。人与自然的关系处理不好，同样会带来社会崩溃、文明衰退，这是一个客观规律。所以，人与自然也是命运共同体，人类必须尊重自然、顺应自然、保护自然，实现人与自然和谐共生。

改革开放以来，我国经济发展取得了举世瞩目的成就，但不可讳言的是，生态环境成为国家发展的短板，成为人民生活的痛点。要从源头上、根本上跨过资源环境这道坎，不仅要加快转变经济发展方式，还必须大力推进生态文明建设。一方面我国经济发展面临的生态环境制约越来越凸显，石油、铁矿石等重要资源对外依存度快速上升，三分之二的城市缺水，耕地逼近18亿亩红线；另一方面环境污染严重，环境状况总体恶化趋势没有从根本上遏制，生态系统退化，并带来自然灾害频发。要补齐这块短板，治愈这一痛点，要坚持两手抓，一方面要加强生态文明建设，另一方面要改革生态文明体制，而且后一手要更硬一些。建立系统完整的生态文明制度体系，要从源头严防、过程严管、后果严惩三方面入手。“源头严防”的制度包括健全自然资源资产产权制度，健全国家自然资源资产管理体制，完善自然资源监管体制，坚定不移地实施主体功能区制度，建立空间规划体系，落实用途管制，建立国家公园体制。“过程严管”的制度包括实行资源有偿使用制度，实行生态补偿制度，建立资源环境承载能力监测预警机制，完善污染物排放许可制，实行企事业单位污染物排放总量控制制度。“后果严惩”的制度包括建立生态环境损害责任终身追究制，实行损害赔偿制度。

近年来，随着中等收入群体的迅速扩大，人民不仅对高品质产品的消费迅猛增长，对清新空气、清洁水源、优美环境的需求也越来越迫切，对食品的安全性越来越关心。习近平总书记关于“绿水青山就是金山银山”的思想，就是要大力推进生态文明建设，提供更多的优质生态产品，以满足人民日益增长的对优美生态环境的需要。从某种意义上来说，我们要建设的这种人与自然和谐共生、人与人共创美好生活的现代化，就是对西方资本主义“廉价化”发展模式的一种纠错和修正。

构建人类命运共同体，是我国直面全球最重要的发展难题，回应国际社会的普遍关切，为世界发展和人类未来贡献的中国智慧。正如习近平总书记说的“和平赤字、发展赤字、治理赤字，是摆在全人类面前的严峻挑战”，“没有哪个国家能够独自应对人类面临的各种挑战，也没有哪个国家能够退回到自我封闭的孤岛。”人类生活在同一个地球村，各国日益相互依存，你中有我，我中有你，命运与共。构建人类命运共同体，契合人类社会的发展需求，为全球治理提供了一种可行的路径。

我国近年来一直坚持不懈推进的“一带一路”倡议，秉持共商、共建、共享原则，用和平合作、开放包容、互学互鉴、互利共赢的丝路精神，积极促进沿线各国之间的产能合作、能源合作、贸易合作，将全球资本投向更多发展中国家，实现地区基础设施互联互通，促进发展中国家经济增长，从而摆脱贫困、缩小南北差距。“一带一路”是中国为全球经济发展提供的一条解决之道、破局之道，展示出中国与世界各国携手发展、实现互利共赢的决心，也是构建人类命运共同体，共同建设美好世界的伟大实践。

目前世界上的很多难题都是相互关联、相互影响的，所以从根本上解决这些难题的创新性和系统性思维极其重要。我们必须从整个人类历史来审视“自然-社会”系统，从而系统性地解决人类面临的各种危机。《廉价的代价》这本书，相比已有的汗牛充栋的反思资本主义发展模式的著作，独特地提出了“世界-生态”以及生命网络这一理解历史进程和从根源上解决危机的新的理论、视角和方法。它启发我们对人类已有发展模式做出反思，并且提出了全新的理解以及彻底替代资本主义廉价化生态体系的可能方案：通过“认识、赔偿、再分配、重建、愉悦的劳动”系统性、全方位地消除剥削、压迫、暴力、不平等，让人人都有机会为改善自己的生活做出贡献，为改善周围的生态做出贡献。我建议大家读一读这本书。地球是属于全人类的，人类未来的命运掌握在我们每一个人手中。我们应该为地球安全做出我们这一代人的努力。

中央财经领导小组办公室副主任　杨伟民

目　录

2

廉价的货币

3

廉价的劳动

4

廉价的关怀

5

廉价的食物

6

廉价的能源

7

廉价的生命

结论

绪　论

题 记

闪电和雷霆需要时间，行星的光芒需要时间，已完成的事也需要时间来让人看见和听见。这事距离他们比最遥远的星星还要遥远——虽然那是他们自己干出来的！

—— 弗里德里希·尼采《快乐的科学·疯子》

因为幸运地遇到一个长期的气候红利时代，所以稳定的农业、城市、民族与国家、信息技术，以及现代世界的方方面面，才展现在人类面前。[1]这样的日子一去不复返了。海平面在上升，气候正在变得不稳定，平均气温在升高。文明世界出现在一个叫作“全新世”* 的地质时代。有人曾经将人类所处的新的气候时代称为“人新世”**。未来的智慧物种将知道人类曾经存在过，因为有人将化石记录塞满了诸如原子弹的放射物、石油工业的塑料制品和鸡骨头等人类奇迹。[2]

*　全新世 (Hololcene) 是最年轻的地质年代，从 1 万多年前开始。根据传统的地质学观点，全新世一直持续至今。——编者注

**　瑞典地质学家斯特默 (E.F.Stoermer) 考虑到工业化时代以来，人类已成为对地球表层有重大影响的地质营力，因此提出了人新世（Anthropocene）这一新术语，具体时间定为从 1784 年瓦特发明蒸汽机到 10200 年左右。参见：潘云唐 . 地质年代术语商榷 [J]. 中国科技术语 ,2011（1）。——编者注

未来会发生什么事情？这在某种程度上是不可预测的，在另一个层面上却又完全可以预测。在21世纪，不管人类决定做什么，生命网络（the web of life）将发生“突然和不可逆转”的变化。[3]地球系统科学家们用一个很乏味的词语，描述这个发生在生物圈系统史上如此重大变化的转折点：状态转变。不幸的是，从发生这个地质转变所出现的生态中，也产生了这样的人类：他们没有准备好接受这种状态转变。尼采笔下的疯子宣布了上帝之死，结果遭到了类似的境遇：尽管工业化的欧洲已经削弱了上帝的影响，使得星期日上午去教堂做礼拜变成了半强制的活动，但是，19世纪的欧洲社会却不敢想象一个没有上帝的世界。21世纪也有相似的情形：让大多数人想象这个星球的终结，要比让他们想象资本主义的终结来得容易。[4]

为与时俱进，我们的知识观也需要大转变！

将人类所处的新地质时代命名为“人新世”颇费周折。首先需要我们从语言学角度对其严谨考究。这个词的词根（希腊语意为“人类”）表明，正是因为人类就是人类（如同孩子就是孩子、蛇就是蛇一样）这个原因，才造成了气候变化，才导致了地球的第六次大灭绝。诚然，自从上一个冰河时代结束以来，人类就一直在改变着这个星球。[5]多个世纪以来，人类的狩猎速度稍微高于为自然补充的速度，再加上气候的变化和草原的变迁，导致了北美草原猛犸象的灭绝，东亚猩猩的近亲巨猿的灭绝[6]，欧洲爱尔兰巨型驼鹿的灭绝[7]。一万两千年前，人类通过在农业方面的温室气体排放，甚至在历史上曾一度对抑制全球气候变冷发挥了一定作用。[8]

猎杀大型哺乳动物直至其灭绝，那是一回事，但是今天人类对自然与地球的破坏速度之快、范围之广，从人类动作笨拙的前辈的活动中，是推断不出来的。今天的人类活动并非通过几个世纪的过度捕猎才导致一些哺乳动物灭绝。有些人今天简直就是见什么杀什么，从巨型动物到微生物，无所幸免，其速度要比背景灭绝速率*高100倍。[9] 我们认为，发生变化的其实是资本主义，现代历史是从15世纪开始的，是在一个应称作“资本新世”**的时代开始演绎的。[10] 使用这个名称意味着对资本主义的重视，明白资本主义不仅是一个经济体系，而且是人类与地球生命网络中其余成员发生复杂联系的组织原则。

我们在本书中展示给读者的是，现代世界是如何通过廉价的事物而创造的：自然、货币、劳动、关怀、食物、能源及生命。这句话中的每一个词都很晦涩。廉价并不是说物美价廉，也不是说交易当中的另一方，而是一种战略——降低价格，是为了控制更广泛生命网络的一套战略。“东西”之所以成为东西，那是通过军队、神职人员、会计和书报而成的。最重要的是，人类和自然存在的方式并不是像牛顿力学定律描述的那样直接和机械。人类为了生存而不断向外扩展的生命网络构建活动，既凌乱不堪、争执不断，又相互维系。本书介绍了这样一种思维方式，即如何看待人类与生命网络中所有其他成员之间的复杂关系，这种思维方式有助于理解我们所处的世界，并让人联想这个世界将有可能变成什么样子。

我们先回到前文所设置的悬念——地质档案中的鸡骨头，那是人类与世界上再普通不过的禽类（拉丁语Gallus gallus domesticus）[11]之间关系所体现的一抹资本主义痕迹。我们今天所吃的鸡肉与100年以前所吃的鸡肉有着天壤之别。今天的鸡是第二次世界大战之后，人类利用亚洲丛林中

* 通常情况下，在某个地质时期，物种灭绝的发生频率很低，甚至比物种形成的频率还低，这被称为背景灭绝速率。——编者注

** 资本新世（Capitalocene）是学界相对于“人新世”而提出的学术理论。有些学者认为人类活动对气候及生态系统造成全球性影响应始于资本主义出现之时，而这些学者认为资本主义始于15世纪。——编者注

的禽类，任意提取其基因并强化而成的结果。然后人类将其整合，生产出最有利可图的禽类。[12]这种禽类几乎不能行走，几个星期就长大成熟，鸡胸肉超大，饲养和屠宰的数量（每年超过600亿只）难以想象。[13]试想一下这种关系，我们将其看作“廉价的自然”的一个迹象。鸡肉已经成为美国最受欢迎的肉食，预计到2020年，还将成为这个星球上最受人类欢迎的肉食。[14]这将需要大量的工人劳动。养鸡场工人的收入非常低：在美国，在快餐连锁店买鸡肉所花的每一美元中，只有2美分落到工人的手里，而且，有些养鸡场还使用监狱犯人作为劳动力，每小时只付给他们25美分。我们把它认作“廉价的劳动”。在美国家禽业，在切鸡翅膀的工人中，有86%的人因长期在生产线上重复地扭动手臂而积劳成疾。[15]有些雇主嘲笑工人报告受伤，而且拒绝工人提出的工伤赔偿是司空见惯的事情。结果就是，工人在受伤之后的十年里，工资收入下降了15%。[16]工人在康复期间将依靠自己的家人和支持网络，这一因素尽管置于生产循环之外，但是对于他们持续地存在于劳动大军中又是至关重要的。我们把它认作“廉价的关怀”。这个行业所生产的食物，以低廉的价格离开超市的收银台，以及不下车就能便捷付款的收银处，既让人们填饱了肚子，又让人们的不满情绪变得不那么强烈。这就是“廉价的食物”战略。就气候变化而言，鸡的责任相对较小（它们只有一个胃，打嗝打出来的甲烷也没有牛打出来的那么多），但是，它们被饲养的数目巨大，饲养场也需要大量的燃料给它们取暖。这是美国家禽业碳足迹最大的贡献者。[17]没有充足的丙烷，就不可能有低成本的鸡肉，这就是“廉价的能源”战略。商业销售这些加工的禽类有一定的风险，但是通过特许经营和各种补贴，例如前往鸡饲料生产地(主要是中国、巴西和美国)[18]畅通无阻的道路设施、便捷的金融服务及小微企业贷款等，这种风险就通过公共支出而私企受益的方式被降低了。这就是“廉价的货币”战略的一个表现形式。最后一点，针对各种动物和人类生活（比如女性、殖民地人民、穷人、有色人种以及移民）的频繁不断的沙文主义法案，更使得这些廉价物成为可能。将这一生态坐实，还需要最后一个要素：维持“廉价的生命”。但是在这一过程中的每一步，人类都在进行着反抗，从那些将自己饲养的家禽贡献出来为屠宰业提供基因材料的原住民，到要求认可和救济的护理工人，以及那些抗击气候变化、抗击华尔街的人，就不一一列举了。就自然、货币、劳动、关怀、食物、能源和生命而进行的社会斗争，无一不伴随着资本新世的鸡骨头，其程度之强烈，足以说明现代最具标志性的符号不是汽车，也不是智能手机，而是麦香鸡块。

当你用麦香鸡块蘸着塑料罐里的烧烤汁时，一切都被忘在脑后了。然而，1万亿只鸡留下来的化石，却比饲养出这些家禽的人类更经久不衰，并记载着人类的历史。正是出于上述原因，我们才将改变这个星球的人类、自然和世界–生态体系的故事，作为现代世界简史呈现给读者：作为防止遗忘的一剂良药。然而，这小小的一部书，并不是关于整个世界的史书。这部简短历史记载了这样的进程：它可以解释为什么这个世界变成了今天这个样子。这些廉价东西的故事阐明了资本主义是如何从欧洲向外扩展，如何获得广袤疆域的，又表明了地球上欧洲殖民势力范围之外的地方已经是多么少了。

下面，我们将准确地解释我们所指的“廉价”的意思。首先，我们需要说明，让我们提出这种说法的，并非人类某些自然的行为，而是人类与生物和现实世界之间的某种特殊关系。

资本主义出现之前的人类与自然

悲叹人类虐待自然，那是古人的风范。柏拉图在《克里底亚篇》(*critias*)中，描述了早他9000年的一个时代，那时雅典周围森林密布，在那里居住的人高贵典雅，将财产定为公有，热爱自然的程度要超过柏拉图时代的人。当柏拉图在书中做描述时，他同时代的人已经破坏了自然，将周围的山脉变得光秃秃。[19]柏拉图所讲述的雅典城边缘的历史，太具有浪漫色彩了(而且几乎肯定是假的)。[20]我们的分析并非要对他不敬，而是针对当时偶然发生的事情，因为那时，西亚文明的一个边缘支脉经历了一场气候、瘟疫和社会的危机。我们故事的开端，讲的是资本主义萌芽开始之前几个世纪的时代，西亚地区的人们怀有远大的抱负，既期望达到中亚和东亚那样的富裕和文明程度，但是又因为气候的原因，比中亚和东亚贫穷得多。[21]我们从封建时代的欧洲开始讲。

从950年到1250年的中世纪温暖期，是北大西洋区域气候的一个反常现象。[22]冬季温暖宜人，生长季节漫长。土壤耕作技术向北大西洋北部区域传播：生机盎然的葡萄园遍及挪威南部，从阿尔卑斯山到苏格兰，粮食作物遍及所有丘陵和高原。[23]800年之后的5个世纪之内，欧洲人口骤然增加了3倍，达到了7000万人。[24]英格兰的人口到1300年左右达到了峰值，之后到17世纪末之前，再没有达到这个峰值。[25]农业剩余价值增长更加迅猛。城镇如雨后春笋般到处涌现，到1300年时，在农业之外就业的人口占比越来越大(1/5左右)。如此相对繁荣的景象也助长了扩张的欲望。十字军东征就是一个例子：始于1095年的高度商业化和军事化的行动针对的是地中海东部的财富。与其相伴的还有其他几次征服运动，其中的两次对5个世纪之后现代世界的形成影响极大。第一次就是发生在今天葡萄牙和西班牙境内的针对伊比利亚穆斯林的收复失地运动。在十字军东征的第一次浪潮中，卡斯蒂利亚人和阿拉贡人开始击退半岛上伊斯兰教的势力，十字军逼着被征服者缴纳贡金，此做法后来成为殖民地资本主义的一个特点。第二次运动比较微妙，而且力量更加强大。封建主义最重要的特点是它有能力不靠中央集权，而维系大规模的、不间断的殖民扩张行动。为了达到这一目的，它依靠耕种——这是所有征服者中最伟大的征服者。到14世纪，农业占据欧洲全部土地使用面积的1/3，这是一个巨大的增长，是前5个世纪耕种土地面积总和的6倍，但其中许多地方都以森林的毁灭为代价。[26]

欧洲封建主义社会骑着中世纪温暖期的坐骑一路顺风顺水，直到大约1250年时达到了巅峰，这时，气候开始变得寒冷和潮湿。经过几个世纪的食物相对有保障之后，饥荒卷土重来，而且力量之强大，足以击垮一个只适应于完全不同天气的文明。1315年5月，欧洲普降暴雨，这可能是新西兰卡哈罗阿火山喷发的结果。[27]暴雨一直下个不停，一直到8月，洪水才停止，天气早早冷了下来。连续几年，庄稼都欠收，而1315年是灾难性的一年，而且接下来的一年也是灾难性的。在之后的几年中，欧洲人口减少了20%。[28]直到1322年欧洲大陆都没有躲过“大饥荒”（如历史学家所言）的魔爪。[29]

尽管当时的人们并不知道这一点，但是地球却进入了“小冰期”，这个时代一直延续到了19世纪才结束。“小冰期”使得封建主义的弱点暴露无遗。比如，只有在气候温和的年景，这个时代的食物体系才得以维系。这主要是因为，这个体系是通过某种特定的阶级安排来运作的。在这个体系中，领主享有土地的控制权，农民进行耕作。领主监管着农民人口的增长，因为这样就能够产生更多的食物剩余，然而却是收益递减——经过了几个世纪的耕种，土壤的肥力逐渐耗尽，可是这种土壤质量的下降，又恰恰被农民人口的增长所掩盖，因为农民正在从固定的土地里刨出最后的粮食。当天气改变时，就造成了接连不断的农业欠收，危机在这个使土壤更加贫瘠和饥荒不断的等级制度内蔓延，进而造成了数百万人丧生。

对这场文明危机的一种解释，很符合罗伯特·马尔萨斯在《人口论》中所提出的警告：人口太多，粮食不足。用更加现代的语言来说，气候变化影响了欧洲的承载能力，减少了在封建主义制度下这块肥力下降了的土地上生存人口的数量。但是，承载能力的增长和缩小，取决于由谁来统治。这个问题(当时和现在都是)其实就是权力问题。事实上，就这个问题而言，马尔萨斯的发言权不如卡尔·马克思。封建领主们所要的是钱财或者谷物，因为它们储存和交易都很方便，而且，领主们消费了从土地里刨出来的为数不多的粮食剩余中的绝大部分，留下来给农业再投资的部分则少得可怜。[30]假如没有领主的权力和要求，农民或许能够转向种植杂粮，除了种植谷物之外，还可以种植包括园栽的农作物等，或许就能解决粮食问题。至于说人口的数量、家庭的形成和人口的增长，并非由一种永恒的生育欲望所决定，而是由众多的历史条件所决定，而这些历史条件又取决于文化、阶级和可获得的土地。正如盖伊·博伊斯(Guy Bois)在其经典的诺曼封建主义的研究中指出的，向不同的土地拥有方式过渡，农民拥有更多的自主权决定种植什么和如何种植，那就有可能使得中世纪的欧洲养活3倍于当时的人口。[31]但是那个过渡根本没有发生，封建制度下的那种格局仍在苟延残喘，直到1347年，它遭到了最后的致命一击：黑死病暴发了。[32]

中世纪温暖期的欧洲可谓先天不足。从第二个千年伊始，曾经生产出足够的食物滋养农民和城市的那些社会结构，此刻已经无法应对正在变化的气候，进而使得越来越多的人口陷入营养不良的深渊。[33] 从英国墓地挖掘出来的11世纪的尸体显示，其健康程度超过了13世纪的尸体。[34] 中世纪温暖期结束时的食物短缺，使得欧洲人的身体更易受到疾病的侵袭，而这场黑死病则将这一弱点变成了大灾难。黑死病借助中世纪版本的全球化进程，夺去了1/3到一半欧洲人的生命。几乎随处可见的是，城镇化和商业化将更多的人口带到了城市里，又将更多的城市带入了贸易网络中。从上海将货物和资金运到西西里的贸易大动脉，同时也将亚洲和欧洲连接成了一个超级大陆“疾病深渊”。[35]

当黑死病抵达欧洲时(1347年10月到达西西里，仅3个月之后即到达热那亚)，封建体系崩溃了。这场崩溃告诉我们一些重要的东西：巨大的危机是如何发生的，而危机又是如何利用权力和经济套住诸如气候和人口等动力的。和许多农耕文明一样，封建主义往往会破坏其农业生态。在封建阶级的安排下，随着人口的增长，种田越来越成为劳动密集型活动，农田里干活儿的人手更多了，田间昆虫天敌之间的捕食作用和杂草减少了，更多的是精耕细作。将人们放到农田里耕作的做法，并没有解决封建主义阶级结构的问题，封建主义只是在维持着自己的衰亡之旅。在英格兰，封建主义衰亡的迹象早在1270年就显露了出来。在大饥荒发生之前的半个世纪里，农民们已经可怜的日常饮食急剧恶化。庄稼收成下降，人均谷物(农民的主要食物来源)消费下降了14%。[36]

文明世界并不仅仅因为人们饥饿就会崩溃(自从1970年以来，营养不良人口的数量一直都在8亿人以上，然而却没有多少人谈论文明的终结)。[37]

伟大的历史转变之所以发生，那是因为“一切照常”的做法再也不好使了。即便现实正在经历着巨变，权力者也有自己的一套方式来遵循古老的战略。封建主义制度下的欧洲正是如此。黑死病并不仅仅是一场人口灾难，它还导致欧洲社会力量发生倾斜。

封建秩序依赖于人口增长，这不仅是为了生产食物，也是为了复制领主的权力。贵族阶级为了维护其地位，需要较大的农民人口数量：众多的农民来争地，总比众多的领主争农民要好。但是由于出现了黑死病，商业和交流网络不仅传播了疾病，也成为民众暴乱的载体。几乎一夜间，农民造反不再仅仅是本地的麻烦，而变成了对封建秩序的大规模的威胁。1347年之后，这些农民起义如燎原烈火连成了一片，这是针对一场前所未有的危机做出的整个体制性的反应，是对封建主义权力、生产和自然逻辑的根本性颠覆。[38]

黑死病给一个已经达到爆发点的制度带来了难以承受的压力。这场瘟疫之后的欧洲烽烟四起，从波罗的海到伊比利亚，从伦敦到佛罗伦萨，阶级战争随处可见。[39]农民要求减租减税，要求恢复习俗权利，但是这些呼声，封建主义的统治者们不能容忍。如果欧洲的君主、银行和贵族们不能承受这种要求，他们也不可能恢复原状，尽管他们十分努力。他们通过控制工资或者干脆再次使农民沦为农奴，达成镇压性的立法，以应对黑死病。其中最早的立法，就是英格兰在瘟疫第一次来袭时(1349—1351年)，悍然制定的英国《劳工条例》和《劳工法令》。若按今天的说法，就是将工会章程制定得更加严格，以此应对埃博拉疫情。对于欧洲的贵族阶级来说，气候变化对耕作的影响显而易见，因为尽管他们想保持“一切照常”，但其实已经是黔驴技穷。贵族阶级几乎完败。西欧或者中欧，没有一个地方重新建立农奴制。农民和城市各阶层的工资及生活水平大幅度提高，足以弥补整体经济规模的下降部分。尽管这对大多数人来说是一件好事，但是欧洲1%的人却发现，他们在经济盈余中所持有的份额缩水了。旧的秩序被打破了，也不可能修复了。

资本主义就是从这个破烂摊子中脱颖而出的。统治阶级不仅试图恢复缩水的那部分经济盈余，并且还想将其扩大。东亚地区更为富有，因此，尽管其统治者同样也经历了社会生态方面的磨难，但是他们却找到方法来调和自己统治期间的动乱、森林毁坏和资源短缺。[40] 有一种解决方法彻底改变了人类与生命网络之间的关系，这种方法是由伊比利亚的贵族（主要是葡萄牙和卡斯蒂利亚地区）偶然发现的。到15世纪末叶，这些地区的王国及其社会通过"收复失地运动"（与半岛上穆斯林力量长达数个世纪的冲突）对外征战，而又因为自己的军事行动的经费太过依赖意大利的金融家，所以反过来，葡萄牙和卡斯蒂利亚也被战火重新塑造。战争造成的债务以及通过征服他国所看到的财富希望，这些因素叠加在一起，刺激了大西洋最早的侵略行动：对加那利群岛和马德拉群岛的侵略。战争债务的解决方案就是发动更多的战争，以获取由新的更大边疆的殖民扩张带来的战利品。[41]

最早的边疆

早期的现代殖民主义用一种全新的方式利用了边疆。以前，中心区域人口密度的加大，促使定居区域向外不断扩大，商业接踵而至。1492年之后的两个世纪中，这个模式发生了彻底的变化。边疆地区将成为宗主国财富的一个敛取基地。文明产生的人口和地理逻辑将彻底颠覆数千年之前所建立的模式。金融财富(第2章我们将谈及)使这些征服行动成为可能。正是在早期葡萄牙的一个海外殖民地的一次试验中,现代世界的许多特点最初汇集到了一起,那是资本主义制造的第一批产品之一:蔗糖。

在非洲北部的一个小岛上,即将带来现代世界最早的一颗火种被点燃了。在15世纪60年代,一个新的食物生产和分配体系在这个小岛上现出雏形。1419年,葡萄牙水手在卡萨布兰卡以西不到644公里处,发现了一处岛屿,随之将其称为伊利亚达马德拉(森林之岛)。[42] 1455年,威尼斯旅行家和奴隶贩子卡达莫斯托(Cadamosto)写到:"整个岛屿都被参天大树所覆盖,几乎没有站脚的地方。[43]"16世纪30年代,在那个岛屿上却几乎很难找到任何树木。马德拉群岛的森林被砍伐殆尽,这个过程分为两个阶段。最初,岛上的树木被用于造船和建筑业,利润丰厚。从15世纪30年代开始,树木被砍掉的地方种上了小麦,小麦成熟之后被运回葡萄牙。第二阶段,由于将木材用于制造蔗糖的燃料,从而导致了更为猛烈的毁林潮。

人类、灵长类动物和哺乳动物都喜欢糖的味道。[44] 自从公元前6000年在新几内亚发现了甘蔗以来,人类就理解了甘蔗处理的生物必要性。[45] 收割甘蔗有一个最佳时期:当甘蔗饱含甜甜糖汁的时候。但是这个时候,甘蔗却又粗又硬,很难砍倒。甘蔗砍下来之后,即使精心处理,也只能在48小时内产出最大量的蔗糖。[46] 那之后,甘蔗就开始腐烂。

甘蔗因其植物特点,需要迅捷地加工生产。正因为这个原因,伟大的历史学家和人类学家西敏司(Sidney Mintz)才这样写到:"1226年,亨利三世要求温切斯特市市长,如果能从温切斯特大集上,一次性从商人那里弄到1.4公斤亚历山大蔗糖,那最好不过了。"[47] 想增加可"一次性购到"的蔗糖量并不容易，你必须得超越一个家庭生产蔗糖量的极限，你必须得买进新的技术。比如，阿拉伯文明中的波斯人和北非人发现，使用碳酸钾可以生产出更加清澈的蔗糖结晶体：最好的蔗糖来自埃及的亚历山大港。因此，亨利三世才特别要求市长给他弄到。[48] 但是，若要生产出更多的蔗糖，还需要在生产、自然和商业中进行新的实验才能发明新的技术。

到了14世纪，阿拉贡的海梅(Jaume)二世国王(1267—1327)将蔗糖引进伊比利亚，同时带来的一个穆斯林奴隶是榨糖技术的专家。到1420年，甘蔗已经成为经济作物，为其资助的有德意志拉文斯贝格·汉德尔斯格塞尔沙夫特(Ravensburger Landelsgesellschaft)等银行，地点是巴伦西亚附近租用的土地，种植者是由奴隶和自由工人组成的一支混合队伍。[49] 但是蔗糖仍然是稀有物品，市场需求量极大。在15世纪60年代和70年代，马德拉群岛上的农场主停止了种植小麦，开始全面种植甘蔗。蔗糖的边疆迅速扩展，最初扩展到了大西洋的其他岛屿上，接着又大规模地蔓延到了新大陆。[50] 就像今天种植棕榈树和大豆等单一作物一样，甘蔗种植毁掉了森林，耗尽了土壤的肥力，也使得害虫疯狂繁衍。[51]

若想达到这个速度，生产必须要重组，化整为零，由不同的工人来进行。若想从白天砍甘蔗累得筋疲力尽、晚上又花大把时间榨糖的工人那里获得更多的收益，那是根本不可能的。在圣多美，新的管理手段和技术发挥了作用，榨糖业从轮碾机作坊(笨重的碾槌加研钵机器)的小规模生产，转变成了双滚压机和大规模的奴隶劳动。[52] 在亚当·斯密边看着制造一枚别针的供应链边赞叹劳动分工之前的几个世纪，人类、植物和资本之间的关系已经铸就了现在制造业的核心思想，而且是在甘蔗种植园里铸就的。种植园就是原始的工厂。而且，甘蔗种植园每发现一处新的边疆，比如圣多美之后发现了巴西，之后又发现了加勒比，这个工厂就被彻底改造一次：机器更新了，甘蔗和榨糖厂的组合也更新了。当然，这个故事中唯一缺失的，就是做这项工作的人。在马德拉群岛，这些劳动者包括来自加那利群岛的原住民、北非的奴隶，以及（在某种情况下）来自欧洲大陆的拿工资的种植园劳动者。

给种植园灌溉的，是由树木、泥浆和血汗形成的水渠。今天，在一座最宽处为37英里(60公里)的岛上，仍然有一条1300英里(2100公里)长的水渠。水利工程师安排奴隶（有时候奴隶要悬在绳子上劳动）在岩石面上硬生生地凿出小水渠，将溪流引向甘蔗田。[53] 许多工人死于山石滚落和水坝垮塌，但是那些工程师们却如此神奇地改变了马德拉群岛水系的走向，以至于果阿第一公爵、葡属印度第二任总督阿丰索·德·阿尔布开克(Afonso de Albuquerque)竟然要求派马德拉人来“改变尼罗河的流向”。[54] 在佛兰德斯和意大利资本家的资助下，来自葡萄牙的奴隶主监管着程序的每个环节，从甘蔗的种植、灌溉、收割，一直到将其转变成晶体的蔗糖。将甘蔗杆儿变成蔗糖需要大量的燃料。煮沸和蒸馏足够的甘蔗汁获取0.45公斤重的蔗糖，至少需要23公斤的木柴。为了将饱含水分的甘蔗转变成糖浆和糖块，榨糖厂建在了马德拉群岛首府丰沙尔的周围，奴隶们将甘蔗都运往这里。在巅峰时期，马德拉群岛的榨糖业每年要用500公顷的森林为锅炉提供燃料，从而让蔗糖贡品源源不断地流向欧洲的宫廷。然而繁荣落幕，崩溃登场。16世纪的第一个十年，产量达到高峰，而到了16世纪30年代，火炉噼里啪啦都熄了火，因为岛上的树木都被砍光了。生产戛然而止，但投资者又发现了新大陆。新大陆大规模的奴隶种植的甘蔗园能带来更大的收益，因为那里有森林给榨糖业提供燃料。[55] 欧洲的富人吃掉了蔗糖，而蔗糖吃掉了一座岛屿。

资本主义并没有离开马德拉群岛，反而重塑了自己。[56] 由于没有了足够的燃料（该岛唯一幸存下来的树木都生长在腹地的山岭地带，山高路险，砍伐效益不大），于是又出现了新的战略从这块饱受蹂躏的土地上榨取利润。取代甘蔗的是种植在榨糖业废墟上的葡萄。与甘蔗相比，葡萄不需要那么多的劳动、那么多的水和那么多的燃料。但是葡萄酒需要酒桶，所以，几个世纪以来，马德拉酒桶所需要的木材，就是来自新大陆的廉价森林，那是最经济的来源。商品也流向了新大陆，因为直到18世纪之前，马德拉群岛一直都是大西洋贩卖奴隶的渠道。[57] 在最近的一次重塑中，今天的马德拉群岛利用这段残酷的历史作为旅游卖点赚取收入。[58] 然而，随着马德拉群岛蔗糖边疆的关闭，其他的地方又开辟了边疆，与喜好甜食相比，欲望不那么明显的几种势力却塑造了这个岛屿，并且很快影响了这个星球。[59]

边疆与廉价

这一段关于殖民地边疆的描述，让我们粗略地看到了资本主义制度如何在马德拉群岛之外的地方运行。在更细致地分析蔗糖和这个海岛的故事之前，我们需要解释一下，我们为什么认为分析边疆很重要。当我们想象资本主义的蔓延速度时，涌现到我们眼前的图像往往就是小行星撞击或者疾病蔓延的惨烈景象，始于地面或者患者，接着转移到整个星球。资本主义边疆所需要的科幻大片则更加复杂尖端。如果说资本主义是一种疾病，那么这种疾病就是吃掉你身上肉的那种疾病，吃完你的肉之后，再将你的骨头卖出去换取肥料从中获利，接着用那笔利润投资种植甘蔗，再接下来，将收割的甘蔗卖给花钱参观你墓碑的游客。[60] 但是即使这个描述也还不够。边疆只是通过连接来运作，通过从别处抽取生命的方式修补失败。在边疆这个地方，发生了危机反倒能刺激产生新的获利战略。边疆之所以为边疆，那是因为边疆是资本和自然界（包括人类）所有种类汇集的区域。因此，资本主义的秘籍从来都是在降低做生意的成本上打主意。资本主义不仅仅是拥有边疆，还是通过边疆才得以生存，才得以从一个地方扩展到另一个地方，才得以改变社会生态，才得以生产越来越多的商品和服务，并通过扩大各种交流项目循环流通。更重要的是，边疆是行使权力的地方（不仅仅是经济权力）。通过边疆，列强和帝国使用暴力、文化和知识调动自然，然而成本却很低。正是这种成本的降低，才凸显边疆对于现代历史的重要性，才使得资本主义扩张市场成为可能。这给我们提供了一条准确的线索，让我们看到生产力是如何被理解和实践的。尽管关于资本主义的光辉和压迫历史，世人已经研究得非常透彻，但是有一件事实却往往被忽略：资本主义之所以繁荣发展，并非因其充满了暴力和毁灭性，而是因其具有某种特定的生产力。[61] 资本主义之所以繁荣，并非通过毁灭自然，而是通过驱使自然做工，驱使其尽可能给予人类廉价的劳动。

通过边疆，资本主义开发和控制的生命网络，要比显示在会计师手里的资产负债表丰富得多。尽管在其他许多语言中，都有关于生命构建的词汇，但是英语中却没有。北美洲东北部广大地域中原来有一个部落，叫作阿尼新纳贝格（Anishinaabeg），其语言中有这样一个词——“minobimaatisiiwin”。该词不仅表示“美好的生活”，而且还表示人与其他生物之间以及二者循环的关系，即“连续的再生”。[62] 南部非洲的班图语中有“ubuntu”一词，其意思是“通过共同努力完成人类使命”，绍纳人的语言中有一个更为升华的词“ukama”，意为“与整个宇宙有关联”，其中包括生物物理世界。[63] 汉语中的“事事无碍”和毛利语中的“mauri”也有类似的解释。[64] 由于英语中在这方面缺乏一个现成的词汇，我们就使用了“oikeios”(人与非人类自然之间及非人类自然内部创造性的、历史性的、辩证的关系)的说法。“oikeios”这种辩证关系清楚描叙了生命构建像脉冲信号一样不断外延，而且通过这种极富创造性和多层次的生命构建，人类所有的活动都畅通无阻，然而却又事事受到自然的影响，而自然却一贯地在努力躲避人类对其的掌控。正是通过这种辩证关系模式，某种特点的生命形式出现了；通过这种模式，物种创造了环境，而环境也创造了物种。同样，人类文明以上述类似的方式构建，人类文明不仅仅征服环境，也创造了环境，并且在这个过程中被环境所创造。[65]

人类所制造的一切，都是与自然的其余部分共同生产而成，包括食物、衣服、家庭和工作场所、公路、铁路、飞机场，甚至是电话和软件。比如耕种如何将人类的劳动和土壤混合在了一起，同时又将各种物理过程与人类知识混合在一起，要理解这些相对容易。当这些过程规模变大时，人们就会更容易地认为，“社会”和“自然”的过程似乎就是在相互依赖。由于某种原因，理解农贸市场上人类劳动与土壤的直接关系，比理解全球金融市场上的这种关系，要来得容易。但是如同那个农贸市场一样，华尔街也是通过自然而共同生产出来的。可以这么说，华尔街的全球金融运作涉及的是一个全球性的、之前任何文明都难以想象的生态网。历史的创造并非通过将人类与自然分开，而是通过人类与自然的进化以及各种各样的配置完成的。“人类”的权力和差异、生产和再生产的关系，不仅创造了自然，而且自身也是自然创造的产物。比如，库蚊(Culex Pipiens)在伦敦地铁里安了家，并且十分适应英国通勤者的那个黑暗的世界，甚至再也不能和地上的蚊子杂交繁殖了，因而就出现了骚扰库蚊(Culex Pipiens Molestus)这个新的物种。[66] 通过人类行为而生成的这个新的物种，是一种因果报应，是对伦敦金融城(英国的华尔街)的通勤者(蚊子就是吃他们的血)因其工作所消灭的物种的一个小小的抵消。

更广泛的生命网络与资本主义之间的关系，就是本书的主题。资本主义的边疆总是牢牢地位于一个大得多的创造生命的世界之内。对于资本主义而言，重要的就是，进入分类账的数目(给工人开工资，给工人提供足够的食物，购买能源和原材料)要尽可能地压低。资本主义只看重它能够数得着的东西，而它能够数得着的东西就是美元。每个资本家都想以最少的投资获得最大收益。对于资本主义来说，这意味着，当强大的国家和资本家能够重组全球的自然，投入最少的资金，获得最大量的食物、工作成果、能源和原材料，发生尽可能少的混乱时，那么，整个体系就会繁荣。

经济学家们这时或许会嘟囔一个词——“外部效应”，并且会诧异地问，你们为什么还没有阅读著述了关于“外部效应”的经济学家阿瑟·塞西尔·庇古(Arthur Ceail Pigou)或者詹姆斯·米德(James Meade)的原著呢？[67] 我们读过了，因此我们才写这部书。在经济学中，所谓外部经济效应，指的是不出现在生产计算中的成本或者利润，不管其是私营的，还是社会的。我们认为，现代世界是从一系列旨在解决边疆危机的系统努力中脱颖而出的，危机之所以发生，是人类和人类之外的生活强行进入了计算所致。现代世界之所以产生，是因为外部经济效应发起了反击。[68]

资本主义并非一个到处都是现金的体系，而是在浩瀚的廉价(或者有廉价潜力的)自然之海洋中存在的现金兑换岛屿。在现金交易关系范围内繁育生命十分昂贵，而且时间越久，越是昂贵。工人的工资可能被冻结，甚至被降低，但是最终，不平等终于引发了我们最近看到的那种危机，那种危机在美国和英国引起了民粹主义的抗议浪潮。工人要求尊严，工人的劳动变得昂贵。生产流程烧掉了一个岛屿，能源再也不廉价。气候发生了变化，庄稼再也不像从前那样高产丰收。在这些过程中，边疆变得至关重要，因为在边疆，你可以获取新的廉价物，还可以强迫人类和其他自然廉价地劳动。

接下来我们就来谈我们所说的廉价问题：这是通过暂时解决资本主义危机的方式，管理资本主义与生命网络之间关系的一套战略。廉价与低成本不同，尽管廉价是低成本中的一个部分。廉价是一种战略，一种实践，一种动员各种劳动(人类的和动物的劳动，植物的和地质的劳动)的暴力，而且补偿越少越好。我们利用“廉价”来谈论这样一个过程，通过这个过程，资本主义将这些不属于任何宗派的生命构建关系，转变成生产和消费的循环，在这些循环中，这些关系的价格被尽可能压低了。廉价的过程，标志着无数的生命构建关系过渡到了最低的美元价值。廉价的过程从来都是短期的战略。廉价本身从来都是一个战场。看着这些廉价的事物，可以帮助我们看到可能前景的地平线。它们帮助我们理解今天社会冲突的利害关系，以及如何做出弥补以使工会团结更有意义。在审视货币、劳动、关怀、能源、食物、生命，以及最重要的自然时，我们认为需要用一种新的方法理解我们称之为资本主义的生态，理解那些解释了现代世界如何运转的各种关系之间的糅合。为什么只是这些事物？再少我们就无法理解资本主义生态了。或许会有更多，可是在资本主义的生态开端时，这些东西就出现了。对于既想解释又想改变这个世界的这个项目来说，以这些东西作为开端非常务实。因此，现在我们该逐一探讨这些东西中的每一件对马德拉群岛的重要性了。

自　然

当殖民者登陆马德拉群岛时，也带来了入侵的物种。在较小的圣港岛(该岛的第一任总督是哥伦布的岳父)上，兔子迅速逃离了牢笼，吞噬了当地的植物。其他的入侵物种接踵而至。在殖民地统治1个世纪之后，马德拉群岛当地的一种蜗牛(Caseolus Bowdichianus)已经灭绝。但是记录表明，马德拉群岛绝大多数物种的灭绝，都是最近2个世纪才发生的悲剧，并非在最初的殖民统治时期就发生了，而是发生在后来，是后来连续不断的外来物种的入侵和土地开发的模式，毁灭了岛上经过数百万年进化才形成的物种。[69]

马德拉群岛上的树木、水、土壤、动物和植物，以及群岛周围的海域，都被当作“免费的礼物”，被转变成一系列生产的投入(或者说阻碍生产)。[70]杰里米·杰克逊(Jeremy Jackson)在一篇产生了重大影响的论文《自从哥伦布时代以来的海礁》中写到，自从年轻的哥伦布来到了马德拉群岛那个时代以来，人类是如何毁灭了当地的物种。[71] 人类在资本主义制度下虐待着我们赖以生存并是其一部分的生态系统。比如，资本家很高兴地看到海洋成为这两样东西：既是我们即将捕捞的海鲜的储存设备，又是我们在陆地上产生的瓦砾的垃圾坑。食物和垃圾的均衡很快将要倾斜。到2050年时，预计当最后一批商用海鱼捕捞上岸2年之后，海洋中塑料的数量将超过鱼的数量。[72] 这个知识层面上不太严谨的解释就是，人类给所到之处都带来了破坏。但是，自然界不仅仅是资源的储备库或者垃圾箱。[73] 我们之所以在故事的开篇讲了葡萄牙帝国的边疆，一个重要的原因就是，马德拉群岛这个例子如此明确地表明，当生命网络中人类的新陈代谢被利益需求所驱使时，这个世界将发生什么。

如果由利益来支配生命，就注定要发生一个意义重大的理智状态的转变：自然和社会之间的概念分离。这是一个重要的转变，但是与世界市场的诞生、对美洲的征服、对农民的剥夺相比，却往往相形见绌。然而，更重要的是，有些人理解整个自然和对整个自然的行为方式发生了转变。清楚地看到这一点很重要，即这总是某些人(那些掌控着征服行动并且只认美元的世界商业化的人)所做的事情。当说到气候变化时，尽管说我们或许都坐在同一条船上，都要倒霉，但是我们绝大多数人坐的却是这条船的下等舱。我们这里的描述堪称重要，这基于两大原因：第一，它帮助我们将责任归咎于那些从这种分离中获利的阶级和关系。第二，更具重要意义的是，人类“从自然中分离”现象的形成，与一种将大量人口排除在外的运动关系密切。资本主义的兴起不仅让我们认为，社会已经比较独立于生命网络了，而且认为大多数女性、原住民、奴隶以及各殖民地的人民并不是完全意义上的人，因而也不是社会的合格成员。这些人是非人类或者说是勉强获得人类资格的人们。他们是自然的一部分，被当作社会弃儿般对待，他们被变得廉价了。

将自然与社会切割开，将野蛮人与文明人分离开，这种做法为我们创造其他廉价物搭起了舞台，我们将在第一章里对此论述。在之后的5个世纪里，自然被重新制造、塑造、思考了许多遍。资本主义对廉价自然的践行会给出这样的定义：谁的生命和工作重要，谁的生命和工作不重要。其凸显的观点就是：“自然和社会”(给它们加上引号，那是因为它们具有神秘和血腥残暴的力量)可以决定谁的劳动被认为具有价值，谁的劳动——照顾老弱病残的护理劳动，农业劳动，非人类自然(牲畜、土壤、森林、燃料)的劳动——被视而不见。之所以达到这样的程度，都是货币流通所致，而反过来，货币的价格又依赖于对全球的征服和统治。时代更迭不断，但是资本仍控制着食物让工人勉强度日，控制着能源让工人生产出更多的产品。由此看来，廉价物根本不是东西，而是资本主义采取的战略措施，其目的是为了保持自己的生存和用以应对危机，是为掩盖"廉价的自然"战略的原罪所采用的策略，其目的是为了让这些廉价物看起来既是真实的又是独立的实体。[74]

货　币

货币是资本主义运作需要的媒介，是那些有能力控制货币者的权力来源之一。这种控制并非仅指人和财富，它是关于这种控制如何与自然犬牙交错的联系。想想美国的美元和沙特阿拉伯的石油是多么紧密地联系在一起的，或者再早一个时代，荷兰的银币和新大陆的银锭是多么紧密相连的。如果说现代性是一种权力的生态，那么货币就绑缚着生态系统，而生态系统又在塑造着货币。货币依靠文化和权力才能变成资本。工人和资本家，富有地区和贫穷地区(用今天的词汇说就是发达国家和发展中国家)，货币将它们分开，又将它们联系在一起。货币培养了民族国家和帝国，货币又约束它们并依赖它们。从这个角度看待历史，偏离了原来将现代世界看作各个国家组合体的观点，却接近了将现代世界看作由资本、权力和自然组成的世界-体系的观点。因而，这种看法迫使我们在未来的几个世纪(不是几十年)中，认真考虑这些过程。[75]

这种看法中的若干成分，最初是在20世纪70年代，由伊曼纽尔·沃勒斯坦(Immanuel Wallerstein)提出来的。他告诉我们，资本主义是如何通过一系列连续不断的政治和经济转变出现的，因为在这些转变中，形成了一种新的、极为不公平的劳动分工。在他的主要深刻见解中，有两条与本书有特殊的关系：第一条，全球的不公平，是由政治力量和市场力量造成的一个阶级过程。第二条，生产和积累，是通过对自然的彻底改造而改造的。[76]尽管后来的学者们放弃了沃勒斯坦关于资本主义就是一种生态的主张，但是我们仍以他的思想为基础，用以揭示工作和权力是如何在全球的自然中发展壮大起来的，因为那构成一种生态的大规模的变化。而且，因为我们的兴趣在于长期以来制约社会生态关系的各种力量，所以说，货币为什么如此重要，这一点就十分明显了。

用世界历史的眼光看问题，微不足道的历史细节就变得至关重要了。举一个例子：15世纪意大利热那亚银行、马德拉群岛的生态和今天全球危机之间的关系。人类喜欢蔗糖的味道，蔗糖需要水。马德拉群岛上的灌溉需要劳动，而劳动又需要资金。购买、运输和养活奴隶的花费不菲，而且灌溉甘蔗、收割甘蔗并将其加工成蔗糖，再卖到欧洲大陆，用来换取白银，白银又用来购买亚洲的香料，这得需要整整一个季节的时间。在所有这些活动期间，就发生着付款、借款以及货币流入商品中，而在其中占据中心位置的，就是意大利的城邦热那亚。

货币并不是资本。资本是新闻业用于代表资金的速记符号，或者更不准确地说是一种代表某种可以转换成其他事物的东西。如果你听说过或者使用过“自然资本”或者“社会资本”这样的术语，那么你就曾经是一场大混乱中的一部分。[77]资本不是“还没有砍伐的树木或者还没有使用的技能”那种库存商品。对于资本主义来说，塞在床垫子下面的金钱和床垫子本身一样，都是库存商品。只有货币真正流通，并且加上其周围的关系，资本主义才得以诞生。

交换和流通的过程将货币变成了资本。占马克思《资本论》核心位置的，是一个简单、强大的模式：在生产和交换中，资本家将劳动力、机器和原材料结合在一起。结果，商品被出售以换取货币。如果一切运作良好，就有了利润。接着，利润被用来再投资，去换取更多的劳动力、机器和原材料。商品和货币都不是资本。只有当货币被投在了商品的生产中、不断循环往复地扩大时，在这个循环中它才变成了资本。资本是货币通过自然而流动的一个过程。这里的麻烦却是，资本的意图是在一个有限的生命网络之内进行无限的扩展。马克思对经济学家们的批评是，他们认为通过供需关系可以解释市场行为，可是他们却没有看到，需要解释的正是这种供需关系。若想理解这些力量，需要通过包含生产和交换的“整个有机体”审查市场。[78] 那一“整个有机体”剥夺了工人的生命，犹如它耗尽了资本主义农场主的土壤一样。[79]

货币进入商品然后又回到货币，这个循环并不仅仅是看待资本的一种方式。它是一面镜子，通过这面镜子，我们能够在长期历史视野下一睹帝国和超级大国兴衰中的具体细节。[80] 要记住，资本家们制造了一件商品并且将其卖出去之后，理想的结果就是，他们都会获得利润。对盈利的永久的需求反过来又要求那些利润本身产生有利的回报。这就引出了一个问题，因为资本的量往往增长得更快，超过了有利投资机会出现的速度。正是由于这个原因，在现代世界的整个历史中，金融泡沫——大笔资本流进某个特定行业，比如2008年危机之前的住房抵押贷款——才会反复出现。帝国帮助解决这个问题。从长期来看，帝国开拓新的边疆。从短期来看，当盈利减缓时，帝国就进入战争状态，而且即使借款也要那么做。银行家们会很高兴给其贷款的，因为其他盈利的机会相对较少，而国家通常又是信誉很好的风险对象。他们同时也让军队准备好去参战(由国家买单)，去捍卫一种安全和有价值的货币。银行家和政府之间的关系，从短期来看，会导致再投资；从中期来看，会导致财富的集中和金融行业的盈利；从长期来看，会导致以城市、国家或国际政体为中心的商业帝国的兴衰。[81]

上述历史进程中，一些人获利匪浅，而其他人则勉强维生，或者更加糟糕。托马斯·皮凯蒂(Thomas Piketty)所说的发达国家的投资回报率超过了GDP(国内生产总值)增长率的观点，最近引起了人们的广泛兴趣，但是那些观点却属于老一代人的见解了，因为它们讲的是在连续交替的国家政体下，金融与资本主义生态其余部分之间的关系。[82] 资本主义并非仅是将货币投进商品然后再出来的那种"经济"交易的总和；资本主义与现代国家，与政府对自然、人类等的统治和改变都分不开。金融资本扩大和崩溃的阵痛，对于理解资本主义是如何发展的至关重要，这一点我们将在第2章里讨论。金融家们的目的就是设计投资并从中获利，所以，通过他们的预支款项，资本主义的生态现在影响到了全球生态的每一个枝叶上。[83] 货币如何变得不仅能够统治人类，而且能够统治整个星球生命网络中很大的一部分？这个故事就是从入侵新大陆并掠夺财富开始的。欧洲帝国、征服者和银行的龌龊联手，将新大陆的自然转变成了商品和资本。主要来说，资本主义的生态需要新的方法管理人类、人类的身体，以及人类赖以生存的资源。因为货币自己并不能变成商品；若想获得商品，你需要去劳动。

劳 动

最初，马德拉群岛上的葡萄牙、热那亚和弗拉芒甘蔗种植园的拥有者将加那利群岛上的原住民关契斯人(Guanches)带来为其耕种蔗田。15世纪的几份遗嘱显示，种植园主们将关契斯人遗赠给了自己的下一代。[84]这些关契斯人和其他的本地工人死于欧洲人携带至马德拉群岛的疾病和残暴统治。补充和替换他们的是靠工资为生的劳动者和北非的奴隶。这些人的父辈们曾经靠农业勉强糊口，他们自己之所以来到马德拉群岛，或是因为沦为奴隶，或是因为被从自己的土地上赶了出来。马德拉群岛就是一处试验场，这里不仅测试着人类忍耐力和体力的极限，而且还试验着秩序、流程和专业化等新的技术，而这些新的技术在几个世纪之后，将应用于英格兰的工厂里。关于马德拉群岛上的劳动者(奴隶以及自由人)如何反抗他们的主人和老板，我们知道得真是太少了。关于他们如何抵抗那个让他们劳作直到累死、那个耗尽了当地土壤肥力的政体，几乎没有什么记录。[85]但是我们确实知道他们进行了抵抗，知道他们反抗血腥剥削的抗议活动引发了危机。在1473年，这些危机引起了当局的恐慌，因而规定奴隶不能单独居住，也不许与获得了自由的奴隶居住在一起。[86]

廉价物以及东西被廉价了之后所引发的危机，并非注定非发生不可。人类可以做出反抗，也确实会做出反抗。接着，资本家就试图用各种廉价的解决方法对付这些反抗。这些廉价的解决方法注定也会引发自己的危机，接着就会产生越来越复杂高端的掌控和维护秩序的机制。[87]这种阶级斗争是资本主义生态中至关重要的变化引擎。尽管对马德拉群岛上奴隶造反的历史我们知之甚少，但是我们确实知道，在榨糖业繁荣期结束时，奴隶制和种植园的技术已经得到了完善，而且还被输送到了大西洋的彼岸。第一个输送到的地方是圣多美。在1596年，逃跑出来的安格洛雷斯部落奴隶烧毁了岛上的榨糖厂，还包围了当地的首府长达两个星期之久。[88] 我们还知道（将在第三章里讨论），正是在这些劳动者反抗剥削的斗争中，可以发现对资本主义的某些最强劲的挑战。

奴隶制依然存在，当然，有压迫就有反抗。21世纪被强制劳动的人口数量，大于大西洋贩卖奴隶时期的人口数量。[89] 国际劳工组织发现，2012年，全世界被强制劳动的人口数量接近2100万人，其中的220万人是被国家（监狱）或者叛军组织强迫劳动的。在其余的1870万人中，450万人被卷入商业色情活动之中，1420万人被卷入经济剥削之中。[90] 试比较一下，沦为奴隶并通过大西洋中转航路被运走的非洲人口数量是1250万人。

奴隶制并非起始于马德拉群岛，但是现代奴隶制却始于马德拉群岛。现代奴隶制的特点在于，奴隶被强制在农业集群式的劳动生产中，并且被排除在社会神秘的领域之外。尽管在社会的等级中，奴隶从来都处在最底层，但是在马德拉群岛蔗糖业繁荣和崩溃之后的几个世纪里，他们却被踢出了这个等级，被剥夺了任何接近于公民资格的权利。对于土著奴隶和非洲奴隶而言，所谓现代社会不仅意味着身体的死亡，而且是“社会死亡”。[91] 对待奴隶犹如他们是自然的一部分而不是社会的一部分，这是投资者成功的一步棋。为了让这一成功继续扩大，必须要找到更多的工人，必须要关怀他们受伤的身体，必须要用劳动支持他们的社区，然而支持他们社区的劳动却从来没有被付过薪水。换句话说，资本家需要更多的劳工，也需要劳工受到教育和维持下去，但是成本却压得尽可能低。从这种信念中，出现了一个廉价关怀的完整制度。这一制度对于资本主义生态来说真是太重要了，以至于其历史几乎全被抹去了。

关 怀

关于马德拉群岛早期历史中最不为人所知的部分(但是没有这个部分，那段历史是不可能发生的)，就是社会科学家所称的社会繁育。[92] 关怀工作，即对老弱病残者的关怀，对学习和康复的关怀，它使资本主义得以发展。除了人能生人之外，人类还能从哪里来呢？除了通过社区交往之外，人类还能怎么进行社会交往呢？除了通过支持网络之外，人类又怎么能受到关怀和培育呢？对施以这种廉价关怀的要求，有助于改造传统的父权制度，从而产生了资本主义生态中的现代性别种类和性别差异。

我们知道，当巴西的榨糖业进行奴隶交易时，女性奴隶的价格比男性奴隶低20%。[93] 在欧洲，16世纪与17世纪普遍削减工资的浪潮影响到了所有的工人，但是女工受到的影响尤其严重。女工只能拿到“已经降低了的男工工资”的1/3。[94] 可是女工仍然被期待做家务劳动，而且，家庭这个领域确实是早期资本主义的一种有意识的发明。[95] 大量的劳动、关怀工作、社区支持，越来越多地落在了女性的肩上，而女性的社会地位也开始受到监督，正如在甘蔗园里的劳动被监督一样。[96] 用火刑处死女巫，就是对那些反抗家庭束缚女性的一种惩戒手段，这个问题我们将在第四章里讨论。父权制不仅仅是资本主义生态的一个副产品，而且是其必需的。“女性的工作”对于资本主义的崛起真是太重要了，以至于到1700年时，对女性工作的定义出现了根本性的变化。女性的劳动变成了“非劳动”[97]，基本上是被忽视的，还不如让其廉价的好。

1995年，研究者们大胆地用美元的价值对女性没有被支付薪水的劳动进行估价。联合国的一个团队认为，所有没有被支付薪水的抚育劳动，如果要做出补偿，为16万亿美元。其中的11万亿美元代表着女性没有被支付薪水的劳动。[98] 这大约是全世界整个经济活动量1/3的比重，而且，若不是银行业占世界经济的比重越来越大，这个数字还要大。在英国，更新的研究表明，生育劳动的价值比伦敦强大的金融服务业还要大。[99] 还有的研究认为，联合国所估算的数字太低了，认为“家庭非市场的活动”相当于全世界总产量的80%：2015年几乎是60万亿美元。[100]

关怀性的劳动如果说有薪水，那也很低，而社会的繁育工作又需要食物。随着这个星球的劳动者们从农村来到城市，在新的现金交易关系中，有一件事情的重要性超越了一切：为了明天的劳动，今天得有能力摄取足够的营养。因而就出现了廉价食物的生产体系。

食 物

在关于马德拉群岛的故事中，廉价的食物并不是蔗糖。在15世纪的欧洲，蔗糖仍然属于奢侈品。廉价的食物就是奴隶们所吃的食物。制糖业的工人当时（现在也是）会偷成熟的甘蔗杆来咀嚼，甘蔗杆里甜甜的汁液可以提供几个卡路里，却没有什么营养。巴西的奴隶主有时候给他们生病的奴隶吃肉和鸡蛋，这样，他们的奴隶财产就会康复并能够重新劳动，不过，这种食物是严格入账的，是损益总账上的一笔借款。[101] 在葡萄牙人统治马德拉群岛期间，关于奴隶固定饮食的记录没有多少，不过，他们很可能带来了非洲种植的水稻、小米和高粱，而且他们的后代在前往新大陆的险恶航行中，也带上了这些作物的种子。[102] 不管他们的食谱是什么，资本主义一个不变的战略就是：必须得有食物，而且是廉价的食物，供工人消费。这样既能获利，又能保持社会的秩序，可谓两全其美。这一点，我们将在第五章里讨论。[103]

统治者认识到，获得工人和穷人赞同的最好途径之一，就是满足他们的胃。这种认识有着长期传统。古罗马哲学家和地主西塞罗目睹了自己的房子被饥饿的人群攻击，1个世纪之后在另一次因食物而引起的起义中，克劳狄皇帝遭到了人们投掷发霉的面包的袭击。[104] 几千年来，廉价的食物对于维持社会秩序一直都是至关重要的。在资本主义的生态里，这个秩序的维持，是通过压低工人自己和家人糊口成本而达到的。今天这一点或许会显得微不足道，因为交通和住房的花销在家庭收入中所占的比重大于食物的花销。但是，食物的相对非重要性在历史上也是独特的。食物之所以廉价，那是因为历来都是让它廉价的。从1453年到1913年，英国建筑工人工资中花在食物上的比例从80%下降到了77.5%。[105] 最近，英国食物消费占家庭开销的比例下降到了8.6% (2014年，美国食物消费占家庭开销的比例为6.6%，意大利为14.2%，中国为25.5%，尼日利亚为56.6%)[106]。让这些数字保持很低的战略，比如在美国，促使人们发明1美元汉堡和廉价鸡块，正如我们开始时所讲的。

我们所讲的马德拉群岛例子中具有讽刺意味的是，正是通过在那里创造的关系，蔗糖已经变成了一种廉价的商品。从最初的偶尔奢侈一把，到接近17世纪末时，英国蔗糖的消费量增长了4倍，再到18世纪时，又翻了一番，到18世纪末，人均消费量大约为13磅。今天，美国糖类的消费量为每人每年76磅，其中41磅是精制糖，25磅是高果糖玉米糖浆。[107] 在美国，从2005年到2010年，平均每天从额外糖类中所摄取的热量，男性为355，女性为239卡路里，大约占每天卡路里总摄入量的13% (最近的研究表明，摄取量超过2%~3%，就会对健康产生负面影响)。[108] 然而，糖类并不是人类唯一的能量来源。另一种商品的价格也被保持在很低的水平上，其目的就是为了让美国的工人阶级能够生存下去，那就是7个多世纪以来英国建筑工人的第二大支出：燃料。

能 源

“森林之岛”马德拉群岛上的亚热带月桂树森林最开始并非被当作燃料使用。最初，这些树木作为木材，用于建造葡萄牙的舰队，以及用于大都市里斯本的建筑项目。[109] 但是当你煮沸锅炉里的水制糖，让木材的价值变得更高时，木材就不再被用于造船了。[110] 这些树木并非想当然地就是燃料，它们是在某种特定的条件下成为燃料的。

几乎所有其他的人类文明都掌控了火的使用方法，并找到了能让火焰燃烧不熄的材料。但是在马德拉群岛上，从繁荣到没落仅仅经历了70年的这段榨糖业历史，所受到的限制就是岛上树木的数量。换句话说，在资本主义制度下，燃料消耗的速度和规模都是异乎寻常的。马德拉群岛上廉价的森林，就是那里榨糖业兴衰的起因与后果，也就是一种有限的可燃物资被耗光之后引发的危机。在资本主义制度下，燃料有三重责任。它不仅为能源行业提供动力，也为其他工业规模化生产提供动力，而且还提供了劳动力的替代物，并有助于劳动力保持生产力。廉价的燃料既是（因木材、煤炭、石油及其他能源驱动的机器而失业的）工人的对手，也是对廉价关怀工作的必要投入，因为其对维护秩序是至关重要的。这一点我们将在第6章里介绍。

我们正生活在（这还需要说吗？）以廉价能源为基础的文明中，这一事实已经被气候变化所证明。廉价燃料的全球政治经济不仅在开采矿物质时给人类带来了巨大的痛苦，当然也改变了全球的生态。然而，气候变化的影响并非均匀分布的。有一种计算方法可以让我们在地图上标出过去受气候变化影响最大的先人埋葬在哪里，未来的受害者将有可能在哪里。为了看懂那幅地图，我们首先要理解资本主义生态中的最后一个战略：廉价的生命。

生　命

克里斯托弗·哥伦布于1451年生于热那亚。他一度居住在马德拉群岛东北方的圣港岛上。他第一次到那里是在1476年。在1478年，他受托为热那亚富商后裔卢多维科·琴图廖内(Ludovico Centurione)将蔗糖贩回热那亚。[111] 当哥伦布来到马德拉群岛时，他看到了奴隶，并且学会了如何用法律治理他们。从法律上来讲，奴隶区别于其他人类。在法庭上，奴隶根本不能作为证人或者原告。他们只被允许作为被告，站在被告席上受人指控那些他们根本看不到或者没做过的罪行。[112] 这一堂法学课影响了哥伦布在殖民地的学徒生活。从1478年离开马德拉群岛为西班牙国王去海外探险，到1498年作为西印度群岛总督回到丰沙尔逗留了6天，他在加勒比地区开创了种族大屠杀的先河，致使在那里生活的许多人命丧黄泉，该地文明也遭到毁灭。[113]

哥伦布出生1个世纪之后，在西班牙王室的旗帜下和天主教的十字架下，对土著民族的灭绝性屠杀让一些刽子手变得忧心忡忡。他们竟然不怕麻烦地给奴役和残暴对待其他人的罪行找到坚实的知识基础。“巴利亚多利德辩论”为的就是在文明人和野蛮人之间划一条界线而进行的。在西班牙的巴利亚多利德，在2个星期的时间里，双方就大西洋彼岸对人类的虐待问题进行了辩论。辩论的一方是巴托洛梅·德拉斯·卡萨斯(Bartolomé de Las Casas)，这位多米尼加天主教托钵修会修士1552年发表的专著《西印度毁灭述略》，为其在新大陆目睹的暴行做了证明。辩论的另一方是胡安·希内斯·德·塞普尔韦达(Juan Ginés de Sepúlveda)，西班牙征服权力的一位正统的捍卫者。在巴利亚多利德，两人在争论原住民是人类还是野兽。争论的焦点是监护征赋制问题，即将原住民分摊给地主的殖民主义土地所有权的技术，这些地主储存土著人的两个生命期：原住民自己的一生和他们孩子的一生。地主们同意关心这些被储存的原住民，比如向他们提供西班牙语课程，让他们进天主教的学校，并向国家纳税以保持拥有这批劳动力的权利。[114] 辩论结束时，德拉斯·卡萨斯呼吁普世人本主义，塞普尔韦达引用了亚里士多德的话语捍卫自己的观点，即印第安人"天生就是奴隶、不开化、野蛮和非人类"。[115]这样，双方都声称自己获得了胜利。但是，尽管后来这种监护征赋制受到了稍微严格一些的法律制约，可是印第安人的生命继续贬值着。塞普尔韦达的做法仍然占着上风。

那么，为什么还要辩论呢？关于原住民是否属于人类这一哲学争论，涉及的既是关于他们在一个自然与社会被切割开的世界里的位置问题，也是关于他们该如何被管制的问题。换句话说，这是一场关于"廉价的生命"的辩论。这一术语我们用于指代其他廉价东西(尤指劳动和关怀)的秩序，是如何通过武力和意识形态被监督和维持的。我们承认，与其他几章里"廉价"一词的用法相比，这个稍微有些不同。我们在第7章里再谈它的必要性，因为如果没有"决定谁的生命重要、谁的生命不重要"这个权力，想压迫原住民或者异教徒和敌对国家，侵吞他们的知识、资源和劳动力，是不可能的。

当前世界的辩论中也不乏这样的例子，比如安全问题、移民和难民的地位问题、国家坚持维护秩序同时又批准开采许多原住民居住地(国家认为原住民居住在那里给国家造成了不便)的自然资源的问题、石油战争问题,以及现代恐怖主义的"存在性威胁"问题。[116] 还是那句话,人类需要找到避开威胁的安全境地,这一需求并不是今天才有的。但是,既然资本主义是通过边疆发展起家的,那么,通过自然部署其在国内和国际上的力量,以获取货币、工作、关怀、食物和能源,就必须伴有关于种族、国家和民族的意识形态,以及这些力量部署涉及的资源占用和生命贬值问题。生命之所以廉价,是现代社会秩序这一机器造成的。廉价的生命对于资本主义的生态来说是必需的。关于人类社区以及被社区排除在外的种种叙述,在今天尤显突出,正如唐纳德·特朗普的美国、弗拉基米尔·普京的俄罗斯、雷杰普·塔伊普·埃尔多安的土耳其和纳伦德拉·莫迪的印度所表明的那样。

何谓世界-生态观

我们对资本主义、生命繁衍以及那几件廉价东西的观点,是我们称之为"世界-生态"大观点中的一部分。[117] 世界-生态观点是近年出现的一种思维方式,用以认真思考生命网络中的人类历史。作为开场白,我们并不将人类与生命网络分开,我们倒是要提出一些问题,即人类(以及人类安排的权力和暴力、工作、不平等)如何和谐地存在于自然之中。资本主义并非一种生态中的一个部分,其本身就是一种生态(将权力、资本、自然连为一体的一整套关系)。因此,当我们写世界-生态(这两个词中间加了一个连字符)时,我们借用"世界-体系"的更老一些的传统观点,认为资本主义创造的这种生态,在无限积累的力量的驱使下,通过边疆扩展到了全球。

因此，当我们说“世界–生态”时，并非要联想“世界的生态”，而是建议以这种方式分析这一问题：权力、生产和再生产之间的关系是如何通过生命网络运作的。世界–生态这一观点，可以让我们看到，现代世界的暴力和剥削的关系是怎样根植于有5个世纪历史的资本主义的，以及这些不平等的安排（即使今天看起来是必要的）是如何不可预料的，而且处于多么史无前例的危机之中。

那么，世界–生态这一观点，给我们提供的就不仅仅是如何看待资本主义、自然和可能发生的未来了。它给我们提供了一个视角，让我们看到在现代历史长河中，人类是如何创造了环境，环境又是如何创造了人类。这开阔了我们的视野，可以让我们反思已经掌握的如何看待变革（生态方面的，经济方面的，所有方面的）的方式是怎样卷入今天的危机之中的。如果我们想理解给这个世界命名和给其施加影响这两者之间的关系，那么，这个视野就是至关重要的了。为社会公平公正而进行的各种运动一直都在坚持“给这个系统取名字”，因为思想、语言和解放之间的关系，对于权力来说是直接和关键的。世界–生态让我们看到，那些我们想当然的概念（比如自然与社会）之所以成为问题，不仅是因为它们掩盖了实际的生活和历史，还因为它们崛起于殖民主义和资本主义暴力的传统。现代自然与社会的概念（我们将在第1章里面看到）诞生于16世纪的欧洲。这些主要概念的形成，不仅与剥夺各殖民地和欧洲农民的土地紧密相连，而且这些概念本身也是剥夺和大屠杀的工具。自然与社会之间的分离，对于一个新的、现代的宇宙论来说是必不可少的，因为在这种理论中，空间是平的，时间是线性的，自然是外部的。我们通常意识不到这段血腥的历史（包括现代社会早期将大多数女性、原住民和非洲人排斥在人类之外的行径),这一点足以证明,现代性有非凡的能力让我们忘记过去。

因此,世界-生态观点不仅致力重新思考,而且承诺要记住过去。我们经常将资本主义对生命和环境的破坏简单地归咎于其对经济的贪婪,而实际上,资本主义的很多东西真的不能归类于经济学。与新自由派的废话相反,在能让资本主义运行的各种机制中,企业和市场在大部分时间都效果不佳。文化、国家和科学群体必须致力让人类服从于性别、种族和阶级的准则。新的资源地理布局需要在地图上标出并弄到手,不断上涨的债务需要付清,货币需要捍卫。世界-生态观提供了一种方式让我们认识这一点,即让我们记住(并重新看待)人类和生命网络中其他非人类自然的生命和劳动。

廉价品的来世

世界-生态观点是有希望的。正视资本主义赖以生存的生命构建网络,也就是发现用以面对资本新世的新的概念工具。随着法治活动开发出应对全球危机的战略(以及我们目前组织自然方式的替代方法),我们需要考虑创新和扩展的民主生活形式的繁衍。正是出于这个原因,我们才以这样的观点结束我们的绪论部分和本书的全部内容,因为这些观点能够给我们指引航向,让我们为前方的状态转变做好充分准备。

苍白的环境保护论,如果其原则理论仍然基于历史上完全垮台了的观点,即人类永恒不变地与自然相分离,那么它就不可能带来变化。不幸的是,今天的许多政见都想当然地认为,这个世界能够转变成廉价物。回顾一下上一次金融危机是怎么引起的吧!那就是因为美国零售银行与商业银行之间的界限被拆除了。大萧条时期的《格拉斯–斯蒂格尔法案》设置了那道障碍，目的就是为了防止将来发生那种交易，当时认为，那种交易将全球经济带入了20世纪30年代的深渊。当时，美国的社会主义者和共产主义者都在鼓动将银行国有化，因此，富兰克林·罗斯福新政就提出了这个法案作为一种折中的保护措施。[118] 当21世纪的自由派抗议者要求重新启动《格拉斯–斯蒂格尔法案》时，他们其实是在要求一种折中，而并非要求价格突降的房地产业。

同样，当美国的工会要求每小时工资报酬15美元时(这一要求已得到支持了)，却对未来工作的宏伟蓝图视而不见。为什么护理业和食品服务业工人的将来，要接受一个几乎不能糊口的工资增长呢？为什么人类尊严非要与艰苦劳动连在一起呢？人类要求的不仅是免于艰辛的劳动，而且还有机会为一个更好的世界做出贡献，难道没有这样的空间吗？[119]

尽管国家福利已经扩大，成为美国家庭收入中增长最快的部分，截至2000年，已经占家庭收入的20%。[120] 然而，这种转移却并没有终结女性的劳动。减轻家务劳动，给以报酬并且重新分配，这个政治要求确实只能是终极目标了。

我们看到，我们梦想得到的变化，是当前资本主义政治体制根本提供不了的。再举个例子，从印度到美国的智囊团里，都有人鼓吹使用廉价的矿物燃料。尽管自由派建议未来使用光伏能源，但是他们却很容易忘记替代技术依赖的矿山基础设施包含的艰辛劳动。他们或是忽略贫穷，提高食物的价格，或是设计替代食品从而使贫穷继续下去(尽管添加了维生素)，总之在生产食物时总有一套办法。[121] 当然了，当优越主义以“保卫国家”的名义，回归到俄罗斯、南非、美国等国时，“廉价的生命”的政治逻辑仍将根深蒂固。我们对未来也并不乐观，因为从芝加哥大学的国家民意研究中心所获得的投票数据可以看出，婴儿潮时期出生的美国人中，有35%的人认为，与白种人相比，黑人更加懒惰，或者说工作不那么努力，在千禧一代人(18~36岁)中，有31%的人有同样的感觉。[122]

尽管我们对知识界有一种合理的悲观情绪，但是我们对一些组织的工作所展示出的意志力还是抱乐观态度的，因为他们看到在社会关系中，存在着非常多的可变性。其中的许多组织已经在着手解决廉价物的问题：工会要求更高的工资；气候变化活动家们要求重新评价我们与能源的关系；还有，那些读过纳奥米·克莱因(Naomi Klein)的著作的人会承认，需要改变的东西还有很多[123]，参与食物运动的人想要改变我们吃的东西，想要改变我们的耕种方法，为的是让人人都吃得好；家务劳动组织者们要求社会承认家务劳动和护理机构的劳动；“占领华尔街运动”要求取消债务，还要求那些受到止赎和被赶出家园威胁的人仍然能留在自己的家园；激进的生态学家们想要改变我们对地球上所有生命的认识；维护黑人生命、保护原住民组织、保证移民权利运动的积极者们，要求平等并对历史上的不公平做出补偿。

每一场这样的运动都有可能引起危机。资本主义从来都伴随着抵抗，从奴隶起义到工人大罢工，从抗击殖民主义和废除旧制，到组织女性和原住民维护自己的权利，可是资本主义又总能生存下去。然而，今天所有的运动都是相互联系的，形成一股力量，可以给悲观主义提供一剂良药。能够将这些运动联系在一起的就是世界–生态观。

我们不想提供那种走过去老路的解决方法。在这一点上，我们和爱丽丝·沃克(Alice Walker)的观点一致：“行动主义就是我为住在这个星球上所付的租金。”[124]再有，如果说资本主义之后还能生存，那么这种生存也是通过人民自己进行的斗争换来的。我们不否认，如果政治斗争发生改变，必须从人民现在的利益出发。但是，我们不能容忍出现与资本主义从自然、社会和经济中炮制出来的相同的抽象概念。我们必须为新的文明找到语言和政治理论，并通过资本主义的生态所引起的状态转变，找到生活方式。正是出于这种想法，我们在结论中才提出一系列的观点，以期通过对补偿的辩论，帮助我们认识并指导人类在自然中的位置。权衡几个世纪剥削所造成的不公平，可能会“再圣化”人类在生命网络中的关系。重新分配关怀、土地和工作，让人人都有机会为改善自己的生活做出贡献，为改善他们周围的生态做出贡献，这样就可以解除资本主义每天都逼迫我们做的那种抽象暴力。我们给这种憧憬起名为“补偿生态学”[125]，将其作为看待历史和未来的一种方法，作为对平等和人类在生命网络中重新构想关系的一种实践和承诺。

1

廉价的自然

从她犯下罪行到被处死仅花了一天时间。然而，法庭文件甚至都没有记录她的名字。她住在新西班牙*(New Spain)的特拉斯卡拉州。在1599年7月18日，她砸烂了一座教堂的十字架，煽动奇奇梅克印第安人部落反抗西班牙人，并用巫术杀死了一个塔拉斯坎印第安人。第二天她就被逮捕了。有6个目击证人证明她有罪。在日落时分，她被允许为自己辩护。她叙述了整个事件。而且，当时的法庭笔录显示，她还描述了一个梦境。

那是一个关于鹿的梦境。有两头鹿叫她不要走开，它们正在找她。这两头鹿之所以只对她现身，是因为她生病了，而且鹿想见她一面。她说在梦里见到两头鹿的时候自己还是年老体衰，可是见到鹿之后她不再老眼昏花，而是身体康健，青春焕发。后来这两头鹿带她进入了一个山洞并赠予她一匹马。这匹马就是她目前在特拉斯卡拉州普韦布洛小镇的财产。当时，有一头鹿骑在马背上，另外一头鹿则给马系上缰绳——之前她还是身体有残疾，可是见过那两头鹿以后，她就康复了。[1]

* 历史上新西班牙指达连湾北部的地峡，现在指位于加勒比海与太平洋之间连接北美洲和南美洲的这一狭长地带。——编者注

在她犯下的所有罪行当中，她的梦境是最恶劣的。她可能煽动了暴乱、亵渎了教堂并妨碍了白银从奇奇梅克正常地输出，但是最危险的是，她提出了一个跟殖民者背道而驰的秩序和自然愿景——她梦里的马不是被西班牙人骑的，而是被象征着奇奇梅克的鹿所驾驭的，也就是说，不是白人凌驾于自然，而是当地人的生命高于殖民者。这个做梦之人的罪行不光是召唤了政治暴乱，更是煽动了一场范围空前的暴动。她梦想着世界秩序，这极具煽动性。当天下午晚些时候，她就被以“女巫”的罪名处以绞刑。

在不知道她姓名的情况之下，我们很难进行评判。处死她的人称她为女巫。当然，去除殖民者所加的恶毒色彩，她自己可能也以“女巫”自称过。即便她的名字轻如鸿毛，在征服者的文书里根本不值一提，但是记录这个事件是为了避免她所讲的故事被人遗忘。这个梦想与现实完全对立的人必须被立刻处死，而让她活在这个世界上，就相当于认同资本主义的世界－生态观的可替代性。

我们这位奇奇梅克女性因为“自然的野性”违背了一个文明社会的准则而被处死。这种违法行为或罪状，是一个相对较新的概念。直到1330年，“savage”一词还是“无畏的、不可战胜的、英勇的”意思。[2]到15世纪末，这种正向的用法逐渐消失，被“自然、野性的状态”这种现代意义所取代。[3]这不是一个意外事件。在处死那位奇奇梅克“女巫”的时代，术语“nature”（自然）和“society”（社会）正在生成。

在巴托洛梅·德拉斯·卡萨斯和塞普尔韦达还在为原住民的命运辩论的时代——他们是否“自然”成为奴隶？——我们日常生活所使用的单词“society”的意义经历了一次重大的改变。从16世纪中叶开始,“society” 不光指我们结交的圈子,还指囊括了众多个体的更大的圈子。[4] 个体属于集体组织的一部分、集体比个体更重要——这一概念并不是新发明的。对于社会群体,人们很早就赋予其名字并设立了界限:城邦、城市、中央王国、基督教国家以及上帝的选民等的一部分。可是现代的 “society” 一词在历史上有个独特的反义词:“nature”(自然)。在 “society” (社会)的另一面,不是别的人类群体而是野蛮。先有社会,后有国家。在社会能够被维护之前,它要先被创造出来[5] ——就在与自然严格划清界限并加以治安整顿的过程中 ,社会被创造了出来。

在英语中,单词“nature” 和“society” 在1550年以后才有了我们所熟知的意义,而这跨越了“漫长的”16世纪的时间弧线(1450—1640年)。[6] 我们将会看到,这个时期也是英国资本主义历史和殖民历史中具有决定意义的时期。这段时期标志着西班牙帝国、葡萄牙帝国以及它们胁迫原住民劳动力和非洲劳动力所建造的庞大的新大陆生产体系的崛起。这些变革是致使全球权力和生产中心从亚洲转移到北大西洋的关键性因素。这种转变不是一蹴而就的。跟亚洲文明相比,欧洲的技术和经济一直很落后,直到1800年后这种状况才有所改观。[7] 中国当时已经有了印刷机[8]、强有力的海军[9]、火药和繁荣的城市[10],也面临着财富和环境危机的双重困扰[11]。 而欧洲资本主义之所以能够兴盛,是因为它具备了将自然转化成生产力,进而转化成财富的能力。这种能力不但取决于权力、商业和技术的特殊融合,而且取决于一场思想革命,一场由新思想所支持的知识革命,即将自然视为社会的反面。这种将自然与社会对立的理念的影响远超哲学思想。它让征服和掠夺合情合理,成为一种生活方式。正如前文所说的那个被以女巫罪名处死的女人的故事所显示的，自然的血腥在资本主义暴力镇压叛乱的新大陆得到了最完美的阐释。

我们理所当然地认为，这个世界的有些部分是“社会”的，其他部分则是“自然”的。极端主义暴动、大规模失业和监禁，以及消费文化属于社会问题和社会不公。气候、生物多样性和资源枯竭则属于自然问题和生态危机。我们不但用这样的思维思考这个世界，还制定了这样的逻辑，就好像社会和自然是独立自主的领域，就好像人类力量的种种关系不受生命网络影响似的。

在这本书里，我们在以一种不同于日常所见的方式使用单词“Nature”（自然）和“Society”（社会）。我们将这两个词大写，使它们成为一种符号，一种不仅能够描述这个世界，还能帮我们组织世界和自我的概念。学者把这种概念叫作“真实的抽象”(real abstractions)。[12]这些“抽象”用于关于本体论（是什么）和认识论（我们如何知道是什么）的论断。真实的抽象既描述这个世界又规定这个世界。这就是为什么真实的抽象经常是无形的，也是为什么我们使用世界－生态等理念促使我们的读者将自然和社会看作暴力的隐性形态。自然和社会这两个词还未“引爆”而已。真实的抽象不是“清白之身”，它反映了权力集团的利益并特许当权者组织这个世界。

这就是我们为何首先通过自然开启对廉价物的探讨。自然不是一个事物，而是一种组织生命、使生命廉价化的方式。只有通过真实的抽象——文化、政治、经济这三个层面共同推进，自然的活动才能成为一系列物品。正像生命之网不是善的、恶的或者可下载一样，它的廉价性也不是固有的。这些属性是被资本主义“配置”到一定的关系当中的。但是生命之网已被廉价化。它被扔进了交易和利润的过程当中，受到支配和控制。我们在绪论里举例论证过，没有自然的廉价化就没有资本主义的产生，在本章我们探讨这一战略的机制和影响。

早期的殖民主义与自然

人要活下去就需要改变自身的环境。古人类的进化是通过一系列的生物转化进行的——尤其是那些由火带来的转化。火降低了消化所需要的能量，并极大地提高了人类改造世界的能力。虽说人类是一种改造环境的物种，但是我们人类的组织结构很脆弱。在历史上相当长的一段时间里，人类文明在很大程度上借由自然其他方面的有利条件得以出现和扩张。但当有利的自然条件一旦消失，人类文明就可能崩溃。罗马就曾在罗马最佳气候期(约公元前300年至500年)的数个世纪里繁荣发展。[13] 中世纪温暖期(约950年至1250年)的气候助了欧亚大陆上从柬埔寨到法国这样的新兴国家一臂之力。[14] 欧洲封建社会从气候异常时期获得了助力；欧洲封建社会的危机，以及最终进入资本主义社会，也是另一场气候变化的副产物。

欧洲封建主义的瓦解因“小冰期”成为可能，但是气候并不是唯一原因。欧洲封建社会充满活力。虽然当地气候不利于谷物的生长，但是欧洲封建社会有高度发达的农业技术。9世纪初，农业生产力高度增长，森林被开垦成新的耕地，人口和动物的数量增长迅速。到了14世纪早期，人口密度非常高。但是封建主义的体制性弱点并不像土壤耗竭那样简单。由于农民无力为他们的封建领主生产更多的经济剩余，封建主义垮台了。

农民有自己的农业工具，他们本可以从黑麦和小麦作物的单一种植转向包含菜园种植的多样化粮食混种。在西欧，这就意味着粮食产量会增加1倍或者2倍。[15] 可是封建领主需要可以方便转化为现金的畅销产品，因此这种转变是不可能发生的。与如今的情况令人不安地相似的是，封建领主重复了倾向于短期利益的农业体系，而不再对其进行有意义的调整，而这种调整虽说会暂时减少他们的收入，但从长远来看可以使他们存活下去。正是在这样的背景下，廉价的自然具有战略意义。在封建主义危机困境和早期资本主义诞生的背景下，自然和社会开始萌芽。[16]

封建领主拒绝调整，这就加速了一场空前危机的到来。正如我们在绪论部分所看到的，由封建领主统治所导致的农业生态问题和气候变化、人口灾难叠加起来，不仅造成了死亡，还引发了农民的顽强抗争。在西欧，统治阶级试图再一次将农民农奴化，但是以失败告终。这次危机不仅涉及社会阶层问题，它还标志着封建主义的权力、财富、自然的生态停止了运作。这就意味着开辟新纪元的事件在发生：国家、领主和商人都要努力寻求新的途径恢复财富。[17]

这些新途径的核心就是全球性的征服。这种征服不仅需要枪炮，还需要创造全新的文化和地理边界。处在货币和市场之间的生命和土地，成为在整个资本主义生态范畴中处理和解决危机的方式。在这种与自然的关系中，其核心就是利益，其典型代表就是克里斯托弗·哥伦布。在每一章都会出现的哥伦布是各种廉价物战略的早期实践者。他来到加勒比地区后就开始审视，不仅用征服者的眼光，而且用评估人的视角。他估价的眼力因之前跟随葡萄牙人在北非海岸的殖民探险而变得更加敏锐。他发起的对自然的殖民化既独特又以敛财为目的。以西班牙和葡萄牙(海外扩张）为首而崛起的欧洲帝国，疯狂地搜罗和购买包括“野蛮”人在内的自然物品。哥伦布对“自然”进行分类并估价，这标志着在早期资本主义制度下，他懂得自然已经成为了什么。[18]

几乎从看到新大陆的第一刻起，哥伦布就将实施廉价自然的战略。[19] 在首次抵达加勒比地区的第八天，他发现了一处所在，他口中的——

“Cabo Hermoso”（美丽的海角），因为那里是如此的……我看到它如此秀丽的植被时，眼睛从不会厌倦，因为这些植被是如此的不同。要是在欧洲用作药品和染料的话，我认为这里的许多药草和树木会值很多钱。但是我对此一无所知，这造成了我无尽的悲伤。[20]

他从最开始就是一个对廉价和权力有敏锐洞察力的估值者，能够将眼光投向自然，还会因无法立刻变现成财富而产生挫败感。

可是，利润不仅仅来源于贸易，必须把自然投入使用才行。将自然和社会分割的早期运用出现在监护征赋制（encomienda）的殖民改造上。起初，只是占有土地的监护征赋制变成了一种将一定数量的人转变为自然范畴的战略，这样这些人就可以更廉价地在土地上劳作。当西班牙为伊比利亚的领土而战时，监护征赋制就是一种管理战利品的手段。国王将临时政府赠地赏给贵族，他们因此可以从之前被摩尔人（Moors）* 所占领的土地上获利。[21] 在加勒比地区，监护征赋制从中世纪的土地拨赠转型为现代的劳力赠予。这意味着贵族不仅得到了土地，实际上还完成了对土地上生活的原住民的奴役。所谓的统治权利，不仅仅包括领土权，还有对动植物群落的拥有权——原住民成了动物。随着时间的推移，监护征

* 摩尔人泛指公元 8 世纪–13 世纪从北非西部进入并统治伊比利亚半岛的柏柏尔人和阿拉伯人。15 世纪末西班牙人收复半岛之后，被迫放弃伊斯兰教，改信基督教，称摩里斯科人。——编者注

赋制开始包含各种各样的劳动力安置，并将法律强制手段和雇佣劳动结合在了一起。[22]这就意味着自然领域实际上包含所有有色人种、大部分女性和居住在半殖民区（如爱尔兰和波兰）的大部分白人。[23]这就是为什么在16世纪卡斯蒂利亚人（Castilian）把安第斯原住民称作“原始自然人”。[24]

创造：“自然”和“社会”

从最开始，人类就知道他们不同于自然的其他部分。[25] 资本主义并没有创造出这种区分界限，它的创新之处在于将这种区别转化为一种明确的隔离，以及一种组织原则。这是大西洋两岸知识分子所做出的“贡献”。勒奈·笛卡儿（René Descartes，1596—1660）通过研究墨西哥哲学家安东尼奥·卢比奥（Antonio Rubio，1548—1615），学到了基本的哲学推理。关于笛卡儿，后面还会详述。恩立克·杜赛尔（Enrique Dussel）认为，16世纪一些最深刻的反对殖民主义的基督教知识活动就发生在美洲大陆。[26] 与此同时，英格兰人正在他们的第一块殖民边疆爱尔兰发展“野蛮人和文明人”的理念。1541年正是“自然”和“社会”形成我们当前所熟知的意义的时候，所以英格兰人在1541年以后强化了他们在爱尔兰的统治并不是巧合事件。英格兰的殖民力量主要集中在爱尔兰东海岸位于都柏林附近的土地上。最开始有英格兰殖民活动的区域称为直辖区（pale），直辖区之外的人被称为“野蛮人”。

赋予“自然”一词新意义的发明人，除了征服者和投机商人，还有哲学家。1641年，笛卡儿提出了一些理念，后来成为资本主义生态的前两个定律。第一个定律表面上看与资本主义生态无关。他把心灵和身体区分开来，并分别用拉丁语“res cogitans”（思想物）和“res extensa”（广延物）指代。用这种观点看，现实是由分离的“会思考的事物”和“具有延伸性的事物”构成的。人类（但不仅仅是人类）是会思考的事物；“自然”则是充满着广延性的事物。那个时代的统治阶层把大多数人，包括女人、有色人种、原住民，都看作广延性的而非会思考的事物。这意味着笛卡儿的哲学思想是一种用于统治的实用工具：它们是真正的具有强大物质力量的抽象概念。这就把我们引到了笛卡儿关于资本主义生态的第二条定律上：欧洲的文明（或者用笛卡儿的话：“我们”）必须成为“自然的主人和所有者”。[27]“社会”和“自然”不仅仅是独立存在的，“自然”还要被“社会”所控制和主宰。换言之，笛卡儿的观点既塑造了现代的思想，也塑造了现代的权力逻辑。

提到笛卡儿就让人常常联想到他的法国人身份，但是他的思维视角明显具有英国人和荷兰人的特点。他在法国出生，并在那里接受教育，但他的主要著作大多是在1629年至1649年于荷兰共和国完成的，当时荷兰共和国是那个时代最强大的霸主，那里的资本主义也最为活跃。这几十年来也见证了全球生态革命的最高潮。这场革命在近200年之前就已经开始，它把从巴西到波兰再到香料群岛的森林夷为平地，把从俄罗斯到英格兰的湿地开垦为农田，把从安第斯山脉到瑞典的矿藏大肆开采出来。[28]每一次这样的环境改变都传递着某种形式的廉价自然——它是如此关键，以至于截至17世纪50年代，在阿姆斯特丹交易所（第一个现代股市）交易的商品超过500种。笛卡儿具有革命性的唯物主义思想是紧跟他的时代的。

当然，笛卡儿并非凭一己之力建立了具有革命性的哲学理论。资本主义生态第二定律在很大程度上归功于哲学家弗朗西斯·培根(1561—1626)。他被普遍认为是现代科学之父(这种带有性别化倾向的语言一会儿就显得合乎情理了)。培根还是英国政府机构的一名重要成员,在不同时期曾经做过国会议员以及英格兰和威尔士的大法官。他认为“在一定程度上说,科学应该折磨自然,让它吐露秘密”。[29] 此外,“人类帝国”应该插入并主宰“自然的子宫”。科学必须“将自然赶走使之流浪,并且在你想要的时候有能力将自然再次引领驱使到同样的地方……当对真相的调查是他的全部目标时,他在进入和穿透这些孔洞和角落时不应该有丝毫的犹豫”。[30]

培根当时是一个重要的政治人物。在那个时代,欧洲的女性正在被全新的、现代的方式威胁、监控和主宰着。“自然”和“社会”新意义的创造在方方面面都是性别化的。“男人”与“女人”的二元性与“自然”和“社会”的二元性如出一辙。“自然”及其与“社会”的界限从一开始就是“含有妇科色彩的生态”。[31] 通过这种全新的生命和思想组织模式,“自然”不是一种事物,而是变成了一种让生命在伦理上和经济上廉价化的战略。笛卡儿的二元论曾经是,现在仍然是远不止于一个描述性的论断。它是一个如何最佳地组织权力和等级、人性和自然、男人和女人,以及殖民者和被殖民者的规范性论断。

虽然很多人都为这一理论的诞生贡献了功与过,但是将其视为笛卡儿革命是有道理的。这是一场知识运动,它不仅塑造了思维方式,还塑造了征服、商品化和生活方式。这次笛卡儿革命成就了四个大型的变革,每一个变革直到今天都在塑造着我们对于“自然”和“社会”的看法。第一,“或者……或者……”的二元式思维取代了“……和……”的思维方式;

第二，它将对于物质、事物的思考凌驾于对于事物之间关系的思考；第三，它把自然视为社会商品，通过科学建立了对自然的主宰；第四，笛卡儿革命使得用于制图和扩大统治的殖民计划可欲、可行。

杜赛尔通过对盖丘亚族(Que dnua)反殖民主义作家费利佩·瓜曼·波马·德·阿亚拉(Felipe Guamán Poma de Agala，约1550—1616)的集中研究，思考了对笛卡儿思想早有预见的瓜曼如何“发现了这个过程，并通过这个过程将这种具有扩张性、以自我为中心主观性的‘我主宰/征服’传递延续，带着傲慢疯狂地克服了一切障碍，最终在上帝自身的基础上形成了‘我思’而达到高潮。他思考着重建这个世界，让这个世界被他主宰、为他服务以帮他攫取财富，当然这一切包括南美大陆上生活的人”。[32]

瓜曼的观点不仅仅是夸夸其谈。笛卡儿理性主义的基础是心灵的内在现实区别于物体的外部现实；后者只能通过位于时空之外的一种中立的、无实体的注视被带进前者。那种注视总是属于启蒙的欧洲殖民主义者以及他们背后支撑的帝国。笛卡儿的“思”将洞察力和思想注入了一个观众的世界观里，它将现代性的新兴的表面变得可见、可测量，同时也让观者变得无实体、无场所。中世纪文学和艺术上的多重有利视角就被一个单一的、无实体的、全知的、全景的视角所取代。[33] 在几何学、文艺复兴绘画，尤其是制图学上，这种新思维所表现出来的真实就好像人身处其外。社会评论家刘易斯·芒福德(Lewis Mumford)注意到，文艺复兴的视角“将物体的象征关系转化为了一种视觉关系，然后这种视觉又成了一种定量关系。在这种对世界的全新理解中，大小不意味着人类或神明的重要性，而意味着距离远近”。[34] 这种距离是可以被测量、编入、分类、绘制和拥有的。[35]

现代地图不仅仅描述这个世界，它还是一种征服技术。1502年的坎迪诺平面球形图（Cantino Planisphere）作为现存最早的葡萄牙版世界地图，只能通过这个袖珍小国的巨大野心来理解。从1503年开始，葡萄牙人发动了一系列对印度洋世界的侵略，并在接下来的10年里掌控了印度洋范围内有利可图的贸易枢纽：波斯湾的霍尔木兹海峡、印度西北部的果阿以及东南亚的马六甲。[36]

16世纪的水手使用的平面球形图和波多兰航海图很快就被当代世界最著名的，也是目前使用最多的墨卡托投影制图技术取代。杰拉德·墨卡托（Gerard Mercator，"Mercator"这个自创的姓氏为"商人"之意）一生大部分时间都生活在如今位于比利时的佛兰德斯。佛兰德斯是他那个时代商贸最活跃的区域。作为欧洲最伟大的地理学家，墨卡托在人们慢慢接受地球是个球体的年代之初以卖地球仪而非地图为生。[37] 他将制图学和贪婪的、军事化的商业扩张融合在一起，这一商业方案具有革命性。正像杰里·布罗顿（Jerry Brotton）所言：

墨卡托在使航海实践和商业盈利精确化方面进行了创新，其重要性一目了然。他的新型投影技术不需要在船上对一个球体的表面或波兰多航海图进行笨拙而又不精确的测位。这种新技术可以在一个平面图上精确地画出一条方位线，前景十分明晰……这对于航海技术大有裨益……为方便航海人员的使用，墨卡托进一步概述了数学演算过程，以便人们能够在地图上画出精确的网格线，同时又能保持相对的地理精确性。[38]

换言之，要想征服全球生命并使其廉价化，人必须要有绘制地图的能力。

自然、私有财产和劳动力

对于近代早期的唯物主义而言，其意义不仅是要解读这个世界，而且是要控制这个世界。通过暗指人类"在某种程度上要做自然的主人和所有者"[39]，笛卡儿提出了一个宣言，要让(一些)人类的思想凌驾于当时囊括了大部分人类的自然之上。笛卡儿革命和另外两个关键的历史进程同时进行。第一个进程是一系列的干预措施，这些措施让越来越多的人依靠货币关系维系自己的生存。社会科学家将其称为"无产阶级化"，这是一种从人类行为活动到可以在商品体系(即我们如今所说的劳动力市场)进行交易的事物的转变。[40] 无产阶级化从来都不是局限于经济层面的，它是第二个历史进程的产物：出现于1450年后新型的领土权的产物。中世纪欧洲的司法管辖和个人权威交织重叠，这种老旧的领域在长期的封建危机(1315~1453年)中早就垮掉了。一种新型的力量使得新帝国以及低地国家(荷兰、比利时及卢森堡)和英国的内部转变成为可能，其核心就是私有财产的普遍化。

诚然，葡萄牙人开创了资本主义生态，但是英国的故事更好地诠释了资本主义是如何将土地和劳动力进行转化的。随着谷物的价格在15世纪停滞不涨以及劳动力价格的上涨，英国的地主利用人口大幅下降的形势占有了空出来的土地财产。在1500年以后不断加速的转变进程中，越来越多的土地从限制地主提高租金转向了租金可以随市场力量进行调整的租赁领域。[41] 在这种相对平和的土地抢占方式不奏效的地方，地主抓住了封建协议里的一个漏洞：他们可以在财产继承时强加上"土地占有罚金"。[42] 如果一个农民(经常是长子)继承了土地但是无力支付这些罚金，那么土地就不属于他了。所有这些漏洞蔓延扩散，由供求关系决定的高额租金被日益强加到农民头上。租金再也不像之前几个世纪那样一定要“合理”。[43]

地主不仅仅抢占土地，也在转变着他人和自然相关联的方式。将原本的土地置于有竞争力的地租体系之中使得农民原本还有一些自主权利的共有土地不断减少。土地共有涉及很多权利，包括可以进入自己不拥有的土地、给牲畜提供牧场、从森林里捡拾木材和建筑材料以及捡拾谷物等权利。除了这些权利以外，还有一些责任，像是定量限制：比如为了不损害未来收集木材的能力而对现在的行为进行限制。这些权利和义务对于农民的生存至关重要，因为这帮助他们弥补了季度粮食产量和家庭生活实际需要之间的空缺。随着共有土地的减少以及进入现存的共有土地越来越难，农民必须要用其他的方式填补这个缺口。教堂和其他的社会救济机构所提供的帮助也是杯水车薪。因此，农民要么被迫离开土地，要么出卖他们唯一拥有的：他们的劳动力。在这种意义下，他们的劳动力是“自由”的，因为它不受除了贫穷和由流浪带来的监禁之外其他任何方式的胁迫。当时的法律针对贫穷和居无定所的惩罚相当严厉，这带有很强的动机。因此，农民除了出卖自己的劳动力求得生存之外别无选择。[44]

农民可以抗争，他们也抗争过。[45] 16世纪上半叶就发生了一系列的农民和城市暴动，最终于1549年爆发的“凯特起义”使得这种抗争达到高潮。1.6万名反抗者攻下了当时英国的第二大城市诺威奇。[46] 农民的怒火不光针对共有土地的圈占和对他们惯有权利的持续打压，对于竞争地租这一理论，他们也进行了批判和攻击，认为它在1450年后的一个世纪里

"相对新颖、极端无理"。[47]

"极端无理"很快就变成了正常。当然,这也不是最后一次。英国的地主会通过种植作物赚钱,或者更常见的做法是把土地租给佃农种植作物。这种革命性的生产方式,虽然与马德拉群岛和新大陆上的甘蔗种植不同,但是意义同样重大。英国地主敛财方式的变化改变了人类和他们脚下的土地的关系。因此,英国的农业生产力迅速提高,这个国家的非农业人口也随之迅速增长。1600年至1700年,英国农场的劳动生产力增长了75%,而那时在英国有超过一半的人口不从事农业。[48]

私有财产的崛起同时具有物质性、政治性和象征性。地籍测量和国家资助的资产阶级财产关系反映了阶级斗争,也反映了组织人类的方式和组织自然其他方面的方式之间的斗争。在16世纪的爱尔兰,对于英国人而言,测绘是"文明战胜野蛮的重要环节"。[49] 地图是一种了解并控制自然的方式。关于自然的其他形式的知识具有煽动性。这就是为什么巫术和原住民的知识对资本主义构成了威胁,因为它们挑战了资本主义的认识论和本体论。印加人在农业上的试验、中美洲人在土壤富集上取得的进步,以及中国的医药等知识,如果不立刻消灭的话也要被划入民间传说的范畴。[50] 知识本身也被围隔起来。要想知道关于自然和世界的任何知识,都得先要欧洲人撰写并授权才行。

我们已经看到,像圈地一样将知识圈起来,这对于一场文化革命至关重要。这场革命明确地将被殖民的人和几乎所有的女人都归为自然的一部分,并由合适的人惩处、管理他们。随着英国在1541年以后对爱尔兰加强了统治,帝国政策优先考虑将"目前散居在林地上的野蛮爱尔兰人"重新安置到英国式的城镇里。[51] 西班牙在1571年后在秘鲁殖民地采取了相似但规模更大的做法。他们按照西班牙的模式把安第斯这些属于自然的人重新安置在农业村落里。荷兰人在1620年后也在东南亚仿效这一做法。[52]在资本主义形成的几个世纪里，远不止这些举措被搬上台面。这些举措长期持续地将被殖民者驱逐出文明社会，并从所谓的"道义"上对"落后"种族进行教育，这为殖民计划奠定了基础。用20世纪早期历史学家乌尔里克·B.菲利普斯(Ulrich B. Phillips)的话来解释，殖民者甚至证明奴隶制是正当的，认为其是"一所为了文明而创办的学校"。[53]

无法理解的资本新世

启蒙运动、无产阶级化和财产私有化这三者的文化种族隔离过程是资本主义廉价自然战略的核心，它把人类和非人类的工作转化为廉价物。没有什么比生态危机更适合提醒人类文明了：自然并不是廉价的。气候变化让我们无法忽视日常生活中地球的变化。最近几年"极端天气情况"强度和频率的增加就是最明显的例证。干旱毁了加利福尼亚的农业。位于伊拉克巴士拉的居民在2016年7月曾目睹过气温飙升至54℃，而在同一个月，伊朗部分地区经历了60℃的酷热天气。[54] 由于2016年夏季的热浪袭击，伊拉克的经济可能衰减了1/5。[55] 确实，对老幼人群具有致命性后果的高温很有可能在这个世纪末让部分中东国家不再宜居。[56] 前所未有的森林大火已经撼动了加拿大西部。热浪已使印度成千上万人死亡。[57] 对美国人而言，2016年8月发生在路易斯安那州的洪灾让3万美国人流离失所，这为从统计学上不可能发生的一连串极端天气画上了句号。根据美国国家海洋和大气管理局的报道，这次的暴风雨500年一遇，而之前的15个月曾出现过8次这样的暴风雨。[58]

这就是生活在资本新世里的样子。诚然，之前的人类文明都改变过他们的自然环境。但是，之前没有一次人类文明是被廉价自然引导和支配的。廉价自然战略通过对人类和人类以外生命的征服将我们这个星球转化成了自然和社会。和在本章之初提到的奇奇梅克女人一样，那些反对变革的人面对的都是死亡。原住居民仍然在反抗，仍在面临着屠杀，只不过资本新世里面的语言告诉我们他们没有被杀死罢了,他们正在被"发展着"。

自然转化成货币然后再转化成资本的循环将我们带到了地质历史的此刻。这就是为什么我们需要探求哥伦布看待自然时不顾一切想要得到的东西到底是什么。在前面所讲的内容里我们已经提到自然。如果没有自然，现代资本主义是无法想象的。哥伦布想要的东西就是廉价的货币。

2

廉价的货币

题 记

货币领主是个强大的骑士，
生于西印度群岛，
举世追随，受人敬仰，
卒于西班牙，
葬在热那亚。

——佛朗西斯科·德·戈维多·维列加斯，《金钱至上》

印加年轻人卡帕克问第一个到达秘鲁的西班牙人干地亚都吃些什么。干地亚用西语回答并用手势暗指他吃的是金银。于是卡帕克赠予他大量的金粉和金银碟器。

——费利佩·瓜曼·波马·德·阿亚拉《最新纪事及良好政府》

像大多数人一样，哥伦布与金钱虽然关系密切，但不精于赚钱之道。关于这一点，我们可以从1478年他受雇将一船蔗糖从马德拉群岛带到热那亚，把这单交易搞砸而不得不对簿公堂一事看出。[1]卢多维科·琴图廖内(Ludovico Centurione)是热那亚最有钱的银行家之一。他曾经支付给一个名叫保罗·迪·内格罗(Paolo Di Negro)的商人1290达克特金币，后者则雇用哥伦布船长运输5万磅重(约合22680千克)的蔗糖，并支付哥伦布103达克特金币外加一货仓的羊毛。[2] 可是在马德拉群岛没人购买羊毛，所以哥伦布带着卖剩下的蔗糖回到了热那亚，并被迫在那里的法庭上证明自己商业上的失利。那时候他还是27岁“左右”。[3] 哥伦布很快“跑路”，一去不复返。[4] 但是热那亚的那笔账注定要跟随他一辈子。

哥伦布前往了伊比利亚半岛。在那里，新兴而几近统一的西班牙正在发起三次大型军事战役当中的第一次战役。1478年，斐迪南二世和伊莎贝拉女王派兵到葡萄牙领土大加那利岛（加那利群岛最大的岛屿），但是他们花光了钱。从1480年开始，一个叫弗朗西斯科·皮奈罗（Francisco Pinelo）的热那亚人在后来的3年里连续4次资助了西班牙军队的远征。截至1483年，大加那利岛被征服，债权人才得到回报。[5] 但是这里有个问题。正如海伦·内德（Helen Nader）所记录的：“唯一最直接的回报就是史无前例的大量战俘。这些皇室债权人，尤其是那位热那亚人……成了皇家奴隶经纪人。”[6] 这种模式被迅速复制。第二次大型军事战役发起于1482年，是长达数百年之久的收复失地运动的最后阶段。战役发生在伊比利亚本土，仍是由热那亚人资助。同样，唯一有价值的战利品就是战俘。当港口城市马拉加于1487年沦陷时（哥伦布目睹的事件），整个城市的犹太人和穆斯林居民都成了奴隶。“马拉加沦陷之前以及之后最重要的商人”是热那亚的银行家。[7]

那些资助过加那利群岛战役和伊比利亚战役的人当中有许多人还资助了第三次战役，即提出横跨大洋出征亚洲的战役。在1490年，皮奈罗成为“圣兄弟会”的联合司库。“圣兄弟会”是一个高度军事化的警察部队，其任务是镇压国内那些对卡斯蒂利亚乏力的国家建设持有异议的势力。[8] 正是“圣兄弟会”负责于1492年7月31日将西班牙的犹太人驱逐出境，这距哥伦布后来扬帆起航前往美洲大陆仅仅三天。“圣兄弟会”的另外一个联合司库是路易斯·德·圣安杰尔（Luis de Santàngel）。[9]他自1481年开始还担任阿拉贡王国的配给书记员，负责皇家的财务事宜。正是圣安杰尔成功劝服了伊莎贝拉女王，使她从之前反对哥伦布的请求变为支持。虽然一般都说斐迪南国王和伊莎贝拉女王共同赞助了哥伦布的航程，但这种说法其实只对了一半。斐迪南的阿拉贡王国和伊莎贝拉的卡斯蒂利亚王国与其说是赞助者不如说是承保人，他们只是为来自“圣兄弟会”的大部分贷款提供担保而已。[10]

资本主义的生态本源是一个超越货币成为商品然后再变回货币的循环。这个奇特而又很现代的魔力就在于此。国家需要战争掠夺战利品，但是又需要金钱支付军费。没有战争的话，国家就不能获取财富并用其中的一部分支付前一场战争的费用，也就是战争—金钱—战争。银行家需要政府偿还债务，政府需要银行家的资助。资本主义的创新之处不是对利润的追求，而是逐利、赞助和与政府之间的关系。这些关系改变了世界，这一章就讲这些关系。

金融生态

在过去的6个世纪里，人类启动了货币的力量。[11]这里所讲的货币不是任意类别的金钱，而是货币作为资本，作为掌控生活、工作、资源的力量的一面。资本循环有两个原因：一个是于哥伦布时代首先成形的现代世界市场；另一个是绝非巧合但与现代世界市场同期出现的现代帝国主义。没有金融，世界市场和世界强权都无法存在。金融对于帝国主义野心和商品交易至关重要;没有帝国主义野心和商品交易,金融也无能为力。

货币方便和促进了远距离的交易行为。出现在新月沃地的最早的货币是依靠贵金属促进农业贸易的,甚至还在公元前1788年解决了一场债务危机。[12] 物品成为货币要经过几个步骤:第一步,你需要获得一种珍稀的材料,一般是土壤里的贵金属;第二步,你需要将其放到造币厂,一个事实是,在那里要有一个权威机构能保证贵金属冶炼的纯度,且能将权威标志印在硬币的表面。在资本主义制度下,这些铸造出来的货币就转化成了劳动力、机械、原材料。它们成为商品,然后再一次转化成货币。

世界货币、世界自然、世界强权构成了环境的三个奇特方面,在从征服美洲到21世纪全球变暖危机拉开序幕的时间段里塑造了资本主义。在当今世界,货币就是一种生态关系;它已经在资本主义时代成为一种关系,这种关系不光为人类还为所有的生命塑造了存在条件。

因此说华尔街是一种组织自然的方式也就合乎情理了。我们会举例论证资本主义世界生态需要廉价货币:依靠一种安全的交易面额加速商业交易,同时在一定程度上进行把控以满足统治集团的要求。货币的廉价性包含两个主要维度:第一是占有基础的、原始的商品(金、银、石油)并对其调控以使利率(资本的价格)保持低位。第二是控制更广泛的,只有国家——城邦、民族国家,以及最终由帝国——才能提供的现金经济。正如费尔南·布罗代尔(Fernand Braudel)指出的,只有当金融资本"与国家画上等号,当它就是这个国家的时候才能成功"。[13] 在高盛集团已把白宫当作一个分公司的背景下,这个论断对于我们这个时代具有特殊的启示。在16世纪,欧洲的殖民主义者发现他们可以把对白银的支配权推广到世界范围。通过后续接连不断的举措,资本家几乎无障碍地实现了延续至今的成果——一种助力、保护、拓宽资本主义生态边疆的廉价的货币体系。[14]

廉价货币意味着一件最重要的事：低利率。即使在集装箱货船快速运行和股票交易高速发展的今天，信贷仍是资本主义的命脉。如果说廉价劳动、食物、能源和原材料是资本家事业兴旺的必要条件的话，那么低廉的信贷成本使得这一切成为可能。[15] 历史上曾经有过廉价货币和新边疆的良性循环。当那些有利可图的，在已建立的地域进行生产和开采的机遇已经萎缩时，资本家早就拿走了利润并将其转化为资本交易。这就是为什么每次在世界资本主义兴起之后，诸如17世纪中叶的荷兰、18世纪中叶的英国，还有第二次世界大战之后处于黄金时代的美国，都会有一个学者称之为金融化的过程。在这些时期，资本家从老旧的、盈利少的工商业盈利方式转向资本交易的形式。相较于雇用麻烦的工人、建造昂贵的厂房、购买原材料以及制造产品，越来越多的资本家转向了更简单、短期内更有吸引力的盈利方式：放贷和对未来投机性的赌注。从这种意义上来说，金融化本质上是一种对未来的赌博，是一次更有利可图的工业革命。[16] 其实我们就生活在这样的时代里，历史不能保证未来会怎样：这些累积的循环经常因战争结束，并伴随着新兴金融强权的崛起。下面我们会看到这样的情况。

当世界的经济蛋糕停止做大的时候，对资本主义而言，有两种运动会使金融化有诱惑力甚至有益处。第一是世界强国发动战争，或至少这些国家有提高发动战争能力的倾向。美国就是在20世纪70年代经历了经济停滞以后，发起了在和平年代史上最大规模的军事扩充行动。我们看到，现代国家很少自己资助它们的战争。像其他任何人一样，它们需要去借钱。第二个促进金融化的方式是位于体系腹地的资本开始流向边疆地区。比如在19世纪末，英国大量的资本以贷款的形式从伦敦流向世界各地，主要投向铁路建造，这对20世纪食物和原材料价格的惊人下降具有重要作用。[17]从历史看，只要有足够多的边疆区域，那里有廉价的人力资源和自然资源可以利用或榨取，金融化对未来的赌注就会进行。当一定程度上由全球铁路网络引发的长期繁荣在20世纪70年代结束的时候，一个新的金融化时代便开启了。虽然新自由主义源于一场资本价格高昂的危机（即1979年的“沃尔克冲击”，当时为了控制通货膨胀，利率飚至20%的高峰），但随后迎来了一个较长的廉价货币时期。按照安瓦尔·谢赫（Anwar Shaikh）的解释，兴起于20世纪80年代的新自由主义“繁荣”——虽不过如此——“是由利率的急剧下跌引发的……下降的利率也使得资本在全世界范围顺利流动，这造成了消费者债务大幅上扬，并加剧了国际上金融和房地产泡沫”。[18]与过去不同的是，廉价自然的边疆越来越少，而放在全球赌场桌子上的现金越来越厚。在21世纪，金钱掩盖并试图拖延社会经济危机的潜在问题，但对于绝大多数人和整个世界的其他生命而言，廉价的美元再也无法掩盖这些问题。至于货币的、生物的、气候的以及社会的动荡混合在一起是什么样子，历史已有太多教训。

现代世界的货币起源

黑死病（1347—1353年）引发了一场财政危机。其中一个后果就是采矿人员数量的下降，也因此造成了现金的不足。欧洲的贵族需要马六甲的香料、波斯的丝织品和中国的瓷器；欧洲工业需要原材料，包括埃及的棉花和叙利亚的明矾。欧洲人用来自他们控制的矿藏里的贵金属铸造的硬币购买这些商品。因此，欧洲人本来就不多的金银迅速地流向世界的东方和南方。虽然贸易差额通过欧洲的牲畜和制成品得到一些抵销，但是约翰·戴(John Day)指出“这种财政赤字的拉动几乎是不可逆转的。这使波西米亚和撒丁岛的白银流失的速度和开采的速度一样快；自进入地中海环线伊始，逆差就拿走了匈牙利人和苏丹人大部分的黄金；它即使没有造成这种波及范围远至英国和佛兰德斯的长期收支平衡问题，也起到了促进作用”。[19]

“小冰期”是个全球性的问题，尤其是对全球兴旺的贸易中心之一——中国而言。虽然之前的气候变化已经导致了经济衰退和财政危机，但是这次的后果不尽相同。[20] 15世纪中叶的气候巨变和明朝的宫廷内乱赶在了一起。作为应对，明朝关闭了铸币厂，这就造成了全球性的白银短缺。明朝也“史无前例地从国际事务中撤出，当时没有其他任何国家能够代替中国成为经济增长的引擎。从15世纪40年代初期到60年代中期，欧亚大陆所有的国家都陷入了经济和政治困境”。[21]

一个后果就是当时明朝人普遍对纸币不信任而使得困境恶化。人们信任的储值手段金币银币开始从流通中慢慢消失。[22] 糟糕的纸币导致信誉好的金属货币不再流通。在位于马来半岛南部的马六甲，货币短缺到当地的贸易商要用锡铸造货币。[23] 在欧洲流通的佛罗伦萨和热那亚的纸币是为数不多的被信赖的交易媒介。但是由于没有充足的金银库存作为支撑后盾，这些纸币对于问题的缓解效果甚微。

欧洲的白银

在中世纪的欧洲，金钱可以通过非硬币的形式存在这一概念是无法想象的。在13世纪来自威尼斯的探险家马可·波罗所汇报的"所有奇异的风俗之中，没有什么比一个国家用权力强制要求纸币在整个帝国流通更加让他震惊"。[24] 但是在整个欧洲没有马可·波罗所描述的幅员辽阔的帝国，有的只是一些中等大小的国家和几百个小国。而几乎所有欧洲国家只对降低货币成色的做法很熟悉。当14世纪的阶级危机、气候危机和流行病危机最终致命地削弱了封建秩序时，欧洲的货币体系变得越来越糟。

使用钱币的人之间的互信很少，因为双方不确定他们收到的硬币是否掺假。白银和黄金（银条和金条）则是可以防范硬币掺杂和降低不信任的重要手段。[25] 但是在1350年后，欧洲的矿区遭受水灾，流通的货币量收缩了2/3，甚至更多。[26] 本来人们之间的互信就已经所剩无几，白银的流通量却进一步减少。

欧洲的商人急切地需要可靠的货币。不仅需要来自土地的金属，还要有将金属转化成货币的网络渠道，然后货币被授权以保障流通满足欧洲商人开拓边疆的需求。第一个解决方案出现在德意志南部的奥格斯堡，富格尔家族在那里见证了现代货币的诞生。[27] 富格尔家族不仅统治了欧洲的金融将近1个世纪，还缔造了资本主义第一个也是最基础的工业——冶金业。现代货币的原材料起初正是从富含白银和铜的矿石山上（今位于捷克和德国边境线上）流淌出来的。"dollar"（美元）一词就起源于那个时代的新兴都市阿西姆斯塔尔（今捷克亚希莫夫）铸造的钱币名称"thalers"。

1450年后，白银短缺问题开始缓解。在那一年，欧洲的银矿没有一个产量超过1万马克（2.5吨）。但是到了1458年，8个银矿每年产量都超过5万马克（12.5吨）。[28] 欧洲的白银，还有占比较少的非洲黄金[29]为始于15世纪末期的商品交易的不寻常增长奠定了重要的物质基础。[30]现代第一次白银热潮“不但使得来自远方的商人使用资金从事商业活动，让他们心安理得地认为他们可以按时偿还市场上的债务，而且给了那些发行债券为贸易筹措资金的人以充足的资金。在这样的情形下，货币市场中的商业信贷可以按照相对低的利率得到发放，从而吸引了商业交易并引发了根据中欧矿业活动而进行的商业活动的重组”。[31]

这次的白银热潮不仅仅催生了货币，还催生了第一批现代工人阶级，导致了满目疮痍的地貌，还激起了现代第一次工人和农民叛乱，即1525年的德意志农民战争。当时在中欧有10万工人从事采矿和冶金业，还有不计其数的人从事附属行业，导致环境危害迅速蔓延并具有毁灭性。[32]现代第一位地质学家格奥尔格乌斯·阿格里科拉（Georgius Agricola）评论道：“因为需要数不尽的树木用作木料、制作机器、熔化金属，所以森林遭到砍伐。当树木被采伐以后，很多可以当作美味食物的鸟兽随之灭绝……清洗矿石的水污染了溪流，鱼类也因此灭绝或迁离。”[33]

白银、铜和铁一起吞噬了森林，危及农民的生计。从之前的章节我们可以看出，在16世纪之前，林地是最常见的地貌。用杰克·维斯托比（Jack Westoby）的话说，这些林地就是“穷人的大衣”，对他们的生存至关重要。[34]穷人曾反抗圈地，但是到德意志农民战争[35]的时候，老百姓进入林地极度受限，森林的面积也锐减。面对这些挑战，16世纪的农民在他们的《十二条款》宣言中要求恢复他们进入森林的权利。[36]一位激进的牧师托马斯·闵采尔(Thomas Munzer,姓氏译为制币工人或铸币人)谴责了这些森林圈地行为。他认为"通过森林圈地,每只动物都变成了财产:水里的鱼、天上的鸟,还有大地上的子孙后代——所有这一切创造物都必须自由"。[37]他为之献出生命的工农起义干扰了欧洲的金融,而且若不是意大利一个小城邦的金融家资助了殖民计划,还可能进一步激发革命。

热那亚的银行业

到了15世纪中叶,欧洲开始逐渐摆脱自1315年以来一个半世纪因疾病、战争、饥荒等造成大陆人口大批死亡的影响。到了1453年,古老的东罗马帝国走到了尽头,君士坦丁堡落入了奥斯曼帝国之手,英国和法国最终也结束了它们之间的百年战争。15世纪50年代在其他方面也有大事件发生:哥伦布和他后来的赞助人伊莎贝拉、斐迪南出生(1451—1452年),约翰内斯·谷登堡式印刷机印刷的《圣经》开始流通,第一批甘蔗在马德拉群岛种植。这也是《洛迪和约》(Peace of Lodi,1454年)结束了意大利北部四个"强国"威尼斯、热那亚、佛罗伦萨和米兰长达1个世纪左右的"意大利百年战争"的10年。[38]

热那亚共和国是这些强国之中最弱的一个。毕竟,这个国家与其说像个帝国,还不如说是一个跨国控股公司。[39]当然,这倒不是说它是一个小角色。毕竟,它在1298年的税收比整个法国还高,人口比整个伦敦还要多。[40]然而,热那亚是个不稳定之地。中世纪的热那亚饱受社会动荡之苦。从1413年到1453年,有14场革命把这个城市翻了个底朝天。[41]热那亚的历史"主题"是"贵族和中上层阶级之间常态的自杀性程度的冲突"。[42]我们把这场斗争看作1%人口和0.1%人口之间的经济战。这场战争持续到1528年，热那亚贵族安德烈亚·多里亚（Andrea Doria）通过改写共和国宪法赢得了胜利。

热那亚的海外领土是由市政当局管理的。当它的海外领土由于奥斯曼帝国的扩张和威尼斯的竞争而沦落时，市政当局的债务增加了。一群市政当局的贵族债权人在1407年创立了圣乔治奥国家银行（Casa di San Giorgio）。[43] 1年之内这家银行就通过谈判从市政当局那里控制了领土，这样贵族就可以从城市（主要是从商人阶层那里）收回他们的债务。这个城市在整个15世纪割让的用作利息支付和抵押的资产（领土权），包括"1479年的莱里奇、1482年的科西嘉和1484年的萨尔扎纳"。[44] 在一连串的信贷危机中，这个城市0.1%的人口使地中海地区的资源和岛屿远离了富有的商人阶层并将之据为己有，坐拥自家银行的营收，并记录到自己的账上。[45] 这种银行与银行所依赖的国家之间的紧张关系现在还没有消减。

热那亚的商人努力寻求让市政当局偿还其债权人的方法。在1417年，热那亚市政当局研究出一种国家福利彩票系统，其头奖"相当于10个大臣的年收入的总和"。[46] 它还将珍品变卖，圣杯也因此成了一种金融工具。古列尔莫·安布里科（Guglielmo Embriaco，英语意为醉汉威廉）在入侵凯撒利亚（今位于以色列）后，把据称是耶稣在最后的晚餐中所用的酒杯带到了热那亚。1319年，为了支付银行贷款，热那亚把圣杯典当给了红衣主教尼科洛·菲埃斯基（Cardinal Niccolò Fieschi）。因此，这次金融手段被称为"红衣主教购买"（Compera Cardinalis）。[47] 热那亚也进行着恐怖的奴隶交易，这些奴隶不仅有被征服的伊比利亚人，还有被劫掠的西亚人和北非人。"奴隶主通过出租奴隶以获取利益的契约显示这种回报率大约为投资资本的7%~10%。这种收益比圣乔治奥国家银行的股份回报率要高，因此热那亚人投资奴隶生意。”[48]在15世纪，城市里每20个居民当中就有1个奴隶。意大利语中表示问候和告别的词“Ciao”正是从这段历史中演变来的：“Vostro（你的）Schiavo（奴隶）”。[49]

圣乔治奥国家银行是一个庞大的经济和政治力量。它成了市政府的唯一信贷源，有时候甚至担当热那亚专属中央银行的角色。但是，它并不总是被牢牢管控的。商人和后来无产阶级的暴乱削弱了这个银行对于市政当局的控制。于是市政当局对它的债权人进行反击，要求对它的债券偿还贴现。这激发了债券二级市场的诞生，也让教皇卡利克斯特三世（Callixtus Ⅲ）在1456年宣布此举正当合法。值得注意的是，在信贷、资本和国家的历史中，资本不一定总是胜出。

近期的金融历史忽略了圣乔治奥国家银行，一部分是因为手稿的艰深晦涩，还有一部分是因为热那亚人不像威尼斯人那样喜欢炫耀。[50]但是热那亚人的信用额度的便利，以及他们和欧洲权贵的关系，使他们以尽可能低的利率得到资金成为可能，这一情形一直持续到18世纪。[51]他们是获取廉价货币的高手，而这种技能是通过资助西班牙的殖民掠夺并从中获利实现的。并不是只有热那亚人提供信用支付方式，其他的银行机构也相继仿效，先是阿姆斯特丹的银行加入，然后是伦敦和美国的银行加入。但是热那亚人的故事有重大意义，因为它把廉价货币的诸多要素集结在了一起：利润需求、资助殖民地的能力以及对自然的必备态度。正如我们在本章节开始所说的，这个故事也通过哥伦布将殖民者在新大陆的暴行联系了起来。

热那亚的金融家需要新大陆。由于前1个世纪长期的经济萧条和军事失利——威尼斯人和奥斯曼人把热那亚的商人从地中海东部赚钱的贸易基地赶走了，热那亚的贸易在整个15世纪都是衰退的。[52] 热那亚相对狭小的腹地森林早已采伐殆尽，这就迫使它的造船公司需要依赖进口木材。[53] 接连的失败加上地缘上的必要性把热那亚推向了西班牙和葡萄牙的西部地区。它在地中海东部失去的利益将会从大西洋那里更多地弥补回来。

1450年以后，热那亚的财经力量渗透到了西班牙领地，从意大利南部到新大陆。随着移居到科尔多瓦、加的斯和塞维利亚等地，热那亚的商人似乎活跃在每一个盈利的行业：丝绸、糖、橄榄油、小麦和染料。[54] 用谋略战胜了加泰罗尼亚人以后，热那亚人不久就控制了赚大钱的羊毛贸易（羊毛是卡斯蒂利亚最重要的出口商品）。[55] 虽说热那亚人是卓越的贸易商，他们却是通过资助战争来改变世界的。

军事的货币起源

资助战争一直是个难题。税收速度缓慢，而且随着收成的好坏时多时少。可是发动战争需要速度和流通性。士兵需要武装、吃喝和安置，而且最重要的是必须迅速领到报酬。公元前241年，迦太基就是因为没有支付雇佣兵军饷而导致了这个伟大的商业城市被洗劫一空，教训惨痛。[56]1576年西班牙国王菲利普二世也同样尝到了教训：因为他未支付雇佣兵军饷而导致当时还属于西班牙帝国的安特卫普被洗劫。那时候和现在一样，战争是通过信用支付的。政府当然乐意把平衡预算的压力扔在穷苦人民的头上，可是当工人像训练有素的军队一样有武装、有组织的时候，这个天平就倾斜了。可以欠银行家的钱，但是要支付军饷，因为士兵手里有枪。一切莫不如此。

在15世纪后期，欧洲的战事经历了一场叫作“军事革命”[57]的根本转变，军队规模激增。在1470年，西班牙统计下来可能只有2万士兵；一个世纪以后，士兵数量增长了10倍。[58]要说西班牙发展超前的话，幅度也不算大。因为从1530年到1710年，整个欧洲的军队人数增长了10倍。[59]战争经费增长得更快。[60]新型的大炮造价昂贵，使用起来价格更高：截至17世纪，一发炮弹的价值“大约相当于一个步兵一个月的薪资”。[61]像英军1544年把法军围困在布伦长达55天的这种大型战役，一场战斗下来可能需要15万次炮击。整个欧洲的防御工事和城市防御都花费巨资更新。例如，伊丽莎白女王就花费了13万英镑（王室年收入的一半）对位于英格兰和苏格兰边境的特威德河畔贝里克要塞进行了升级改造。[62]

由于现代战争取决于一个国家的借款能力，一个帝国的信用等级在很大程度上决定了它打赢战争的能力。破产的国家会垮掉。比如苏联就是在20世纪80年代的军备竞赛后宣布破产的。在16世纪，君王借钱打仗的惯例早已存在，但是新型战争的欠债规模产生了新的后果。与西班牙相关的情况再一次成为重点。正是查理五世（1500—1558）起到了引领作用。他是斐迪南和伊莎贝拉的外孙，并在1516年成为西班牙国王卡洛斯一世。1519年他还成为神圣罗马帝国的皇帝，统治着北海至加勒比地区的泛欧洲领土。他的统治时期充满了斗争冲突。他先是寻求中欧的富格尔家族和威尔斯家族的帮助，后来又找到热那亚人来资助他的战争。[63]作为出资给查理五世的条件，热那亚人要求（并非总能兑现）将最先占有美洲的白银作为抵押。立足于种族灭绝和残暴殖民，这个协议建立了一种长期而又现代的关系：信贷成为一种组织全球自然、世界力量和全球工作的方式。在近2个世纪的时间里，热那亚的银行家族，包括琴图廖内、帕拉维奇诺（Pallavicino）、斯皮诺拉（Spinola）、格里马尔迪（Grimaldi）等都密切地参与了“西班牙历届国王最重要的政治和军事决议，并触及了西班牙经济生活的方方面面”。[64]的确，正是弗朗西斯科·皮奈罗在1503年组织并领导了贸易议院，即西班牙的外贸部。[65]这么说来，1617年西班牙人克里斯托巴尔·苏亚雷斯·德·菲格罗亚（Spaniard Cristóbal Suárez de Figueroa）悲痛地说西班牙已经沦为“热那亚人的西印度群岛”就不足为奇了。[66]

查理五世从未认识到，处于资本主义生态中的军事力量本身是一种世界力量的有限形式。他花费大量的金钱，用鲜血和债务证明了这一点。1552年，他派军队包围了位于法国东北部的梅茨市（Metz），所用军费达250万达克特，相当于这个国家在美洲10年的金银份额总和。[67] 由于欠费金额巨大，他的儿子菲利普二世在1556年继位的时候整个国家负债累累。于是菲利普二世于次年宣布破产。可是他依然继续借款：1556年，欠债达3000万达克特；到了1575年，欠债翻番达到6000万达克特；到了1598年，这个数字到了1亿达克特。[68] 截至17世纪初期，西班牙财政预算的2/3都花在了军费支出上，有些年份比重更大。[69] 不计其数的税收人员助推了无数军人的丧生。1474年后，当西班牙的经济增长还是以单个百分点计算时，它的税费却在30年的时间里每年增长近12%，从90万里亚尔增长到2600万里亚尔。[70] 以里亚尔计，国家税收在16世纪50年代比20年代翻了一番。[71] 虽然本杰明·富兰克林在1789年曾写到“除了死亡和纳税，这个世界没有什么是确定的”，但是廉价金钱才是联系两者的纽带。[72]

现代战争艺术成了一种将黄金和鲜血转化为资本的方式。国家需要扩张领土增强力量，但是需要从货币中得到。随着战争经费的上升，国家要借更多的钱，税费也因此上涨。在16世纪，如果军队规模增长10倍，那么把军队投入战场的费用很可能增长20倍。在1500年至1700年的200年里，只有28年没有战争。[73] 不管胜败与否，战争对于金融家来说都是有利可图的。

借给国家的金钱成为资本。这里会有风险，因此银行家有时候会破产。但是总体的趋势是明了的。在有一套金融体系、多个国家角力的现代世界，国家会持续争斗，继续借款。一度比竞争对手都富庶和强大的西班牙负债累累。在16世纪末期和17世纪初期的绝大部分时间里，西班牙都尝试去征服荷兰共和国，但以失败告终。荷兰共和国没有新大陆的财富，自然资源不充足，人口规模也不大。但是它有西班牙所没有的两件东西：旺盛的制造业和商品经济，以及随之而来的财富。西班牙人有金条银条，荷兰人有的则是资本。荷兰共和国将自身的金融力量作为商业武器以其他方式参与斗争，因此在17世纪成为超级霸主。[74] 西班牙则陷入了长久的发展停滞，不幸沦为欧洲强国中的平庸之辈。

资本主义生态：一个全球的故事

到目前为止，我们一直在严格地从地缘政治角度谈论领土力量。然而，还有另外一个因素伴随着从军事力量到金融力量的转变，那就是现代殖民主义。在最近的几百年里，欧洲国家在相互争斗、陷入停滞的同时，也缔造了多个全球帝国。在资本主义之前，曾经有过强大的帝国，比如罗马帝国和蒙古帝国，但没有那种搜罗世界资源以追求利润、横跨大洋的帝国。

要是国家制造资本、资本生成国家这么简单的话，那么发动战争和资本积累的循环很快就会出现问题。针对强大的敌人发动战争会两败俱伤。但是现代早期的帝国组织起来不仅是为了与其他的帝国交战，还为了占有人类的无偿劳动和其他自然资源。如果说西班牙早期帝国主义的残暴让人联想到是为了占有而偷盗、屠杀，那么这样的掠夺必然是短期的。西班牙人必须找到将其殖民地变成稳定的、以白银为主的财富来源的方法，然后在热那亚人和其他银行家的帮助下将其转化为货币。

15世纪稳健货币的短缺位列中世纪采矿危机之首。直到1450年之后，随着经济的复苏，科技进步和新型的商业机构才一起使得老旧的矿井再次盈利。如果我们习惯于把这段时期当作商人和银行家的时代的话，值得注意的是，在15世纪后半叶，银、铜和铁产量的5倍增长带有很深的工业色彩。资助过查理五世的富格尔家族通过采矿业和冶金业而发迹。这些行业有现代公司的特征，含有尖端技术。比如萨格尔工艺流程技术，就是能够将银从低纯度银矿分离出来的技术。在所有的金属中，银熔化需要的能量最多。欧洲中部的国王、爵士和王子都想在利益中分一杯羹，因此在16世纪，德意志各州对于进入森林都有严格的管控。我们看到，森林被圈起来并减少了，农民所能进入的森林面积急剧下降。到16世纪20年代，“为林地而战”符合大量劳作在矿井和冶金厂的工人阶级的悲恸心情。1525年的德意志农民战争和其他形式的工人暴乱使得在矿井工作的酬劳上涨。工人反抗和资源的耗减叠加在一起，使欧洲的矿主利润减少。这样说来，1544年在波托西（Potosí，时属于秘鲁，今属玻利维亚）“发现”银矿的时机就再好不过了。[75]

美洲的白银对于西班牙的战略利益是如此重要，以至于菲利普二世在1568年派遣贵族弗朗西斯科·德·托雷多(Franciso de Toledo)去提高秘鲁总督区落后的白银产量。他早期的发明之一是改变原住民劳工制度——原住民抽签决定摊派的苦役制度。波托西地区16个省中每个社区每7个人中就要派1人去银矿做苦役。这些苦工必须每天从黎明干到黄昏。[76]这种靠暴力手段行使的规定会在礼拜天和基督教的节日暂时停止。当拉斯·卡萨斯和塞普尔维达辩论新大陆地区原住民的地位(见绪论)时，当劳工草案里写进了关爱原住民的灵魂的职责和灌输了基督教教义的时候，托雷多还在西班牙的巴利亚多利德。托雷多知道原住民虽属于自然领域，但是可以通过劳动使他们的灵魂得到救赎。

对苦役的需求并没有直接涉及土地征用。这些苦役薪水低微，却还被要求自发组织去波托西并自费购买工具和食物。这种劳工制度比起奴隶制需要更少的资本投资，因为奴隶的承包人要承担奴隶的购买费用和生活费用。由于苦役制度给苦工的家乡社区强加了再生产劳动的成本，这些社区不得不跟西班牙人做买卖来获得他们的流动工人在工作和生活方面赖以生存的资金和食物。这一制度对原住民工人具有灾难性的影响。有人估计，从1560年至1590年，原住民的人口数量下降了85%。[77]

与这场人类灾难一样，森林也遭到了灭顶之灾。起初从里科山(富饶山)攫取的银矿是用烧木材的熔炉冶炼的。据一位目击者说，在傍晚的山坡上，成千上万的小型熔炉“把晚上照成了白天”，这样苦工可以冶炼这座山上的一些银矿来维系自己的生存。[78]然而对西班牙人来说，小型的熔炉是不够的。总督托雷多在新大陆的另外一项发明是引入了一种全新的、节省燃料的技术来提取白银：混汞法。这种方法生产规模极大，冶炼桶可以盛放重达5000磅(2268千克)打碎的银矿石。像马德拉群岛的糖业一样，它的成功取决于水利工程的成就：多达30个大坝被建成。这些大坝经常决堤，一次决堤就会使上百苦工丧命，也污染了幸存者的水源。虽说跟熔化冶炼相比，混汞法是个“冷”的工艺，但是它让森林减少的速度上升了。虽然这种工艺生产每磅白银所耗燃料较少，但是基于产量的体量而言(从1575年到1590年产量增长了600%)，燃料的消耗急剧上涨。[79]小型冶炼厂和混汞法一起贪婪地吞噬着森林。到了1590年，开采木材需要到远至300英里(500公里)的地方。截至16世纪早期，波托西的山中已经看不出任何曾有森林或生机勃勃的传统文明的痕迹了。[80]

我们再一次看到了劳动的廉价性。廉价的生命转化成了廉价的工人，廉价的工人依赖家乡社区廉价的照料和廉价的食物，这需要廉价的燃料来收集、处理廉价的自然以获得大量廉价的金钱。波托西是新大陆最重要的白银来源，而新大陆所产白银在17世纪占全世界白银总产量的74%。[81] 白银无法形成贸易，但是全球的贸易可以追溯到波托西的银矿。白银如果不成为交易网的一部分，它只不过是闪着白光的土罢了。正是商品生产和交换的融合才把白银转变成了资本。这就是为什么一些评论家暗指全球贸易元年是马尼拉市建立的1571年。[82] 来自新大陆的白银并不仅流通于欧洲，而是延伸到了香料之路周边，后来跨越了太平洋。从1540年到1620年，日本的白银经由复杂的交易和套利网络系统流向了中国。[83] 要不是通过白银购买亚洲的商品这一联系，金钱就不会从新大陆流向东亚。由于葡萄牙人和当时的荷兰人控制着白银从欧洲流向亚洲的航线，因此西班牙人走了捷径，他们每年穿越太平洋再经由马尼拉运送的白银(50吨)，相当于葡萄牙人、英国人和荷兰东印度公司经由大西洋运输的白银总和。[84] 类似数目的白银也到了波罗的海。在东欧，白银与信贷、半封建的地主和被奴役的劳力联系在一起，将廉价的木材、食物和重要的原材料运送到了荷兰共和国。我们要记得一点，那就是：虽然欧洲起了重要作用，但是资本主义的历史不是以欧洲为中心的。资本主义的崛起把从波托西到马尼拉、从果阿到阿姆斯特丹的生命和力量整合在了一起。

资本主义生态通过国际贸易传播，它的"偷渡者"也是如此。如果你曾受过火蚁的烦扰，那么你可以归咎于国际白银交易，因为它们是第一批白银环线的国际"偷渡者"。从墨西哥西南部经由欧洲，或从阿卡普尔科和马尼拉到中国台湾，正如硬币流通一样，火蚁也如此这般。[85] 一个全新的环球生态当时正在形成。

为什么银行家需要政府

在资本主义诞生之前，银行家就面临一个持续至今的问题。我们都明白，政府需要银行家来资助战争，但是银行家同样需要政府。有钱人必定容易受到有枪（在不同时期还有剑和矛）的人的伤害。近代的商人也（曾）受制于政府的资产没收。即使在资本主义崛起以后，银行家仍然易受责难。随着欧洲国家之间冲突的升级，军队和军费的快速增长，热那亚人和其他一些银行家将这个弱点转化成了优势。迅速增长的信贷需求已经使国家没有能力震慑和没收银行家的资金。

这个问题的另一面是，虽然资本家的财力超过了国家，但是他们无力完成在现代世界里国家的一个核心任务，那就是确认、绘制和保护廉价的自然。约瑟夫·熊彼特（Joseph Schumpeter）曾经有一个有名的评论，"若没有来自非资产阶级集团的保护”，资本家“在政治上是无助的”。[86] 只有财产情况确定了，人民被压制了，动植物群规划好了，基础设施建立了，资本家才可以做得很出色。但是这全取决于信贷和可以买到的军力。这里需要强调银行业和其他种类的资本主义行为的区别。

历史学家费尔南·布罗代尔提供了一个金融和商业之间变化动态的解释："我甚至认为在过去，比如说热那亚或阿姆斯特丹，紧随着一波商业资本主义的增长和资本积累规模超过正常投资渠道之后，金融资本主义已经至少在一段时间内处于一个接管并统治商业世界所有活动的地位。”[87] 尽管货币、信贷、金融投机经常被当作“经济”流程，但现代货币的流通是因为国家机构保障了交易，对不守规矩的人和其他自然加以防备，捍卫了廉价自然的潜在体系。

金融家需要欧洲的王国和法庭提供的所有正当保护，还额外需要政府许可，并拿政府作为幌子来创造新的支付方式。银行制造信贷。它们控制诸如金属、石油、房子、圣杯等资产，并把资产转化成更多的货币。只要这些新型的付款方式流通着而且没有变现，它们就是净利润的潜在来源。但是不管那种信贷是由圣杯支撑的热那亚购物还是由不良抵押支撑的债务抵押证券，都需要有一种力量来支持、鼓励信贷以确保后续的利润。因此就出现了可靠的“最后贷款人”的角色，一般由国家银行担任，最近由国际货币基金组织充当。“最后贷款人”是一个通过硬通货和军事联系保障既定的霸权秩序的组织。

这是一个动态的体系。正如我们在本章开头提到的，世界货币和世界强权是紧紧纠缠在一起的。在经历了新边疆地区最开始的一阵生产活动以后，乔瓦尼·阿瑞吉（Giovanni Arrighi）认为“收益回报开始减少；这个体系中政府和商业机构的竞争压力加大；下一步改变就要从材料扩张转向金融扩张”。[88]在近1个世纪的积累循环产生了利润和更多流动资金以后，力量的天平在危机中从组织了这场积累的资本家那里转向了银行家。这曾经在热那亚、荷兰和大英帝国发生过，现在正在美国上演。但是始于20世纪80年代的金融化时代有不同之处。之前重大的金融扩张都依靠帝国主义把盈利机遇拓展到廉价自然重要的新边疆里。最近爆发的对于公共用地、农民用地以及原住民用地的征用和私有化[89]，都是伴随着侵占海洋[90]甚至新的太空竞赛[91]。金融市场的极度不稳定不仅证明了金融资本的统治力，也证明了它的弱点。在某种情况之下，对未来的赌注一定有回报。这在过去的数个世纪里都是由提供廉价的劳动、食物、能源、原材料等的新边疆给予的。现在这些新边疆比过去任何时候都要小，而寻求新投资的资本量比过去任何时候都要大。这种史无前例的状况解释了当今财富极度不均和金融极度不稳定的现象。财富分配不均与金融不稳定相互关联，塑造着当今世界，战争和暴力也从中渗透出来。只不过这次就没有创造性毁灭的期许了，只有毁灭二字。

这不仅解释了高盛集团为什么能参与一切事务，也解释了为什么目前它不可避免地存在于每一个角落。从15世纪、16世纪晚期热那亚金融家的大迁徙，到阿姆斯特丹银行协会攫取荷兰殖民地的利益、英国商业银行在国内外进行投资掠夺，再到当今全球的金融精英，国家、金融家以及其他资本家之间的关系导致了积累循环的起起落落。

现代的线索

有了这个廉价货币的世界-生态历史知识，我们可以把当代金融资本主义放在一个更广阔的背景当中。日趋复杂的金融工程的出现不是由于“宽客*的崛起”，而是几个世纪以来积累的结果，每次积累都有组织资本、力量、自然的不同方式。最开始热那亚人就曾有一场特定的于早上进行交易而非下午进行交易的账户记录。闪电交易以及毫秒之间就执行交易决策赚取巨额利润的能力其实不过是热那亚人这种做法的延伸。公私合作关系以及国家资源的抵押对于交易内行而言仍然是像把圣杯卖给合适买家的交易。[92]

我们上溯到15世纪分析历史，首先就是要讲求实际。最近，希腊吞下了由海外势力造成的苦果。当然这绝不是第一次，具体原因别处都有详细记载。这个国家于2015年通过谈判被迫采取了一系列措施，而这些措施就是有条不紊地将希腊的财富抽走并保证它再也无能力还债。[93] 从传统意义上说，这不是一种新自由主义政策。[94] 的确，在不至于完全破坏希腊发展经济的速度并汲取钱财的名义之下，国际货币基金组织所建议的债务免除“远远超出了欧洲愿意考虑的范围”。[95]

国际货币基金组织已经指出，那些“大而不倒”的银行已经有计划地将政府收入囊中了。该组织还报道称，整个公众正在为宽松的监管买单，这就使得银行可以找到新途径来兜售它们的信贷，并在它们的赌注系统崩盘的时候依靠中央政府保险。[96] 德国要稳固其在欧洲的财政霸权地位，此事的重要性超过了国际货币基金组织所提供的经济学课程。权力比教

* 金融衍生品的创造者。——编者注

条更为重要。15世纪帝国和金融的紧迫需求在21世纪的今天仍然存在。

还款给银行就是最大限度地压榨工人和占用剩余自然的工作，这不可避免。在希腊，尽管统治当局鼓吹环保，债务还是通过加速变卖自然资源来偿还的。[97]当然，你可以看到希腊的自然，但是这种自然都被围了起来。手里有钞票的游客才会被这个国家的债权人接纳，在仅有的度假地和辖区讨价还价，欣赏已然成为商品的乡间景色和海洋，并在酒吧用欧元购买服务。在这样的经济条件下，希腊人报道自己的工作时间比德国人要长，可是跟日耳曼民族不一样的是，他们还被冠以懒惰的帽子。[98]报道是没有错误的，这显示了一部分人的工作被占用的方式不同于其他人。要了解这是怎么发生的以及它是如何持续的，我们需要全面审视人类的时间和努力将自然转化为货币的方式。工作之中的劳动是我们下一章的主题。

3 廉价的劳动

当航行穿越加勒比海时，哥伦布没能预料到当地未知动植物资源潜在的商业回报，为此他感到悔恨不已。然而，他可以估算一种动物的价值，那就是人类。哥伦布知道如何控制俘虏来的原住民，并大胆估算他们的劳动能力，最终把这些原住民“出口”到欧洲。第二次航海后，哥伦布在给斐迪南和伊莎贝拉的信中这样写到：“让我们以神的名义，继续运送那些可以贩卖的奴隶。”[1] 哥伦布是怎么知道奴隶的价值的？[2] 原因在于奴隶是他在欧洲生活的一部分。哥伦布在热那亚度过了童年，在那里他接触到了奴隶、奴隶主以及贩卖奴隶的商人。哥伦布更是执迷于西班牙人和葡萄牙人剥削的历史。西班牙和葡萄牙的奴隶制度可以追溯到几个世纪以前。在马德拉群岛，葡萄牙人首先雇用生活在加那利群岛的奴隶生产蔗糖。[3] 伊比利亚人通过殖民征服以及法律上的蒙骗，掠夺了加那利群岛的奴隶。在第7章（“廉价的生命”）中，我们将会再次审视苦难和种族背后的法学体系。现在，我们需要构建劳动、自然和金融之间的关系。

十字军东征时期，军事交战规则允许将撒拉森人(意指穆斯林)当作敌军捕获，并使他们沦为奴隶。在不断的领土扩张中，许多人被当作战利品抓了起来以偿还这场“圣战”所欠下的债务。[4] 然而，加那利群岛上没有穆斯林居住。但是，依靠殖民主义获取利润的迫切需求依然存在。因此，葡萄牙王国向罗马教廷提出请求，其臣民可以捕获和奴役他们在殖民扩张进程中所接触到的任何北非和西非居民。这一请求得到了许可。众所周知，很多北非和西非居民并非穆斯林。从神学的角度来看，他们也并非信奉基督教的国家的敌人。尽管如此，1452年，罗马教皇尼古拉斯五世(Nicholas Ⅴ)还是写信给葡萄牙国王阿方索五世(Alfonso Ⅴ)，准许以下行径：

为了我们受苦难的主，任何有关正直和传播信仰的伟大事业，都因忠贞者正直的灵魂而发展壮大。此文件以罗马教皇的权威准予你们，无论在何地，都可侵占、搜寻、抓捕并降服撒拉森人、异教徒以及非基督教信徒和敌人，占领他们的王国、领地、郡县、封邑及其他财产……准许把他们作为奴隶，以上提及的王国、领地、郡县、封邑及其他财产和类似商品，将永远为陛下及您的继承人所使用和牟利。[5]

罗马教皇颁布的法令在聚集新大陆的劳动力方面也起了至关重要的作用。因为很难判断美洲大陆的居民是否对基督教怀有敌意，这时新的标准出现了：是否知晓基督教。为了获得和管理劳动力，美洲大陆居民对基督教的知晓成为国家政策的着力点。[6]对不知道基督教的原住民，首先让其了解耶稣以及基督教的牧师。如果他们不接受这种新理念并拒绝支持伊比利亚的新君主和罗马教皇的话，依据与十字军东征时期类似的军事规则，他们将沦为奴隶。1513年颁布的《诏令》(*Requerimiento*)是一份共计9个段落的文件，它以用西班牙语大声朗读的方式传达给当地的原住民，并要求他们做出选择。该文件在命令原住民接受西班牙、教皇等政权统治之前，对基督教及到达新大陆的人员做了以下简短介绍：

朕现在向你们表示，对于拒绝服从、顽抗抵制他们的主子的诸侯，在上帝的帮助下我们将用武力踏进你们的领土，并尽我所能向你们发动战争，并使你们屈服于基督教及其王权的领导，我们将俘虏你们的人民及他们的妻儿，把他们沦为奴隶，并遵照陛下的命令发配、处置他们，我们将掠夺你们的财产，尽我所能施恶与破坏。在此声明，所造成的一切死亡和损失皆因你方而非陛下、我方或我方人员之过错。[7]

在热带的酷暑中，听着全副武装的陌生人宣读的声音就像在听末日审判一样，只不过它是用你可能永远都不会懂的语言宣读的。这一法令的颁布使劳动者会因劳动而死亡。该法令给统治者提供了大量的劳动力，却给原住民带来了巨大的灾难。[8] 考虑到这一做法可能不完全合法，查理五世在1551年春天暂停了一切殖民活动，并委托由14名法官组成的审判委员会就西班牙人向印第安人发动的战争是否合法进行审判。如果印第安人无罪并对基督教一无所知，那么西班牙人入侵所掠夺的所有财产，以及奴役原住民的行为即被视为不合法。[9] 这便是我们在绪论部分讨论过的巴利亚多利德辩论所涉及的利害关系。此前，在与塞普尔维达的辩论中，拉斯·卡萨斯承认生命等级的存在，某些人种优于其他人种。在人种的等级划分中，原住民地位的划分以及基督教入侵者对原住民所承担的职责极具争议。最终决定，尽管原住民是非社会的组成部分，但是通过世代劳动，他们可以摆脱其在自然中所处的位置。

看看贪婪与虔诚相互作用产生的化学毒剂吧！[10] 如果殖民的行为持

续下去，上帝也不得不允许。为了文明，所谓关爱原住民的职责最终使侵占土地和劳役原住民的行为合法化。巴利亚多利德辩论不仅成功地区分了欧洲人和“自然”的野蛮人，而且为了获得劳动力，这场辩论也使这种区分合法化了。实际上，通过劳役和虔诚，经过两代人的努力，原住民才有可能成功摆脱《诏令》的束缚。当时，原住民不仅要接受基督教义的灌输，他们还被教育要通过工作来区分“人”与“自然”，实现价值。然而，西班牙人却掠夺了他们的白银和生命。

资本主义最阴险的诡计由此体现。把大部分人划归为“自然”而非社会，这种做法开启了资本主义边疆计算这种厚颜无耻的行径。士兵、行政人员以及水手的工钱都以现金的方式掌管和发放。然而，以现金方式产生的工作量取决于该交易以外（资本家力量范围以内）更大的工作量。这种剥削实际上是一种持续不断的盗窃，既是对“妇女、自然和殖民地”无偿劳动的侵占和掠夺，也是在商品制度中剥削劳动力的基本条件，这两方面不能分割。[11] 当谈论廉价的工作时，我们发现资本主义不仅影响了人类劳动、农业和资源，也影响了三者相互适应的方式，以及人类工作和人类以外工作之间的密切关系。

这样的划分界限对资本主义为何必不可少？简而言之，雇用工人价格昂贵，并且会越来越贵。此种情况的产生有很多原因。随着资本主义的发展，工人会组织起来抗议，工资和抚恤的替代方式也会被消除。如果广泛意义上的工人承担了高得令人恐怖的成本，以迈克·戴尔斯称之为“人口过剩”[12] 的十几亿非正式劳动力为例，资本家也要承担成本。每一个生产剩余价值的行为都取决于一种超越现金交易的、更大的占用人类和人类以外生命的行为。这种逻辑关系不仅被新大陆的劳动者所使用，在欧洲也逐渐得到广泛使用。揭示此种逻辑关系，以及廉价工作背后的战略与反战略是本章讨论的主题。

雇佣劳动的时间生态

工作从来就不是以乐趣为目的的。来看一下法语“travail”和西班牙语“trabajo”的词源，这两个词与英语名词“work”(工作、劳动)同义，它们的拉丁语词根皆为“trepaliare”，意为折磨、造成痛苦或极度痛苦。[13] 然而，工作进行的方式，以及作用于自然的方式都发生了改变。几千年以来，多数人通过与陆地或海洋的联系得以生存。即使没有联系的那些人也与劳动的任务和对象紧密相连。人类生存依赖于整体而非碎片化的知识，渔夫、牧民、农民、医生、厨师以及其他从业者以与生命网络紧密相连的方式从事他们的工作。例如，从种植到收获的整个过程中，农民对土壤、气候模式、种子等了如指掌，但这并不意味着工作是愉快的。虽然与1492年后发生在美洲大陆肆意涂炭生灵的种族屠杀不同，[14] 奴隶仍然经常遭受虐待。这也不意味工作关系公平合法：行会会长剥削熟练工人，地主剥削农奴，男人剥削女人，年长的剥削年轻的。但是工作是以生产的整个过程以及与生命和社会更宽泛的联系为前提的。[15]

如同工作与生命的关系一样，自然与生命亦密不可分。众所周知，中世纪的欧洲对自然的理解是基于相互依赖的理念。但这并不是说人类与自然的其他部分没有分别，我们只是从整体的角度划分其种类。很久以来，人类便意识到人与这个世界其他部分的不同。[16] 但是这种不同仅是区分方式，而在哥伦布发现新大陆后，却成为一种组织原则。

现代的工作与自然同时产生于漫长的14世纪(1315~1453年),那时欧洲的封建主义逐渐毁灭。尽管种类繁多、五花八门,但是封建主义时期的农耕是可持续性农业和土地开垦的结合体。[17] 土壤耗竭威胁着地主的财富和农民的生计。但是,地主与农民之间关系的局限制约着再次投入农业生产的劳动剩余。与此同时,人口密度的增加掩盖了土壤肥力降低的事实,因为土壤肥力的降低可以用更多的辛苦劳作弥补。与耕种和收割所需的劳动力相比较,地主更关心农作物的收成。

16世纪,情况开始发生变化,与劳动生产率相比,追求土地生产率变得不再那么迫切和有利可图。越来越多富有开创精神的荷兰或英国农场主(马德拉群岛甘蔗种植园主,后来还有巴西甘蔗种植园主)致力于开拓国际市场,生产加工商品。因此,他们更关心投入的工作时间与获得收益之间的关系。如第1章内容所提及的那样,在英国,土地的所有权通过圈地运动得以夯实。与此同时,圈地运动也使越来越多的农村人口从其赖以生存的共有用地中"解放"出来。这些刚刚失去家园的流离失所的农民要么寻找其他的工作,要么等着挨饿。一旦找不到工作,他们还将面临牢狱之灾。因此,工人以及与土地的新型关系应运而生。在17世纪和18世纪,上层阶级对流离失所的穷人的担忧最终导致制定针对流浪者的苛刻法律,以及成立慈善机构以改善贫困所带来的消极影响。[18] 政府支持的监禁威胁是使穷人成为雇佣工人的有效办法。这种行为利用了人类的智慧、体力和熟练技能,并使用现代新型的时间计量办法将人的劳动转化为生产性劳动力。

如果说劳动实践而非土地生产率塑造了资本主义生态的话,那么机械钟表是资本生态中不可或缺的机器。[19] 钟表而非金钱成为衡量工作价值的核心技术。这个区别十分重要，因为人们简单地认为，为了薪水而工作是资本主义的显著标志。其实不然，早在13世纪的英国，就有1/3从事经济活动的人靠薪水维持生计。[20] 薪水早已成为构建生命、空间和自然的决定方式，这一切皆归因于一种新的时间模式。

14世纪初，这种新型的计财模式正在塑造工业活动。比如在伊普尔（在今比利时）这样的纺织工业城镇，工人发现管理他们的并不是活动的流程或四季的更迭，而是一种新型的时间，这种时间具有抽象、线性、重复的特点。在伊普尔，工作时间由城镇的钟声决定，每次轮班的开始和结束钟声都会响起。到了16世纪，时间以分和秒来测量。[21] 这种抽象的时间观念决定着一切，如工作和娱乐、睡觉和起床、信贷和货币、农业和工业，甚至是祈祷。16世纪末，英国的大多数行政区都有机械钟表。[22] 20世纪，亨利·福特公司位于底特律城的生产装配线大量出产T型发动机小汽车，"科学管理者"用动素"therbligs"（其发明者吉尔布雷斯（Gilbreth）姓氏的回文词），即千分之一秒作为工作量的测量单位。[23]

征服美洲大陆同样需要向原住民灌输时间和空间的新观念。无论欧洲帝国入侵到哪里，都有"懒惰"的原住民。他们对基督的命令和钟表的概念一无所知。管理时间对于资本主义的生态至关重要。[24] 早在1553年，西班牙政府就开始在主要的殖民地城市"至少安装1个公共钟表"。[25] 其他的文明社会有其先进的时间法则。但是，这种新的工作制度打乱了原住民的生活节奏和他们与人类以外生命之间的关系。玛雅历法是一种复杂的时间等级体系，其读数源于对天空的观测。玛雅历法为整个世界的人们提供了一套丰富的作息安排。[26] 西班牙入侵者选择历法中的神圣时刻发动殖民攻击——他们对玛雅历法所谓的尊重仅此而已。[27]

爱德华·汤普森(Edward Thompson)评论道,对时间的管理遵循某种特定的逻辑,也就是说“在成熟的资本主义社会,时间必须要被消耗、销售和投入使用。劳动力仅是用来‘打发时间’是不被允许的”。[28] 特定生产活动与更高的生产目标之间的关系不允许“打发时间”的存在。整个世界都在使用暴力推行时间原则。[29]

向新归顺的臣民灌输资本主义时间的价值和结构是殖民地事业的核心部分。1859年,一名殖民者提到,澳大利亚原住民“如今可以用殖民者每年按固定时间修剪羊毛的方法来计算时间。这种做法给他们提供了确定年份的方式,这在以前是不存在的。在之前他们是靠月份和月亮的变化周期计算时间的”。[30] 然而,时间的管理方式也是反抗的焦点。另一名殖民者在日记中这样写到:“今晚举行了盛大的狂欢会(充满生机的、精神层面的聚会)。我曾试图阻止他们,告诉他们今天是周日。但是,他们说‘黑人没有周日’。”[31] 为什么会有反抗?因为,劳工十分清楚,他们的劳动是被盗取的对象,殖民者在剥夺他们的劳动。[32] 在被殖民以前,如同众多靠狩猎和采集为生的社会成员一样,澳大利亚原住民每天花费不到6个小时就可以找到足够的食物。而资本主义强加给原住民的劳动时间是12个小时才能挣到足够的食物,远远超出了6个小时的劳动时间和劳动量。[33] 反抗这种新的统治却被贴上“懒惰”的标签,并且这种论调持续存在。在美国,超过30%的白人认为“黑人比白人懒惰”。[34]

殖民者通过“一整天的工作量”来统治人民,即利用工作和时间来调配劳动以获取利润。不仅澳大利亚原住民深受其害,非洲奴隶、佃农以及雇工都在不同的管理体制下从事劳动。并且,针对工人的反抗以及为了让他们更有效率地工作,每种体制都会被不断修改。在欧洲中世纪末期,由于工人和农民的抵制，统治者未能复辟封建王权。在新大陆，原住民虽然对奴隶制度进行反抗，但很多人死于欧洲的传染病。[35] 早期的劳动试验包括强制性日薪工作、劳役偿债和契约奴役制。[36] 这些体制以工厂集中区的强制债务管理体系和分成制的形式一直存续到20世纪。

一些工作方式有时被认为是属于近代的。但是，如果做进一步思考，情况则完全不同。例如，从孟加拉国的纺织工业角度来看，我们不难看出，17世纪30年代的巴西甘蔗种植园的劳作模式属于现代工业运作模式。[37] 西敏司 (Sidney Mintz) 评论道，尤其是在工业革命之前，“技能和劳动的专业化，依据年龄、性别、种族、工作条件把劳动力区分为正式劳工、轮班工人和‘工人帮伙’，并强调劳动的准时和纪律，这是工业而非农业的显著特点”。[38] 甘蔗种植园是如今的工业化农业以及现代工厂的前身。种植园具有高度机械化的特征。现代早期的甘蔗种植园拥有大型、燃料密集型锅炉以及重型轧机，用于从甘蔗中提取糖汁。同时，种植园还推动了劳动过程的简单化和土地种植的简单化：劳工（奴隶）从事单一的劳作，土地也仅种植糖料作物。正如流水线上工人组装简易的通用零件以及快餐店工人生产标准化的汉堡一样，非洲奴隶在土地上从事专门的甘蔗种植工作。

工作、自然和现代简单化逻辑之间的关系使我们从更长的时间连续性看待问题。早期资本主义大宗商品，如糖、白银、铜、铁、林产品、水产品以及谷物，既是欧洲及其殖民地劳动管制战略的试验品，也是矛盾冲突的焦点。劳工的每次反抗都是向非商品化或最低商品化的自然引入机械进行生产的契机。经历了各种试验、战略以及现代早期工人一次次反抗等严峻考验，现代工作机制和技术出现了。到了1600年，巴西的甘蔗田建有配备武器的制糖厂，挪威浓密的森林建有锯木厂，安第斯山脉中有采用混汞法的巨大白银矿场。农民每天都在抵制和反抗，工人找寻其他生存出路。[39] 其中，发生在圣多明各（今天的海地）的甘蔗种植园的奴隶反抗尤为激烈。[40]

全球工厂的标准配置：全球农场

请记住，资本主义之名来源于“价值运动”[41]，即把货币转化为商品生产然后再转化为货币。让我们进一步考察这种转换。“一切财富的源泉”就是人类劳动和人类劳动以外的劳动，而价值则是其特定表现。[42] 这里我们需要借助马克思的理论。马克思常提醒我们，人类活动属于自然的一部分。正是货币的力量在人类与直接“了解”自然之间架起了一座桥梁。如资本主义制度下所有的工作一样，我们以极其疏离的方式体验着自然——自然是我们造访而非居住的地方。呈现给我们的工作和自然是两个独立的现实领域。这种观念不仅影响了环境论者，也影响了劳工政治。马克思的主要观点是在资本主义制度下，农民、工匠以及其他劳动者不能直接使用劳动工具。资本家拥有工具、工场、土地以及店铺，他们支付工人使用工具从事劳动的费用。马克思揭示了资本主义制度是通过工作和自然的二元性看待现实的。与此同时，他指出，劳动和自然不能分离：发生在工人身上的事情会影响“外部自然”，反之亦然。1875年，马克思斥责德国社会主义者忘记了根本立足点：“劳动不是一切财富的源泉。自然界和劳动一样也是使用价值（而物质财富本来就是由使用价值构成的）的源泉，劳动本身不过是一种自然力的表现，即人的劳动力的表现。”[43]

人类劳动是一种“自然的力量”，生命网络都在进行着有用的、必要的工作。这种深刻见解为我们提供了崭新的视角，它解释了为什么环境论者和劳工维权人士关注的是两个完全不同的领域，以及他们的共同立场为何混沌不清。以零和博弈的方式谈论“劳动”和“环境”具有根本性错误。[44] 1875年，针对德国社会主义者把劳动当作财富的唯一源泉这一观点，马克思警告他们犯了错误。他认为，德国社会主义者把劳动赋予了“超自然的力量”。同样地，针对20世纪环境论者的观点，人们也趋向做出相似的论断：他们把自然也赋予了超自然的力量，尤其认为超自然力量可以铸就或破坏人类文明。

工作岗位与环境都是通过资本主义创造的。理解这个观点有助于环境论者和劳工维权人士达成一致观点，并利用这个契机重新审视他们的基本构想。认为现代世界的工作都独立于农村之外的观点非常盛行，但是所有的工作在过去都是因为农村而产生的，并将继续因为农村而存在。资本主义每个伟大的时代都与农业建立了紧密联系。自20世纪70年代起，这种联系使数以亿计的人口脱离了土地。

让我们看看美国在20世纪40年代至70年代（第6章将会谈到），以及19世纪发生的两次农业革命。这两次革命的发生都以矿物燃料和工业劳动为前提。南方的种植园向英国纺织工厂这一残酷劳动体制的“孵化器”输送由密西西比三角洲地区廉价劳动力和肥沃的土壤生产的廉价棉花。从1790年到1860年，在新边疆地区，如亚拉巴马州和密西西比州，奴隶的数量上涨了20多倍。到了1860年，美国南部地区的奴隶达到400余万人。[45] 奴隶十分高产，这主要是因为密西西比三角洲大量的种植园建于另一种廉价劳动的边疆之上——肥沃的冲积土地。[46] 奴隶制就是廉价棉花的成本。棉花价格在1785年至1835年之间暴跌了70%以上。[47] 南方的棉花企业主要依赖驱逐和灭绝当地的原住民而存在。这些原住民和密西西比州的奴隶一样，被分类于自然当中。美国的农业以及后续的对英国棉花和食品的出口造就了英国工业的诞生。截止到1870年，7个英国工人当中就有6个从事农业以外的行业。他们得获得廉价的食物。美国农业恰能起到这样的作用。1846年后的30年当中，美国出口到英国的农产品数量增加了40倍。[48] 这个巨大的涨幅依赖于农业工业化，即大型农业机械化设备的使用。农业机械化设备的使用始于19世纪40年代的收割机以及其他易操作农业设备的使用。在接下来的几十年当中，农业机械设备的使用迅速增长。到1870年，美国机械产量的1/4是农业机械。[49]

19世纪50年代，美国生产的农作物不仅养活了英国的工人，还沉重打击了南欧和东欧的农民，它使一个全新的劳工世界成为可能。随着美国农产品出口数量的迅速增长，农产品的价格急剧下降，1882年至1896年下降了50%。[50] 与新自由主义时代流离失所的农民相似（我们将在第4章谈论《北美自由贸易协定》），由于农业产业化降低粮食价格，大量农民只能通过移民的方式寻找工作。很多人移民到了美国，在第二次工业革命时期从事新兴产业劳动。[51]

我们把19世纪末工厂的工业体系称为“福特制”，这是根据汽车制造商亨利·福特的名字而命名的。然而，我们常常忽略至关重要的一点：福特出生于农场。福特制的创新是建立在19世纪家族农场的产业化、农场产业化导致的农民流离失所以及发展下游食品加工业技术的基础之上的。其中，食品加工业中最重要的是肉类加工业的“拆卸生产线”。[52]

食品体系是一系列工人–管理实践（从奴隶制到工会性质的工资劳

动）的试验场。但是，这也给了工人畅想不同政治理念的机会。正如厄普顿·辛克莱（Upton Sinclair）在其小说《屠场》（*The Jungle*）中描写的那样，劳工组织起来并不纯粹是为了更优越的工作环境，还为了寻求控制世界的新途径。在美国，该小说被认为是残忍虐待动物和工人的令人倒胃口的故事。小说以一名街头组织者的演讲收尾：

让我们组织起来！让我们组织起来！让我们组织起来！……5万名社会主义者参与芝加哥选举意味着由市政掌管的民主政治的春天的到来！然而，他们会再次欺骗投票人，掠夺和腐败会再次席卷政府！但是，无论他们执政后将会做什么，有一件事他们永远不会做，那就是践行他们参加选举时的诺言！他们将不会给予人民以市政的拥有权，他们不会这样做，他们也不会试图这样做。他们要做的是给我们在芝加哥的政党一个美国社会主义从未有过的难得机会。我们会让假冒的改革者丑态尽出，认罪伏法。我们要揭穿激进的民主主义所有的谎言……芝加哥将属于我们！芝加哥将属于我们！[53]

芝加哥的政客依然是假冒的改革者，芝加哥也没有实现社会主义制度。这在很大程度上是因为工人想要一个劳动不被贬值的世界，而雇主的想法却大相径庭。[54] 资本家使劳动廉价的做法以及事先准备应对工人组织激进反抗的伎俩皆始于农业。例如，在棉花种植业出现了很多与以往不同的解决方法。在大西洋两岸，多次要求雇主让步的棉纺工人因为无须过多人力的机械设备而被逐渐辞退（棉花生产工人中的一些激进分子本身就是背井离乡的手摇织布机织工）。[55] 随着新的贸易路线开辟了更加廉价的棉花来源（节省下来的时间、金钱和土地可以供其他盈利途径使用），全世界不同区域的工人陷入了相互竞争之中。[56] 资源被用于开发可替代纤维（正如棉花代替了羊毛，因此，新型纺织品的产生在与棉纺工人的谈判中构成了威胁）。镇压罢工的私人警察加上针对罢工而制定的立法直接导致了工会权利尽失。

在大西洋两岸，棉花种植业是早期易发生工人罢工的产业。斯文·贝克特（Sven Beckert）在其作品《棉花帝国》（*Empire of Cotton*）中描述了英国棉纺工人于1792年发动罢工，以及13万名手摇织布机织工在1807年联合请愿要求设立最低工资制度。[57] 1824年，美国的纺织女工走出罗德岛的纺织厂，举行了美国历史上的第一次罢工。在这个行业的另一端，也就是原材料被攫取的土地上，奴隶也发生了叛乱，这很难说是一个巧合。[58] 从美国到马提尼克到巴伊亚再到巴西（1835年巴西发生了穆斯林奴隶起义）的整个棉花和甘蔗种植产业都发生了类似的事件，再次表明这是一个全球性的现象。[59] 换言之，从事工业劳动的无产阶级为自己呐喊的时候，奴隶也为找寻出路揭竿而起。他们要么以相同的商品为纽带而紧密联系，要么是大西洋地区被殖民者压迫的人（奴隶、爱尔兰人以及各地区平民）因共同命运而紧密团结在一起。[60]

工厂的工人骚乱和奴隶揭竿而起，二者几乎同时发生，这不仅是表达反抗的方式，更是对资本主义生态的强烈抵抗。每一家世界工厂都需要一家世界农场：工业、服务业以及技术企业依赖于对劳动和廉价大自然的榨取而生存。而人们几乎对廉价自然从不负责。苹果手机上的应用在加利福尼亚的库比蒂诺（Cupertino）完成设计，由自主开发的软件工程师编码，其主要芯片在中国生产车间完成组装，所用金属则来自刚果共和国。现代的制造业完全依赖自然中分层的、同步的，以及不同的工作体制。随着不断的反抗，资本主义一次又一次推动了工作的边疆向前沿发展。

掌控自然和劳动

在工厂里，体现着雇主权力的科技无处不在，甚至出现在了最不可能出现的地方：苏联。在那里，至少在书面意义上，工人掌控着劳动条件。尽管苏联模式与西方的资本主义有很大的区别，但是相同之处仍然多于不同之处。苏联模式仍然难逃工作与自然的关系。20世纪的苏联其实困在了16世纪的生态当中。[61] 实际上，苏联热衷于从其资本主义对手那里汲取各种思想，包括美国"工时–动作"研究专家弗雷德里克·温斯洛·泰勒（Frederick Winslow Taylor）的观点。这些思想被苏联的工业所应用，同时也受到质疑。之前，列宁公然抨击"人类在泰勒制度下被奴役"的现实。可是到了1918年4月，列宁坚持表示："我们不得不谈谈泰勒制度中的计件工资制实行，其大部分是科学的和进步的……没有计件工资制度不可能提高生产力，没有计件工资制度我们也不可能迎来社会主义。"[62] 农业也如火如荼地实行了工业化生产。在1927年至1932年，大约有2000名美国农业专家援助苏联，苏联的领导人也参观了美国的农业工业化生产。如果说，苏联与美国在计划和市场策略方面有所不同，那么它们在对自然的看法上却趋于相同。[63] 在斯大林看来（美国人也一样），自然是"掌控的对象……也是需要降服的敌人"。[64]

中国的社会主义通过实行公有制进一步改变了工作关系，但是依然融入了明显的普罗米修斯般的勇敢创新特征。一部分原因是为了使中国摆脱饥荒。1958年，为了将中国人民从饥荒中解救出来，毛泽东宣布消灭毁坏粮食的动物。毛泽东原以为，2天的灭虫害运动可使中国的人口持续增长，见到跳蚤、苍蝇、老鼠以及麻雀这"四害"就要立即消灭。[65] 然而没有了麻雀这样的天敌，昆虫的数量急剧增加。昆虫大肆啃噬着粮食，这也是1959年至1961年中国发生“三年自然灾害”的原因之一。

相较破坏自然和侵占工人劳动而言，焦虑的资本家更关注农民拥有土地所有权的威胁。总体来说，在各种激进的旗号下，工人权利威胁着资本家不得不改变策略。以汽车产业为例，20世纪30年代，发生在美国的静坐罢工有效地证明了以反抗为由招募工人的能力，并把管理层拉回了谈判桌。1937年初，在密歇根州的弗林特，美国汽车工人联合会经过3个月的谈判，拿到了与通用汽车公司签订的一份合同。美国卷入第二次世界大战以后，工会组织活动暂时停滞。然而，到1944年，罢工活动达到了1937年的程度，并于1945年第二次世界大战结束后再一次大规模爆发。[66]在第二次世界大战后的日本，汽车制造商试图避免像美国那样的工人罢工的发生。由于不能完全破坏工会组织，日本随即选择管理重组。日本政府放弃了单一而易受影响的工厂，转向利用大量的转包商来生产和组装汽车的所有零配件。这样一来，劳资纠纷得以分散，工人之间由于相互竞争也更容易做出让步和妥协。[67]

当工人的诉求无法被约束的时候，他们会被迁就，甚至在美国的麦卡锡主义和类似的反共思想全面打击（尤其是美国的）共产主义者的经济和社会改革理想盛行的时候也是如此。[68]在全世界的工厂，接纳工人提出的要求意味着社团主义的崛起。迈克尔·布诺威（Michael Burawoy）称之为由“暴君”工厂制向“霸权”工厂制转化。[69]工厂的经营者之间互通有无，工人也一样。在全世界范围内爆发的汽车工人罢工的数量越来越多。到了20世纪90年代，罢工受到了韩国工人的广泛支持。他们代表的不仅仅是工人的利益，还是更广泛的社会集团的利益，在工厂范围以外更加渴望国家给予更广泛的民主。[70]韩国汽车生产企业把生产转移到不易发生劳动纠纷的中国。然而在中国甚至全世界，工人的不满和抗争一直存在。[71]

总而言之，在欧洲，现代工作由圈地运动而产生。圈地运动是个多样化的过程。它改变了人类与自然的其他方面的关系，改变了人类与花费时间方式的关系，甚至还改变了人类与时间认知方式的关系。在殖民地上，自然被占有，原住民以及后来的非洲奴隶被牢牢地禁锢在自然的领域之内。资本主义总是同时尝试着每一种可用的劳动制度。因此，时至今日，奴隶制持续存在。如今被奴役人群的数量大于当年被贩卖到大西洋彼岸的奴隶的总量。[72] 如在刚果共和国地区，在“共享经济” 中的新型工作模式当中依然有类似战时囚犯劳动营的存在。在以上这些情况下，管理层的视野超越了现行劳动方式以重新设想和重新构建工人之间以及工人与自然之间的联系。

然而，如果没有工作的第三个方面，即大部分发生在现金交易以外的、对人类再生产劳动的剥夺，资本主义连一天也不会存在。世界工厂和世界农场的持续经营依赖于充满关怀的家庭和社会。一个可持续发展的政治革命必须能够认识到资本主义制度下工作的“三分制”：劳动力、无薪护理工作以及整个自然的工作，并通过“三分制” 之间的相互冲突进行调动。对工人的剥削与对无薪护理工作和人类以外的自然的占有密不可分。正如我们所看到的那样，资本主义的崛起，与把人类从社会驱逐到廉价的，甚至是被贬值的自然当中去的做法息息相关。[73] 是时候该去探究哪些是有报酬的工作，哪些是自然作为“免费的礼物” 赐予我们的工作了。

4

廉价的关怀

对于克里斯托弗·哥伦布的妻子菲利帕·莫尼斯·佩雷斯特雷罗(Filipa Moniz Perestrelo)的情况,我们所知不多,只知道她的父亲巴托洛梅奥(Bartolomeo)接受了航海家、葡萄牙亨利王子[1]所赐予的马德拉群岛中的波尔图桑塔岛。尽管她继承的遗产已经花光,但她还是将其贵族身份带入了婚姻。她19岁时嫁给哥伦布(大概是1457年或1458年[2]),他们相识于里斯本的一次弥撒中,当时的那个教堂是由修女管理的,这些修女还与一个名为圣地亚哥骑士团的十字军组织[3]有关联。佩雷斯特雷罗在1479年或1480年诞下一子,但其子夭折于1484年,其他确切信息均不得而知[4]。我们知道哥伦布出海时带了一个情妇(而哥伦布却任由他情妇的堂弟死在新大陆)。当哥伦布看到那些原住民时,他注意到:“他们基本上还像出生时那样赤身裸体,女人也是如此,而且我没有见到一个年轻女孩。”[5]一个月后,他绑架了6个女人,想着有女人为伴后,那些他已经掳获的男人就会更加顺从。

图 4–1 《非洲和美洲支撑下的欧洲》，威廉 · 布莱克，1976 年
资料来源：Stedman，1796, 394

在第二次航行中，哥伦布已是海军上将身份，同行的一位意大利贵族米凯莱 · 德 · 昆尼奥（Michele de Cuneo）曾经写到：

在船上的时候，我抓住了一位非常漂亮的加勒比妇女，海军上将把她赏给了我。我把她带到我的船舱里，按照他们的做法扒了她的衣服，我马上有了想要享受一番的欲望。我正想要快活一下，但是她却不愿意，使劲用指甲挠我，搞得我很恼火。情急之下，我拿了一根绳子，狠狠地抽打她，她立即发出尖厉的叫声，把人的耳朵都快刺破了。最后，我们达成了协议。

在这个讨价还价的过程中，我敢说，她表现得就像是在一所妓院里长大的妓女。[6]

尽管哥伦布在日记中对女性的描述不多，但其中对性别问题的记录却不少——关于性别差异如何决定事物的排列顺序、如何管理工人及如何拥有女性。有关性和性别的语言也出现在哥伦布第三次航行时写给西班牙君主的信中，他写到："世界不是球形，而更像乳房的形状，天堂就在乳头上。"[7]在环球航行过程中，哥伦布为他的国王和王后征服了大量的土地，并使"另一个世界"的资源和人们从属于他。没有必要的理由解释为什么关于性的语言与获得银矿使用的语言完全一样。[8]然而，当一部分人从地球表面的一端移动到另一端，将其归于产权的类别之下时，他们对产权的征服的方式与对性的征服方式并无二致。从一开始，对廉价的自然和廉价的劳动的统治就是一种转变，不仅是人类如何拥有和拥有什么转变，也是谁能拥有、谁能劳动、如何生育以及如何得到关怀的转变。

烹饪、教学、养育、治疗、组织和奉神的劳动早于资本主义。现代人类第一次大规模的生态转型是由关怀工作，特别是火的使用引起的。[9]但是在资本主义的领域下，关怀活动发生了巨大的变化，这反映并放大了早期现代基督教关于性与权力的思想。几乎从一开始，性在殖民过程中就起着重要的作用。哥伦布曾用"光棍儿"这个词来谈论阿拉瓦克人(Arawak)，意思是青春期和婚前性行为。在哥伦布关于他们的讲述中，土著男性被阉割，后来殖民战争的一个特点是西班牙人战胜了原住民战士的同时，对他们进行性和军事上的征服。[10]例如，韦拉克鲁斯市议会在1519年致西班牙国王查理五世的一封信中建议他请求教皇允许惩罚原住民，因为"这种惩罚(可能)会对那些坚持反抗的土著进一步起到警告和威慑的作用，从而阻止他们从事受恶魔驱使的大恶行为。因为我们已经知道，除了那些被处死用于献祭的孩子、男人和女人，他们无疑都参与鸡奸那种恶劣的罪行”。[11]

尤卡坦半岛玛雅人的性行为使西班牙殖民者感到震惊，这并不是因为玛雅社会是一个奉行平等主义和喧闹爱情的社会；相反，性受限于森严的等级制度。要不是西班牙殖民者对这种限制过于陌生，他们可能会对其有所认识。与亚当和夏娃羞于自己的赤身裸体不同，玛雅诸神刺穿自己的阴茎。同样，玛雅贵族口中不含圣餐饼，而是在自己的舌头上穿针引线。玛雅人相信可能见到神的本尊，而西班牙殖民者只看到可能发生的煽动和羞耻。[12]

一些生活在尤卡坦半岛的玛雅人用殖民者的假装正经来对付他们。皮特·西格尔 (Peter Sigal) 在他的原创作品中讲述了一些故事，比如其中一个故事记载了一个当地人匿名控告四名天主教教士在教堂里纵欲的事情。

玛雅宗教规范下的正常行为在西班牙殖民者那里却被有板有眼地传为应当迅速制止的丑闻。对那些牧师而言，他们的最终结果可能是被安置别处，但是，抵抗和破坏行为未能阻止对人们行动的监控。对殖民地历史的研究中，安·斯托勒 (Ann Stoler) 注意到欧洲殖民者对原住民性方面的幻想和猜测远远多于对苛刻的命令和权利的幻想和恐惧。“在法国、英国、荷兰和伊比利亚的殖民地中，谁和谁结婚、上床之类的事情，绝不会听之任之让其随意发生。”[13]最近的考古研究已经表明，对性和身体的监控对殖民统治是何等重要。正如芭芭拉·沃斯 (Barbara Voss) 所指出的那样，“对两性和同性性行为的暴力镇压只是传教士和军官所执行的性控制计划的一部分。在军方的支持下，传教士还针对婚前和婚外性行为、一夫多妻制和节育措施进行管控。当时加利福尼亚州的年度传教预算中有25%被用来购买衣服，以遮盖当地原住民（加利福尼亚人）的‘猥亵裸露’”。[14]

这与世界生态有什么关联呢？一切都相互关联。[15]原住民的性别体系远比从欧洲带来的体系宽泛和包容，却与资本主义的生态不相容。[16]为了创造廉价的自然和廉价的劳动体系，需要完成其他的无偿工作，而最重要的是创造和管理人的身体来完成这些工作。[17]本章着眼于所谓的生育劳动，即关怀、养育和培育人类的工作。这样的工作基本上没有报酬，因为只有这样才能产生有薪工作。如果没有无偿的工作，尤其是照料工作，有薪工作可能就太贵了。

在资本主义制度发展伊始，原住民被归入自然属性，这样的战略也被用来创造和管理一类将执行无偿关怀劳动的人：女性。有时是通过医学手段，但基本都是通过法律手段，人类身体被迫成为两类不得不区分的类型——男人和女人——其中的一类。由此产生相互交织的二元结构——社会与自然、男人与女人和有偿劳动与无偿劳动，进而形成一种思维模式——在资本主义的世界生态中，人类忽略了以下事实：我们仍然仅把“真正”的工作当作有偿工作，而忘记了是关怀劳动造就了这一切。请注意，这并不是说所有的女性都从事关怀劳动，或者关怀劳动只能由女性来完成，而是为了解释资本主义世界的生态是如何使以上的二元结构成为看似合情合理的历史。写关于劳动的历史而不谈关怀劳动，无异于写关于鱼的生态而不提及水。这在某种特定的方式下还是有可能做到的，但是一旦你意识到这个遗漏，就很难继续下去。从一开始，资本主义的生态就对性、权力和生育有浓厚的兴趣，而且这种兴趣的重要性使得关于它及它的历史被彻底压制，也容易被人遗忘。这个历史才刚刚开始被重新发现。[18]

大驯化[19]

人类相互照料没有什么固定的方式。人类历史上群体形式和人口动态的多样性就说明了这一点。[20]在任何情况下，照顾、关怀和繁衍人类生命的系统都与超人类的自然体系联系在一起。这种存在的联系不仅包括物质和生物方面，而且涵盖我们的信仰体系和思维模式。每一个过渡礼仪，每一次春天的生育仪式，从五朔节花柱到刺络放血，都标志着人类与非人类生命之间相互渗透的各种方式。但是当我们讨论资本主义下的生育劳动时，我们指的是一套非常具体的安排，那些安排是通过世界–生态重新安排的，并且持续到今天。[21]在这些安排下，一些人被限制在新的政治、社会和生态单位中，即家庭。家庭更适合从事资本主义生态中的照料工作。我们称之为“大驯化”。

不妨来看看下面这些看起来完全独立的观察吧！皮尤研究中心在2010年的“国际态度项目”中得到了一系列针对“就业岗位短缺时，男性应该比女性有更多工作权利”这一说法的回应。在冰岛只有3.6%的人表示同意，但在埃及有高达99.6%的人赞同这一说法。[22]为什么差别如此之大呢？原因可以简单地解释为文化、宗教、传统、收入水平的差异。然而在著名的《经济学季刊》(*Quarterly Journal of Economics*)上的一项研究却没有提到任何这些因素。在研究了过去200年包括宗教、战争、石油的出现等方面的历史数据后，作者发现，在很多国家，与性别不平等有关的一个关键因素是引入了一种特定的农业技术：犁耕。[23]如果一个人在使用犁耕的传统社会中长大，他不仅在家庭中永远持有性别不平等的态度，甚至当他迁居别处时这种态度也不会改变。和其他优秀的经济学家一样，该项研究的作者也不明白其中的缘由。有一点比较明确的是，如果我们现在用另一种农业技术取代犁耕，那么性别、不平等和歧视等问题也不会消失。我们不仅要理解某种特定的农耕方式如何自然划分了男女之别，还要了解如何实现平等，这是更深层次的挑战。

那么，为什么这种公元前2600年的埃及象形文字中就有描述的农具可以解释21世纪的沙文主义呢？[24]编年史家印加·加西拉索·德·拉·维加（Inca Garcilaso de la Vega）提到，16世纪秘鲁边境的一些情况或许可以解答这个犁耕性别歧视的谜题。[25]原住民普遍将驯化牛、用牛犁地视为奇怪的行为，因为这种做法既破坏了自然的秩序，也破坏了驯化者的理念。原住民的解释是，西班牙人懒得去耕种土地，不得不训练动物来替他们干活，他们则坐享其成。原住民也觉得西班牙人选择耕种土地和占领土地的方式很奇怪。殖民主义者喜欢在相对平坦的平原上建庄园，而原住民则喜欢梯田技术，这些梯田如今在库斯科（Cuzco）[26]周围仍然可以看到。在陡峭的山坡上是无法用犁耕种的——自然条件和社会习惯都不利于这种方式，而在大面积、连片的私有农庄上耕作就容易得多。换句话说，奇怪的不仅仅是犁本身——还有劳动、与非人类生命之间的关系以及包括犁在内的财产等一系列的变化。这些思想的核心是围绕动物和人类驯化动物而形成的新的思想。

现代家庭及其成员的关系起源于欧洲资本主义的生态变迁。在

《17世纪妇女的工作生活》(*The Working Lives of Women in the Seventeenth Century*)一书中，艾丽斯·克拉克(Alice Clark)认为，由丈夫、妻子和孩子组成的核心家庭的出现源于因经济地理的改变而发生的关怀的改变，以及公用地生产的变化。[27]回想一下，当时妇女在公用地上的工作包括燃料收集和拾穗，这使得她们能够存活下去，有时还能将之售卖出去获得一定盈余。如果出了什么问题，由来自整个社会的支持网络——宗教的、个人的、社会的支持提供保障。这些安排无法相容于犁耕的广泛使用引发的各种农业革新：更大面积的土地被圈起来，单一农作物耕种文化的出现，专有私人财产的规定以及由于饥饿和监禁等威胁而造成的劳动力的形成。

土地圈用使得农民无法依赖贫瘠的土地生存。农民变成了被迫出卖劳动力以维持生计的工人。这也迫使妇女和男性在劳动力市场上相互竞争。有了公用地，乳业一直是妇女从事农业的一种方式，她们通过牛奶和奶制品销售维持家庭生计。没有公用地，就不能放牧。应用乳业技术的市场变得紧张。羊毛比牛奶更赚钱，剪羊毛也被当作男人的工作。春天只需要妇女从事挤奶和帮牛产犊之类的有偿工作。春耕和秋收都涉及较重的劳动，也常被视为男人的工作。这种劳动分工导致男女工作报酬的不同。正是在这些领域，我们发现了当今全球工资差距的根源，这一现象从一开始就涉及与自然的关系。

要使现代家庭模式持续下去，光有经济学是不够的。男性和女性都需要接受新的有关家庭责任方面的教育和训练。早期的现代欧洲人可能会认同，所有人类社会关系的原型就是上帝与人类之间的关系。国王体现了上帝对其臣民的统治，在家庭中丈夫扮演了类似的角色。[28]不难理解，当教皇的权力在宗教改革运动期间衰落时，15世纪和16世纪的欧洲出现了大量关于教会权力和国王统治方面的作品，同时出版了许多关于家庭管理艺术的手册。因城市化和工业化形成了新社会秩序而受到困惑的人们，从这些书中得到了指导，其中最具影响力的是威廉·苟格（William Gouge）的《论家庭职责》（*Of Domesticall Duties*）。[28]这本书开篇引用了《圣经·以弗所书》中的一句话："当存敬畏上帝的心，彼此相爱。"[29]该书通过探究《旧约》中愤怒的上帝在《新约》中变得仁慈这一主题来呼吁，在家中女人要服从男人，仆人要服从他们的主人，人们要遵循上帝的威权。

现代家庭的领导权不是纯粹通过指导手册确立起来的，还要采用武力手段。正如廉价的劳动一样，某些人的身体也需要加以训练才能使廉价的关怀战略发挥作用。将妇女的身体转化为合法的生育体需要动用武力、恐吓手段和社会治安机构的力量。[30]这种社会治安机构包括监狱、学校、诊所、精神病院以及通过暴力和羞辱对公众及个人的性和性行为进行管理。[31]女性异教徒被指责为超自然，超越了自然的秩序。那些无视新秩序的女巫遭受了可怕的公之于众的酷刑。对于那些非资产阶级的妇女、没有机会阅读手册的妇女，以及有可能被引诱加入反抗势力的妇女，女巫的行径被当作反面教材。[32]正如西尔维娅·费德里奇（Silvia Federici）所指出的那样，米歇尔·福柯（Michel Foucault）感兴趣的暴力形式——对个体在工作、生育以及行为举止方面进行特别训练——只是作为早期资本主义战略需要的一部分出现在历史舞台上。[33]

如果这一点用世界-生态的语言来说明，那就是将人类和自然结合起来进行的探索，这与其说是以人类为中心，不如说是以男人为中心——暂且借用凯特·雷沃思（Kate Raworth）的犀利措辞吧！[34]家庭的暴力教育是通过法律,尤其是财产法来执行的。虽然这个讨论最好推迟到第7章——对廉价的生命的研究之后,但这里还是值得用现代资本主义所有权原著——约翰·洛克于1689年首次出版的《政府论》(下篇)中的一小部分内容来埋个伏笔。此书概述了所有权的主体和客体,并把新的资本主义的形态领域与其他的人类阶级社会区分开来。《政府论》(下篇)一书中的第二部分这样写到,"地方治理者对属民的权力,可能有别于父亲对子女、主人对仆人、丈夫对妻子、贵族对奴隶的权力"。[35] 这就在公共领域和私人领域之间划分了界限:在公共领域中,一部分人可以作为自由和平等的公民参与;而在私人领域,奴隶制、父权制和夫权制会很普遍。换言之,自由个体天生是男人。这个男人的诞生伴随着暴力和某种特别生产体系的传播,即资本主义农业的全球扩张,继而产生了关于自然和社会新的现实标准。

这种变化所引发的社会动荡是难以想象的,但很多地方的情景与图4-2的描述很接近。这幅油画曾经被认为描绘了一片赏心悦目的乡村风景。之后的评论家仔细观察后从中发现了更多信息。[36]《安德鲁斯夫妇》这幅作品现今挂在伦敦的英国国家美术馆中,托马斯·庚斯博罗(Thomas Gainsborough)在画中描绘了一幅资本主义世界-生态的生动画面。我们从图4-2左边开始,看看最轻松的这位:罗伯特·安德鲁斯(Robert Andrews)。他是画中的一部分,但是他的服装显得不大正式,可能当时他在公共场合的穿着就是这样的。安德鲁斯先生穿着18世纪50年代类似于现在"亲吻厨师"牌子的围裙一样的衣服。画中所见的一切都属于他,奥布里斯庄园是其家族在埃塞克斯郡萨德伯里的财产。"该庄园位于斯淘尔河谷萨福克郡科拿森林的对面,由此向东南方向望去,一百码(约90米)以外的萨福克郡也是他的财产。"[37]

图4-2 《安德鲁斯夫妇》，托马斯·庚斯博罗，1750年，英国国家美术馆，伦敦

这份财产是继承和投资所得。罗伯特·安德鲁斯的父亲老罗伯特·安德鲁斯是位非常成功的银匠和银行家。在老安德鲁斯所持的债权中，最大的一笔来自威尔士王子弗雷德里克，老安德鲁斯为他担保了3万英镑的贷款（相当于现在的640万美元）。[38]庚斯博罗的这幅画为研究廉价的货币、货币与战争的相互转化等关系提供了线索，该画作也描绘了一种财产所有权关系，而这份财产是用100年前从波托西土地上掠夺的战利品购买的。奥布里斯庄园是由安德鲁斯家族的财产和他妻子弗朗西斯·卡特家族的财产合并而成的。庚斯博罗绘制作品的佣金不仅来自上层社会，还来自一个新兴的富裕的城市居民阶层。这个阶层与那些300年来靠一轮一轮搜刮、积累获得财富的贵族阶层没有什么关联。

许多评论家指出，这幅画的独特之处在于可以用来研究安德鲁斯家族及其土地财产。这幅画实际上描绘了一个应用了先进农业技术的农场。罗伯特·安德鲁斯是一位颇有著述的农学家，《农业年鉴》(*Annals of Agriculture*)

中曾收录了他的《论农业利润》(*On the Profit of Farming*)和《论小麦黑穗病》(*On the Smut in Wheat*)。[39]画作中的庄稼都是一行行、一排排整齐排列的，可能是使用杰思罗·塔尔(Jethro Tull)于1700年发明的条播机来播种的，[40]但这种机械的应用在19世纪中期才得以普及。这项技术用于解决乡村农业越发类似城市工业时凸显的那些问题，即试图在劳动、机器、投入和市场间达到最优平衡状态。

庚斯博罗为研究罗伯特和他的妻子弗朗西斯之间的关系提供了另一种视角。作为眼前一切的所有者，他无精打采地倚在椅子扶手旁，步枪斜挎在身上，而他妻子是笔直地坐着，双手放在腿上，下面就是画作未完成的部分。有人提出，庚斯博罗原来的意图是要在画作未完成的部分画上安德鲁斯射杀后、被猎狗叼回的野鸡的。[41]还有些人则认为，这个部分是留给安德鲁斯将来的孩子的。[42]无论是哪种解释，弗朗西斯·安德鲁斯在这里都被比作她丈夫所拥有的财产，就像她丈夫拥有的土地一样被圈围起来，像她丈夫身旁的猎狗一样被驯化。

庚斯博罗可能与罗伯特·安德鲁斯相识，因为他们在同一个地方长大，很有可能还同时在同一所文法学校上学。他可能也知道老安德鲁斯很富有，甚至还可能得到过老安德鲁斯的资助，但他清楚拥有这样一笔财富对他而言是永远无法实现的。[43]也许这就是为什么一些评论家在庚斯博罗的这幅画中发现安德鲁斯夫人的眼神中透着一种蔑视，好像在说尽管她或许是一种财产，但她的地位仍高于众人。[44]

这些权力关系陪伴着以谷物驱动的资本主义单种栽培文化的传统和技术，也是大驯化的标志。庚斯博罗的画不仅提供了一种历史的借鉴，而且对当代具有参考意义：它实际上也描述了当今世界各地被强制执行、引发激烈争论的各种社会变革。丹麦经济学家埃斯尔·博塞拉普(Ester Boserup)在讨论当时出现的社会关系时，提到一句伊斯兰教义："先知本人认为，没有奴役的农场也不会有犁的使用。"[45]如果理解了圈地运动对公用地的破坏，理解了人类生产和生育之间的新型关系，就可能解开犁耕的奥秘。[46]否则不仅要回到200年前，还要追溯到更早以前才能发现犁耕最初是如何成为一种农业传统技术的，而这个过程充斥着它对社会系统的摧毁所造成的累累白骨。

金融化和女性的财产继承

新的控制方式使资产阶级妇女，特别是英国的妇女陷入困境。在英国，法律规定了妻权从夫——已婚妇女的地位，包括将她本人及其财产置于丈夫的权力之下。当时欧洲大多数地区承认婚姻中有三种财产关系——男方继承的财产、女方继承的财产和婚姻期间获得的财产，而英国的法律只认可两种：妻子继承的永久土地财产和所有其他方面的财产，其中寡妇只能继承1/3。这种妻权从夫的法律从中世纪一直延续到19世纪。这对剥夺妇女权利和身份发挥了巨大的威力，以至于反对者称之为"剥夺民事权利终身"。妻随夫姓正是源于这种制度。当然，中产阶级妇女还是拥有管理家中仆人的权力的(在17世纪的家庭手册中可以发现这样一句口号："英格兰是女人的天堂、仆人的牢笼、马的地狱")。[47]资产阶级父母对他们的女儿仍然比较忧心：女儿结婚后，她们的财产和已经习惯了的生活方式会发生什么变化呢？如果她们的丈夫能力不济怎么办呢？即使她们的丈夫还算体面，要是英年早逝了怎么办呢？

艾米·路易丝·埃里克森(Amy Louise Erikson)用有力的分析表明,[48]在某种程度上,对这些问题的回答可以解释现代高度复杂的金融现象。在当时的政治迫害时期,公开反对妻权从夫的行为是很危险的。为了生存、为了不那么公然起来反抗,英国人制定了契约法并使自己遵守起来。这样一来,寡妇能保护自身的财产安全,妻权从夫制度下的儿童有了生活来源,赡养寡妇的家庭获得了一份财富回报保障。埃里克森认为,虽然这些安排本身并非金融工具,但是它们"帮助建立了一种氛围,使得为名义上的财产寻求法律保障的概念被广为接受"。[49]这对于未婚资产阶级女性来说尤为重要,因为她们能够获得资金参与投机交易,而资本主义正是通过投机交易发展起来的。甚至有证据表明,当男人在英国南海公司金融泡沫中亏得精光的时候,同样加入这一投机狂潮的妇女却往往大赚了一笔。[50]虽然不宜以此做太多文章(当时的权益市场规模也不是很大),但值得注意的是,今天的金融工具、期权和衍生工具的法律和文化基础在那时就已经建立了,可以对冲资产主义制度下妇女在整个家庭的损失。当然,未婚妇女参与金融市场并非新型核心家庭的目标。我们只不过把它作为例子,用来说明阶级和性别之间的不可约性,也可以说明历史的偶然性在塑造现代资本主义过程中的重要作用。[51]

对于无意成为投资阶层的女性来说,婚姻提供了其他可能性。随着17世纪失业率的上升,妇女为了避免贫困而结婚的动机也随之上升。[52]然而,在女性出于经济方面的考虑而选择结婚的比重提升的同时,描述这一选择并非强迫的宣传也越来越多。当然,这反映了资本主义制度下工人之间的关系,这些工人至少需要在理论上表现为自由的个体,虽然他们所谓的自由不过是选择工作挣微薄的工资,或是忍饥挨饿,或是因还不起债务而坐牢。这个新大陆的核心理论家当然是亚当·斯密。即使他的实际经验有限，他也思考过关于家庭和婚姻的问题。斯密既没有结过婚也没有养育过孩子。他与母亲玛格丽特·道格拉斯(Margaret Douglas)一起生活，成年后大部分生活都由母亲照顾，而他母亲是他的受养人。斯密的父亲在他出生之前就已亡故，而斯密的亲生母亲道格拉斯只继承了1/3的财产。斯密2岁时继承了他父亲的财产。道格拉斯在丈夫死后经济上依赖她蹒跚学步的孩子的原因就在于妻权从夫的法律。[53]

1759年首次出版的《道德情操论》(*The Theory of Moral Sentiments*)中，斯密提到了他对北美原住民婚姻的认识，斯密认为这是一种由长辈安排而不是由夫妻双方自由达成的契约合同。原住民为什么不能自由结婚？斯密使用与哥伦布对性的描述类似的语言写到，因为“爱情中体现出的柔弱……在野蛮人看来是最不可饶恕的”。[54]这是一个奇怪的逻辑，但有助于表明他的观点：最好的婚姻是发生在英国的那种，男人和女人自由选择，在爱情上平等相待。这个最经常被引用的自由市场理论的奠基人也赞成个人爱情自由的观点，他还通过批判野蛮、自然文明的低劣来证明这一模式的合理性，这些都不足为怪。但是颇具讽刺意味的是，斯密生活中最亲密的关系是与母亲之间的关系。

“女性”一词的出处

要使资本主义新秩序发展起来，就要消灭旧秩序。除了核心家庭，过去那些支持男人、女人和儿童的家族网络像破坏公用地一样被摧毁。[55]大家庭结构和能够维系家庭的各种关系被加以专业化改造。妇女不是在学校进行教育工作，而是被赶进托儿所。外科医生一般是男性——替代了接生婆。[56]基本上，妇女的经济活动仅局限于家庭领域，与政治领域毫无关联。妇女开始反抗。例如，法国大革命就开始于女性为谋求生计而领导的抗议行动。但是资本主义生态的逻辑要求妇女的背景、激进和抵抗都要降到最小乃至消失。男人在家当家做主，公民管理公共领域，而要成为一个公民，还必须是一个拥有财产的白人男性。[57]

为使这一制度发挥作用，国家对男女分类产生了浓厚的兴趣。那些身体上不适应的人通过外科手术进行改造以符合某一个特定的类别。[58]如果这些类别不存在，就得发明出来。例如，英国对尼日利亚殖民的核心手段就是改造家庭结构、创造家庭领域以及发明女性这一法律范畴。虽然血缘关系是尼日利亚和其他许多社会的一个重要组成部分——且拥有自己的等级制度，但这些制度比较混乱，有时甚至会把妇女提升到高于核心家庭中她们能享受的地位。但是，自由公民法律中最重要的亲属关系还是婚姻关系。[59]正如奥耶欧科·奥耶乌弥(Oyéróonké Oyéwùmí)所言，"近代以前，约鲁巴(Yorùbá)社会中都没有妇女这个概念。当然，他们有'obinrin'，指类女性。她们的解剖学身份，就像'okunrin'(类男性)一样，并没有赋予她们获得任何社会地位的权限，同样也不会对此构成任何破坏"。[60]

奥耶乌弥继续写到，"把'妇女'作为一个范畴创造出来，是殖民地国家最初的成就之一……因此，当初认为殖民地政府承认其殖民统治的民族(例如约鲁巴人)中女性领导人的做法是不可思议的，如今就不足为奇了……国家权力转变为男性权力，在某种程度上是通过将妇女排除在国家机构之外而实现的。这与约鲁巴的国家组织形成鲜明对比。在这个组织中，权力不是由性别决定的"。[61]

正如西班牙殖民者对玛雅人在性方面的冒险行为表示不屑一样，英国人也要求人们服从他们设计的性别秩序和权力。在这种秩序下，他们还创造了“妇女”这一法律范畴，并将她们限制在家庭这一生育劳动“作坊”里。[62]当然，使用“作坊”一词有些曲解人们眼中的家务劳动概念。当时，人们普遍认为家务劳动不属于有偿工作领域，是女性对男性的服务，类似于大自然提供的免费赠品。

正如詹妮弗·摩根（Jennifer Morgan）和其他学者所提到的一样，如此理解妇女的文化基础形成于跨越大西洋对非洲妇女的奴役。[63]奴隶贩子和探险家遵循了德·昆尼奥（De Cuneo）所记录的哥伦布第二次航行的报告中的逻辑，土著妇女被描述为一种不可思议的性别，同时又脱离了正常的社会领域，即更接近自然。这种观念的核心是强大的生育能力。据废奴主义者约翰·阿特金斯（John Atkins）记载，几内亚妇女参与兽交，胸部很大，“有些大到可以给背在背上的孩子喂奶”。[64]还有些殖民者报告说，那些妇女生小孩时毫不费力。在奴隶制下，想象与新的要求交织在一起，比如使更多的人沦为奴隶。女奴成了金融工具，不仅用于偿还债务，而且用来产生利息。在17世纪50年代，巴巴多斯的一些妇女被指定为“增加器”，通过她们的身体生产更多的奴隶，从而弥补维持这些奴隶所带来的财政负担。此外，这种生育能力自然而然培养了抚养其他孩子的素质，这种技能又为那些寻求家庭用工的白人资产阶级家庭做了聘奴广告。[65]

反抗的可能性总是存在的。早在北美殖民者定居点，土著妇女就跨越了加拿大皮草贸易的边界。她们牵线搭桥，换掉刚下了彩礼的丈夫，规避皮草贸易公司制定的规则。[66]她们的家庭不会遵循二元的父权制模式，即男人养活女人，女人管家。同样，在美国，女性也有机会从事创业活动，例如接待房客。在男人的最终权威之下，只要是为了家庭的利益，这些都可以。[67] 在欧洲，来自农村的荷兰妇女在城市里成为家政工人，组成了代表大会，并成立了工会。[68] 然而，这种反抗总是在发生其他斗争的背景下发生的。19世纪和20世纪，发展中国家的新兴民族主义者在与欧洲帝国主义国家进行斗争的过程中，越来越热衷于强化性别政治的边界。种族、阶级和性别同时在这些边疆产生，这既影响了男性，也影响了女性。[69] 就像对白人特征的研究一样，对男性气质及其法律渊源的研究还比较少，但是发展迅速。围绕男权体制下亲属关系的变化和反抗还可做大量的研究。[70]

犁耕之后

对那些坚持认为犁耕不是决定性因素的人，我们该说些什么呢？社会有可能从向资本主义转变的影响中恢复过来，在某种条件下，还会出现性别平等的繁荣。2016年，国际货币基金组织在年度报告中总结了这一观点。该报告显示，全世界妇女人数在包括健康水平、经济和政治参与度以及受教育程度在内的一系列指标方面都在不断增加。[71] 国际货币基金组织认为性别平等的改善与国民收入的增加有关，同时因财富而使妇女获得解放的偏见依然存在。

然而事情不会如此简单。例如，不妨看看中东和其他石油生产国的情况来寻找证据。这些国家收入的增长实际上阻碍了妇女获得权利。[72] 再看看印度这样的国家，尽管过去40年里实际人均收入增长了500%，但它仍处于严重和持续的不平等状态。 诚然，获得清洁饮用水和医疗卫生服务机会的增多对妇女有所帮助,[73]但妇女和女孩还是比男人做的工作多,获得的工资和食物却比男人少。[74]过去40年来,印度农村人日均热量摄入量已经下降了500卡路里,女孩的贫血率在过去10年持续上升。可以通过时间使用情况调查来解开这个谜题。[75]印度人的时间使用情况调查显示,妇女和女孩在家庭中的工作比国家统计部门中显示的工作要多得多,妇女在采集食物、收集木材燃料和维护家庭方面花费的时间比男性多6倍。虽然低收入男性和女性往往都有多个低薪工作,但是薪水最低的仍然是女性,她们的睡眠更少,空闲时间更少,尤其是生活在农村的女性。[76]这不仅仅是"如果他们更富有,他们就会更好"的问题。国家确实更富有了,但是穷人和工人阶级变得更加饥饿,而女性比男性更容易出现超重或体重不足的情况。[77]

如图4–3所示,在美国,研究生育劳动的学者已经注意到20世纪出现的良好发展趋势。与以前的情况相比,越来越多的男性参与到家庭无偿劳动当中——但平均每周工作时间最大值仅为10小时。虽然人们经常认为像洗衣机和洗碗机这样的省力设备和技术减轻了女性的负担,但实际情况并非如此。首先,洗衣机没有减少洗衣的时间,只是提高了男性对洗衣频率的期望值——当然还是女性来洗。[78]这迫使美国的妇女运动改变了对家庭内部劳动分工的期望,正如露丝·施瓦茨·考恩(Ruth Schwartz Cowan)在《妈妈要做更多工作》(*More Work for Mother*)一书中所指出的那样,男人所做的工作正是那种更加机械化的工作。与此同时,女性的工作对心理上的要求更高,女性需要同时处理多项工作,即使工作时间长短接近,也比男性在家中的工作强度更大。[79]

在上一章讨论廉价的劳动时,我们把农村和城市经济联系起来,把

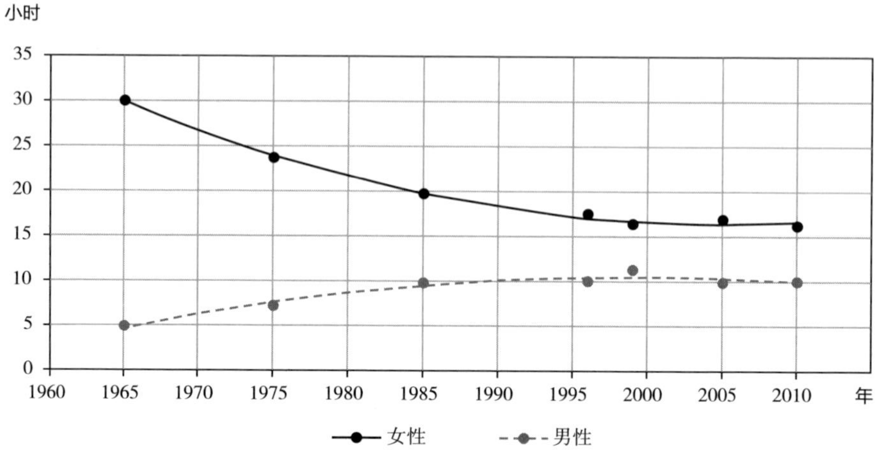

图 4-3　美国 25~64 岁不同性别人口的周平均家务时长趋势，1976 年
资料来源：Bianchi et al.， 2012, 57–58

全球农场和全球工厂联系起来。获得无产阶级劳动力是可能实现的，前提是关怀工作向无偿工作的转化过程如同获得大自然的"免费礼物"一样轻易地实现。我们也认识到，这个过程既不是免费的，也不是什么礼物。资本主义不仅继续将关怀工作视为理所当然，而且期望通过这项工作发展出来的技能可以在商品生产市场上购得。因此，是性别观念导致对女性的需求——而且被压低价格——获得她们灵活的手指、关心的态度和支持的姿态。资本主义希望雇用那些经过一辈子的廉价照料、受过培训并掌握了一定技能的工人进入加工厂、呼叫中心和护理行业，这些人是廉价的工人，因为她们是女人。[80]

性别上的期望不仅包括从照料工作转化而来的技能，还包括灵活性。表面看来，不稳定性无产者，即那些缺乏职业保障、养老金不足、缺乏通常与20世纪中叶发达国家产业工人紧密联系的组织机构保障的工人，似乎正在经历一些新的情况。[81]但流动性、灵活性和永久可得性一直是关怀工作的标志。就业市场的不稳定源于资本主义工作场所效率的提高，以及无偿照料制度的进步。自由经济可以解读为渗透在整个工作世界中的照料工作的延伸。

护理关怀经济的增长——从2012年到2022年在美国估计将增长70%，全球范围内也有类似的趋势，[82]这使得关怀工作在结构上价格便宜。然而，可能美国看护业经济表现出这样的特点仅仅是由于世界其他地方的护理关怀人员的流动。美国的关怀经济有一个长期的、全球化的、种族化的生态，包括早期的将进口奴隶出售去做奶妈的做法，也包括最近的医疗保健专业人员从发展中国家移民到发达国家。[83]在某些情况下，劳动实际上就是生育。生育技术的进步已经带动了代孕需求的繁荣。世界上最大的子宫市场是印度，在发达国家需要8万~10万美元的代孕服务在印度花3.5万~4万美元就可以获得，这一产业在印度预计将获得超过20亿美元的利润。[84]廉价关怀的疆域已经得到深化和扩展，形成关怀服务提供商的庞大国际汇款网络，以帮助其他地方的家庭维持生计。全球家庭一直在起着这样的作用，才使得全球工厂和全球农场有可能实现。

对关怀工作的根本性贬值的激进反应包括柔性调价，并要求家务劳动得到报酬。正如20世纪70年代的家务劳动计酬运动所提出的那样："流水线上的奴役并没有解放厨房水槽边的奴役。否认这一点就是否认流水线上的奴役，这也再次证明，如果你不明白妇女是如何被剥削的，你也就永远不会真正明白男人是如何被剥削的。"[85]当然，具有讽刺意味的是，那些在奴隶制下工作的女性在家庭劳动中获得少量报酬的历史由来已久。这种情形不单存在于美国，来自不同阶级、不同等级、不同国家的照料工作者在其他国家也普遍遭受到剥削。[86]而即使有酬劳动是一种认可，为了实现尊严，还要做很多工作。正如安吉拉·戴维斯(Angela Davis)所言："仅仅靠付给家庭主妇一份工资很难实现心理解放。”[87]然而家务劳动付酬运动的主张不应该被遗忘。要求资本主义为照料工作付酬等于要求终结资本主义。

如果把钱投入到这种生态关系中并不能确保成功，或许就需要更多方式的组合才会奏效。尽管国家建立在现代家庭的基础之上，但是在第二次世界大战和为创造福利国家而斗争之后，国家在管理关怀工作方面发挥的作用却大大增加。[88]福利国家，尤其是西欧的福利国家，在医疗、教育和养老等方面给工人阶级带来了有意义的成果。但是，国家对关怀工作进行管理与从这种工作中获得自由不是一回事。[89]正如格温多琳·明克(Gwendolyn Mink)所说的那样，女性的权利斗争是在母性的战场上进行的，随之而来的是“胜利将母性而不是公民权社会化了”。[90]卡伦·奥伦(Karen Orren)注意到从整体上而言，劳动法特别是与关怀工作相关的法律规定，都属于“迟来的封建主义”。[91]例如，直到2015年，由于团结和合作组织的努力，根据1938年颁布的《公平劳动标准法案》，美国从事关怀工作的人员才获得了工人身份的认可。[92]换句话说，把犁耕的生态从资本主义的生态中剥离出来，一个前提条件是要从事政治斗争，而不是像国际货币基金组织所说的那样，只是等待收入的增加。[93]

在新自由主义下开展斗争使关怀工作获得认可、酬劳和减量，在右翼经济民族主义盛行的情况下变得愈加困难。在很多发达国家，不仅仅是在美国，在执行财政紧缩计划的背景下找到稳定的工作已经变得相当困难，这迫使很多成年子女与父母一起生活到30多岁。财政紧缩政策还强迫女性不仅要照顾她们的成年后代，还要照料她们年迈的父母。正如伊夫林·那卡诺·格伦(Evelyn Nakano Glenn)所指出的，现在的美国女性花更多的时间照顾她们的长辈，而不是照顾她们的后代(分别为18年与17年)。[94] 由于养老金的实际价值下降以及福利国家的资产缩水，她们所承担的关怀关系变得更加尖锐。我们将在第7章中看到，民族主义总是伴随着家庭生活和操持家务的关怀这种逻辑而生。可悲的是，不难想象，过去70年来从事关怀工作的人员所获得的成果在未来10年可能会迅速被扭转。

然而，解放和反抗的斗争仍在继续，从性工作者团体到家庭护理集体的斗争，都在反对与资本主义生态萌芽形式极为相似的统治形式。在最近的经济衰退之后，对国际职业发展趋势的几项研究指出，性别差异化工作有了惊人的增长，即朝着男性士兵和女性护士的世界迈进。[95] 这项工作是在暴力被继续用作残酷教育的条件下进行的。近年来出现的大量暴力侵害妇女的行为也证明了这一点。[96]

如果因关怀工作获得认可、平等分配、减少工作量和获得报酬而开展的一系列斗争能成功，那么廉价自然的终结将有望出现。基于关怀工作而非剥削的价值估算也会发生改变。想象在关怀工作中实现公正世界，就如同幻想资本主义结束后会出现一个新世界。但是，在资本主义依然存在的情况下，劳动力再生产的廉价性反过来又建立在其他事物廉价的基础之上。在资本主义的生态理论需要廉价的关怀来保障廉价的劳动的同时，还需要为工人的身体提供养料，以维护社会秩序。因此我们下一步将讨论廉价的食物。

5

廉价的食物

哥伦布第一次航行到新大陆时，对于从新植物的销售中获得潜在回报的关注程度远远超过对自己饮食的关注。在尼娜号、平塔号和圣玛利亚号上，船员的饮食严格遵照协议规定提供，以至于在前2个月的航海日志里没有提到饮食情况。[1]第一次接触当地人的2天后，食物出现了，哥伦布记载了一个老人来到船上，呼喊岸上的当地人，给船上的水手送些食物和水。1个月后，1492年11月5日，哥伦布举行了一场美味大典，犒赏自己的肠胃，他品尝了一些当地的食物，并记录下来："原住民的食物像胡萝卜，味道像栗子；他们的豆类与我们的差别很大。"但哥伦布此行并非去品尝食物的，他关于食物的记录大概如下："此地水果不下千种，无法一一记述，但必都有利可图。"[2]

他每天的饮食配给供应为双烤小麦饼干、一些腌肉和奶酪——这些都不够重要，没在日志中记录。在返航途中，1493年1月25日，他这样记录："水手捕获了一条金枪鱼（海豚）和一条大鲨鱼，这两样东西很受欢迎，因为当时船上的食物只有面包、葡萄酒和一些印度群岛的山药。”[3]

本章讨论的核心就是维持人体运转的食物。马德拉群岛的蔗糖革命是当时资本主义生态的核心和早期组成部分，哥伦布亲自将这种植物引进到新大陆，到1506年，该作物在海地岛[4]（西班牙语称之为伊斯帕尼奥拉岛，Hispaniola）大范围、集约化种植。但是在这个故事中，至关重要的食物并不是哥伦布和他的同伴从马德拉群岛带到热那亚的已经加工好的蔗糖，而是水手和奴隶家庭所吃的食物，这些食物为榨取廉价劳动提供生存必需的营养。[5]

农作物的品种对土壤和人类生态影响重大。我们不能泛泛讨论食物，而要认识其特点，以及不同作物如何形成各自的生态。水稻、玉米和小麦——费尔南·布罗代尔眼中的“文明植物”[6]——已催生出了几种不同的有关权力、劳动、烹饪和运用自然的农业形态。

欧洲人选种小麦，此作物非常耗费土地肥力，耕地必须定期休养，人们可以借此饲养牲畜。现在，谁能想象若没有牛、马、犁、手推车，欧洲的历史会是什么样子呢？因此，欧洲一直把农牧业结合起来。这也决定了欧洲人的“肉食性”。水稻种植是由某种园艺形式发展而来的，需要精耕细作，田间地头没有多余空间饲养动物，这解释了为什么在水稻种植区，肉类在人们的饮食中所占比例很小。种植玉米无疑是人们获得“日常面包”最简单、最方便的途径。玉米生长非常迅速，不需要太多照料。选种玉米的好处是人们可以有空闲时间，这就使强迫农民从事其他劳动成为可能，也使美洲印第安人建立自己文明的丰碑成为可能。社会只间歇地雇用耕种土地的劳动力。[7]

虽然资本主义经常与煤炭和石油推动的革命联系在一起，但粮食体系的变革是首先到来的。如果没有多余的粮食，人们就不可能从事农业之外的工作。教科书里的文明——苏美尔人和埃及人、中国人和罗马人、玛雅人和印加人的文明——都是从较少的人能生产更多食物的巨大变革中发展起来的。从新石器时代革命到16世纪初，人类历史上食物关系的多样性是惊人的。[8]但它们都具有两个共同特点：以土地而非劳动力为前提的农业生产力体系，以及通过政治而非市场来控制剩余粮食的制度。

资本主义农业改变了地球。一些土地成为特定作物和作物体系的专属领域：旨在引入现金流的单种栽培。其他区域保留下来供那些已经被迫离开农耕劳动的人居住，他们已经更紧密地生活在劳动者可能获得更高报酬的地方——城市。城市与农村一直亲如兄妹，永恒的必需品将其联结在一起：为城市贫民提供廉价食物。从西塞罗到古代中国的历朝皇帝，所有人都明白确保城市居民得到充足食物以防止其滋生不满情绪的重要性。[9]现金农业生态的不同之处在于一味地关注利润及为城市工人及其家庭提供廉价食物，这不仅仅是为了防范骚乱，也是为了保持劳动力廉价。正如我们在关于“劳动”和“关怀”的章节中所看到的，维持工资制度费用庞大，随着时间的推移变得更加如此。廉价食物能使这个昂贵的制度产生财富。将这些财富投入电力和生产的基础设施建设中，创造了新的城乡生态。像雇主和工人之间的关系一样，这是非常不平等的。城乡生态被纳入资本主义体系中，其模式是通过大西洋边疆、欧洲主要城市、印度洋和亚洲的香料路线形成的。

食物如何塑造了工业世界

到1700年，大部分英国农民要么沦为佃农，受人雇用从事农耕劳动，要么被迫离开土地进入城市——此时英国61%的劳动人口已经不再从事农耕。城市居民比例较16世纪增加一倍。[10]过去2个世纪的圈地运动使农业成为非常具有竞争力的生意，同时一系列创新，如新式犁、作物轮作和排水系统使农作物产量大大增加。虽然历史学家对于农业革命的具体时间存在争议，但很明显，到1700年，英国正在做每一个资本主义大国必须做的两件大事：增加农业剩余，驱逐农场劳动力。[11]英国能做到这一点，因为在新的意义上它的劳动生产率迅速提高，从1500年到1700年上升了近46%。[12]

18世纪初，英国的农业发展十分强劲，以至于它能够把一个迅速无产阶级化的欧洲从饥饿中拯救出来。虽然我们倾向于认为是工业化产生了新工人，但更切实地说，是被迫离开土地的农民有利于工业化新形式的发展。1550年以后的2个世纪以来，在欧洲依靠工资生活的人口可能增加了6000万人，这些工人需要廉价食物维持生计。每个全球工厂都需要一个全球农场。16世纪、17世纪的全球农场是波兰，它出产的小麦和黑麦解决了荷兰渔民、锯木厂工人和泥炭切割机操作工的温饱问题。然而到1700年，由于土壤大面积枯竭，波兰的粮食出口急剧下降。随后的半个世纪里，英国成为西欧的粮仓，粮食出口增长了5倍。粮食价格在西欧城市保持稳定——但是对于渴盼经济发展的资本主义而言，稳定是不够的。[13] 于是英格兰以及整个北欧的食品价格下跌了。[14]

英格兰的成功很短暂。像之前的波兰一样，岛国英国的农业革命也停滞不前。农民耕种者逐步“兑现”他们的生物储备。[15] 到1750年，英国的农业达到了一个临界点，谷物出口停顿，生产力增长放缓，食品价格上涨。[16] 即使来自爱尔兰的进口量大幅上涨，英国食品价格涨速仍是工业价格指数涨速的2倍，比纺织品价格的涨幅高了66%，比1770年至1795年的煤炭价格上涨速度快了48%。[17]

如果这仅仅是英国现象，那可能无关紧要，但生产力放缓、不平等现象扩大，整个大西洋世界粮食价格上涨。1750年后的半个世纪，整个西欧的劳动生产率都下降或停滞不前。[18] 在法国，1789年大革命前，面包价格的涨速比工资涨速快了3倍。[19] 在墨西哥中部，玉米产量下降，价格比18世纪末上涨了50%。[20] 1730年至1810年，欧洲各地的“主要面包谷物”(尤其是小麦和黑麦)的价格飙升：英国的涨幅为250%，意大利北部、德意志、丹麦、瑞典、奥地利和荷兰的涨幅超过200%。法国的食品价格通胀率较低，在这一时期为163%，但这不足以防止大规模的社会动荡。[21]

到1760年，英国农村开始出现了根本性变化——这既是农业资本主义的胜利，也是其没落的开始。为了应对英国因粮食短缺而引发的叛乱与粮食价格上涨，[22] 议会圈地的规模和节奏大幅跃升，试图再次通过农业繁荣来提振生产力。与前30年相比，英国在1760年到1790年间通过的“圈地法案”数量是过去30年的6倍。[23] 在1750年以后的1个世纪里，英国耕地的1/4——曾经是旷野和公共用地——被私有化了。[24]

这种生态是以廉价的自然(土地)和廉价的劳动力为前提的，但同时也需要廉价的食物。廉价食物在某种意义上“便宜”是因为：在商品系统中，用更少的平均劳动时间生产更多的卡路里。当然，一些非资本主义的种植方式也能以适当的投入获得非常高的粮食产量。在19世纪初的巴西，火耕农业——耕作者可以烧伐森林造田种植，然后经过几次收获之后重复循环——每工作1小时，可以产生7000~17600卡路里的木薯、玉米和红薯。相比之下，这个数字比同时期英格兰的劳动生产率高出3~5倍。[25]但是，直到资本主义兴起之前，供养庞大集中人口的农业劳动生产率一直没有上升。

廉价食物模式是这样运行的。资本主义农业革命提供了廉价食物，降低了最低工资门槛：工人的工资可以减少而不至于挨饿。而随着无产阶级人数的持续增加，雇主需要支付给工人的工资也大幅减少，剥削进一步加重。只要不断增加的剩余粮食为"廉价"劳动者提供保障，[26]资本积累就能持续增长。这是个简单的运行模式。这种廉价的食品制度并不是刻意设计出来的，但只有理解其如何在资本主义生态中出现，才有可能以不同的方式思考和看待这个世界——包括提供廉价食物的必要性如何有助于创造现代世界。

我们引用过布罗代尔有关稻米、玉米和小麦的观点，但工业革命期间英国卡路里摄入量的一个核心部分是新世界的蔗糖。正如彭慕兰(Kenneth Pomeranz)所述："如果用当地种植的食物来替代英国在1801年消费的加勒比蔗糖，我们需要85万~120万英亩的最佳小麦耕地；到1831年——在蔗糖价格大幅下跌和随后人均蔗糖消费增长5倍之前——这一数字是120万~160万英亩。"[27] 资本主义历史是一部全球史，是围绕解决饥饿问题展开的。

在整个17世纪至18世纪，欧洲各国政府竭力操控城市的粮食价格，但并不总能成功。当时由于面包短缺引发的骚乱主要由妇女领导，她们对市场的关心和依赖使自己处于廉价食品战的前线。[28] 其中最著名的是法国大革命。1789年，随着食品价格危机的恶化，巴黎妇女在凡尔赛宫游行示威，要求逮捕“面包师、面包师妻子、面包师儿子（国王及其家人）”。[29] 2年后，甘蔗殖民地——海地——起来反抗法国殖民者，渴望得到宗主国呼喊的“自由、平等与博爱”。在俄罗斯到秘鲁一直延伸到北美的全球性农民抗争时代，海地和法国的起义并不是孤立的。[30]

为了养活工人，各个帝国都需要食物。俄罗斯革命家弗拉基米尔·列宁援引了塞西尔·罗兹（Cecil Rhodes，这位殖民者尊贵的雕像刚刚从开普敦大学的台阶上被拆除）在1895年所说的话：“昨天我在伦敦东区参加了失业者集会。我听到了疯狂的演讲，这些演讲只是‘面包’‘面包’‘面包’的呼喊，在回家的路上我思考这个场景，我比以往任何时候都更加深信帝国主义的重要性……正如我一直所说，帝国是一个面包与黄油的问题。如果要避免内战，就必须成为帝国主义者。”[31] 20年后，列宁在1917年发动了革命，其口号就是“和平、土地和面包”，革命基础是多年以来由妇女引导的面包暴乱，这与130年前法国大革命如出一辙。[32]

帝国为欧洲的产业工人提供了廉价食品，虽然这对地球上其他地区的人来说代价巨大。正如迈克·戴维斯（Mike Dawis）所主张的那样，欧洲帝国建立了造就第三世界的商品贸易网络。[33]旧英国殖民地的一个例子表明整个欧洲帝国普遍蔑视农民。1845—1848年的马铃薯饥荒期间，即使在失业、买不起食物的情况下，贫穷与市场因素仍迫使爱尔兰人为生计而劳作。在饥荒的最艰难阶段，爱尔兰每年仍出口大约30万吨谷物来养活宗主国。如果说有什么不同的话，随之而来将摧毁大部分爱尔兰人的那场饥荒，对宗主国来说却是一份意外之喜。负责饥荒救济资金的英国财政部助理大臣查尔斯·特里维廉（Charles Trerelyan）在这件事上非常清楚:“真正的罪恶不是饥荒造成的肉体灾难,而是人(爱尔兰人)的道德邪恶。”[34]当爱尔兰人不断饿死时,查尔斯·特里维廉却因此获得了骑士勋章,并且写到,作为遏制爱尔兰人口增长不受限制的一种方式,“饥荒是最直接有效、最仁慈的方式”。[35]

英国的其他殖民地也遭遇了类似事情。在武力威逼下,印度供养穷人的古老习俗被自由市场关系所取代,以便可以出口粮食。[36]正如我们在第2章对货币的讨论中所看到的那样,军力与财力从来都密不可分,有时后者可以为前者买单。在殖民统治下,印度的任务是通过征税,资助英国的全球帝国主义:“印度的劳苦大众为印军的远征买单,比如攻占北京(1860年)、入侵埃塞俄比亚(1868年)、占领埃及(1882年)和征服苏丹(1896—1898年)。”[37]1871年以后,德国、美国以及日本和欧洲其他国家迅速加入了英国的金本位体制,殖民剥削进一步加剧。1873—1894年,印度银基卢比的价值贬值了1/3以上,而对英国的付款则以黄金计价。[38]

随着廉价食物从亚洲流向欧洲,市场机制和暴力开始联手合作。1839年11月英国军舰封锁了中国的珠江,这场战争的目的就是白银和鸦片,而鸦片来源于印度的种植园。在18世纪末,东印度公司已经垄断了鸦片的生产和贸易。大量鸦片流入中国——虽然非法,但利润极其可观。当时的中国人不需要与英国做生意,但是英国需要中国的茶叶。英国需要用白银来购买茶叶。因为鸦片贸易,埃里克·沃尔夫(Eric Wolf)讽刺说:“欧洲人终于有东西卖给中国人了。”[39] 1839年,其鸦片贸易受到威胁,因为清朝“拒绝为英国走私者提供食品和水,拒绝与其贸易,直到他们承诺停止将鸦片运往中国为止”。[40]随后几年便爆发了第一次鸦片战争。关键是控制中国的市场。中国在1842年以后逐渐向欧洲霸权开放商业市场，英国最大的意外收获之一就是可以得到茶树。到1851年，罗伯特·福钧(Robert Fortane)从中国运出了大约2000棵茶树和1.7万粒茶树种子——经由当时英国控制的香港，运至印度加尔各答的种植园。[41] 到19世纪末，英国人喝上了产自印度和锡兰(斯里兰卡)的茶叶，而不是产自中国的茶叶。[42]

英国将植物帝国主义变成了一门艺术。它将橡胶种子从巴西偷运出来，在伦敦的皇家植物园进行培育，并在南亚和东南亚进行种植试验。它还将剑麻从墨西哥南部移种到亚洲。在殖民扩张过程中，为了克服疟疾、瘴气等热带疾病，英国将金鸡纳树——奎宁的来源——在远离巴西本土之处广泛种植。[43]

与之前出现的许多创新一样，一项意义更重大的农业创新出现了——化肥——它是战争和地缘政治的产物。直到20世纪初，人们开采的大多是无机肥料。硝酸钾是农业和火药应用中最重要的矿物质之一。正如历史学家艾维娜·奥佛(Avner Offer)认为的那样，在欧洲，处理粮食供应所造成的紧张局势，对第一次世界大战起到了推波助澜的作用。[44] 协约国监督并封锁智利硝石矿，以此阻断德国和奥匈帝国的食品供应，军事行动激发了德国化学家弗里茨·哈伯(Fritiz Haber)和卡尔·博施(Carl Bosch)率先开展的大气氮固定技术的商业开发。[45] 他们的行为改变了地球：正如我们在第6章讨论的那样，现在地球上一氧化氮、氨的含量是1800年以前的5倍，[46] 制造氨所需的能量直接来自廉价的矿物燃料。现在生产1卡路里食品需要将近10卡路里的油，这就是原因之一。[47]

20世纪发生的其他变革使这些生物技术干预看起来微不足道。共产主义革命思想的传播使罗德斯及其资产阶级同胞深感恐惧。俄国革命使每个资本家的噩梦变成现实，于是政府开始想方设法管理与协调和工人之间的紧张关系，而不是冒险倒在工人的锤子与镰刀之下。墨西哥，这个前西班牙殖民地，就成为工人、资本家和国家之间妥协的场所。

1910年的墨西哥革命开始于中产阶级，但很快就扩大开来，工人和农民也提出了激进的要求。1934年，在满足这些要求的基础上，拉萨罗·卡德纳斯(Lázaro Cádenas)当选墨西哥总统。他进行了广泛的土地改革，重新分配了47%的耕地，[48]并开始将石油工业资产国有化，包括标准石油公司的炼油厂。对廉价能源的控制是墨西哥合作社运动的核心部分。

对于建立了标准石油公司的洛克菲勒家族来说，这是不折不扣的暴行，也进一步证明人口不断增长和粮食供应有限所带来的严峻威胁。美洲的统治阶级普遍担心，当食物供应不足以解决城市人口饥饿问题时，马尔萨斯关于社会崩溃的预言即将实现。

慈善家以拯救社会为己任。洛克菲勒基金会于1951年，即该组织在墨西哥开始运作近10年之后，发布了一份战略文件，即《世界粮食问题，农业与洛克菲勒基金会》，明确了暴动、人口和粮食的主题：“是否还会有数百万人加入共产党，将在一定程度上取决于共产主义国家或自由国家是否履行其承诺。当饥饿的人受到这些承诺的诱惑时，只有实际行动才能将他们争取过来。共产主义国家对饥饿的人做出了有吸引力的承诺。民主国家不仅要做出同样承诺，而且要做得更多。”[49]

该基金会于1943年在墨西哥开始运作，招募了一位杰出的年轻植物育种专家诺曼·博洛格(Norman Borlaug),开发作物以防止城市饥荒。困扰政策制定者的是城市而不是农村的饥饿问题,明白这一点很重要。对世界上饥饿现象集中的农村地区的人来说,粮食和就业几乎无人关心。只有当穷人来到城市并因饥饿而愤怒时,饥饿才开始在政治上起作用,从而可能演变为起义并对廉价自然的统治发起挑战。在资产阶级对这种统治的关注及对工人稳定的需求中,我们找到了被称为"绿色革命"的起源。

"绿色革命"一词值得细细品味。该词由美国国际开发署署长威廉·高德(William Gaud)于1968年创造,他大谈了一系列干预措施:"当今,农业领域的发展中包含一场新的革命。这不是苏联那样的红色革命,也不是伊朗国王所讲的白色革命,我称其为绿色革命。"[50] 换句话说,"绿色革命"利用农业、新作物、化肥、农药、灌溉、土地所有制政策、营销手段和国家政权,来保持廉价的劳动力、关怀、原材料和能源(认识到伊朗对国际原油市场的影响)。

墨西哥的"绿色革命"计划是廉价食品制度的体现。一般的说法是,诺曼·博洛格"意识到墨西哥传统的小麦产地不能生产足够的小麦让该国实现自给自足"。[51] 于是他着手培育产量能保障廉价小麦在市区自由流通的品种。因为这项工作,他在1970年被授予诺贝尔和平奖,这就是"绿色革命"历史的诱惑力。政府和慈善家试图在其他地方复制这种成功,例如通过"非洲绿色革命联盟"在非洲进行推广。但是在墨西哥,"绿色革命"的官方记载并不完全准确。对大多数墨西哥农民来说,玉米比小麦重要得多。在1950年,玉米种植面积(4781759公顷)比小麦种植面积(555756公顷)多出近8倍。[52] 小麦往往由商业农场主种植,其模式和资源比玉米产量更能与美国同行相媲美。同样，当“绿色革命”被引入印度时，投资尖端的作物是玉米，而玉米占全国农业产量不到3%，根本不是主粮。[53]

种子技术不是某些作物跨越大陆并开始在全球范围内种植所需的唯一途径。“绿色革命”要求农业推广服务和政府农业工作者改种新作物，还要求国家通过农产品销售委员会补贴农民，以便扩大新作物的种植。廉价食品计划也要求压制政治异见。毕竟，“绿色革命”是一揽子改革措施，旨在防止农民与无地工人实现政治革命目标：土地与农业全面改革。这就是“绿色革命”在实施过程中往往是一个专制的计划的原因。[54]

“绿色革命”有可能是成功的。在全球范围内，粮食产量增长了1倍以上，单位面积产量也在1950—1980年增长了1倍以上。在“绿色革命”的中心地带，粮食产量增长得更快。1960—1980年，印度的小麦产量上涨了87%，接近美国玉米种植在1935年以后的20年里所达到的水平。[55]在世界市场上，这种粮食的交易份额不断上升，全球粮食出口在20世纪60年代和70年代增长了179%。[56]通过国家补贴和暴力手段使粮食价格低廉的政治承诺实现了。1952—1972年，食品价格每年下降3%，3倍于整个20世纪商品价格的下跌速度。[57]从1976年到2002年，水稻、玉米和小麦的实际价格进一步下降。[58]也许绿色革命最大的成功是有效地平息了农民对土地改革及城市居民对政治改革的要求。

然而，“绿色革命”长期的巨大产量成就并没有减少饥饿。如果从分析中去除中国的话（中国的农业革命毫无疑问更具重要意义，且效率不低），在“绿色革命”的过程中，饥饿人口增长了11%以上。[59]尽管记者高兴地庆祝“印度小麦产量从1965年到1972年翻了一番”，[60]并在整个20世纪70年代稳步上升，但同时期印度人实际食用的小麦量几乎未曾增加。

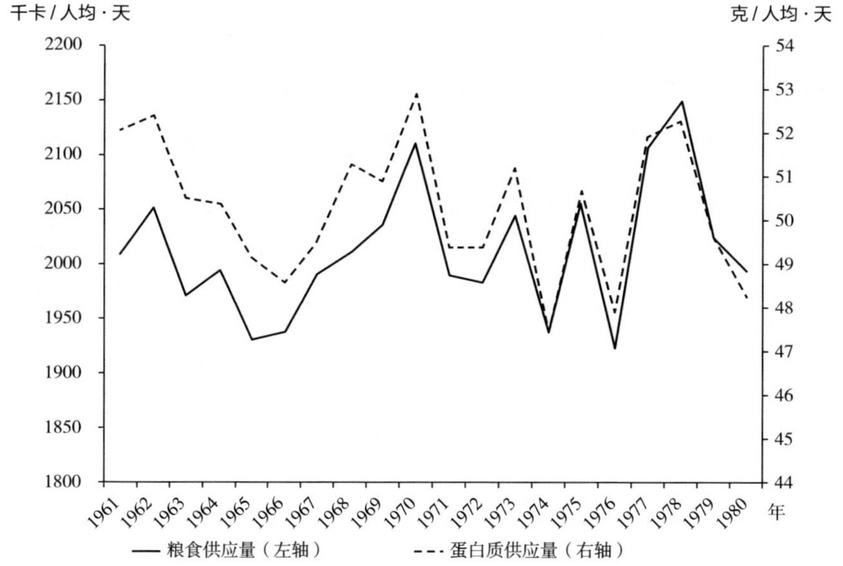

图5-1 印度的粮食和蛋白质供应
资料来源：FAOSTAT, www.fao.org/faostat/en/

从1995年到2005年，印度的杀虫剂消耗量增长了17倍，大部分消耗在旁遮普邦。[61]"绿色革命"开展最集中的地区最近已经成为癌症高发区，甚至有些地区正式宣布成了"癌症村"。[62]但是，"绿色革命"并非针对印度的村民——而是那些处在城市现金交易关系中的工人，他们可能会滋生背叛资本主义的想法。通过贸易协定、补贴与技术支持，政府管制食品价格，特别是主食和加工食品的价格。事实上，从全球范围来看，1990—2015年，加工食品的价格涨幅远远低于新鲜水果和蔬菜的价格涨幅。[63]为了得到他们每天推荐的五种新鲜水果和蔬菜，低收入国家的居民需要花费至少一半的家庭收入来购买这五种健康食品，农村地区的家庭花费比例更高：低收入国家70%的农村居民买不起3份最便宜的蔬菜或2份水果。[64]

自1990年以来，经济合作与发展组织成员的工人工资水平一直没有上涨。正如我们在第3章中提到的那样，这是反劳动政策直接导致的结果，学者恰当地称其为“工资压迫”。由于新自由主义时代的工资一直较低，因此，把廉价食物看作是便宜的，不仅仅与工资成本相关，而且直接以价格来衡量。当我们这样认为的时候，墨西哥鸡肉价格大幅下跌也就不足为奇了——这是《北美自由贸易协定》、技术进步和美国大豆产业直接导致的后果。《北美自由贸易协定》最初排除了农产品，但在墨西哥政府坚持下，农产品被纳入该协定中，墨西哥政府想通过把农民从农业转移到城市的工业循环中来“实现”农民的现代化。[65]这个策略奏效了：墨西哥的农业经济崩溃了，正如2003年墨西哥“农村不再接受”抗议活动所表明的那样。[66]其结果是出现人口巡回迁徙和劳动力流向美国农业。不过至少鸡肉是便宜的。

自20世纪70年代以来，肉类一直是全球饮食转型的核心。当我们思考“绿色革命”的未来时，我们需要考察地球如何成为一个越来越青睐肉类的星球，以及肉类可以廉价生产的逻辑如何与“营养主义”的兴起相结合。这是一种解决饥饿的方法，“不是通过直接解决贫困问题，而是把食物特有的分子成分优先分配给那些缺乏这些成分的人”。[67]廉价的食物前景黯淡。

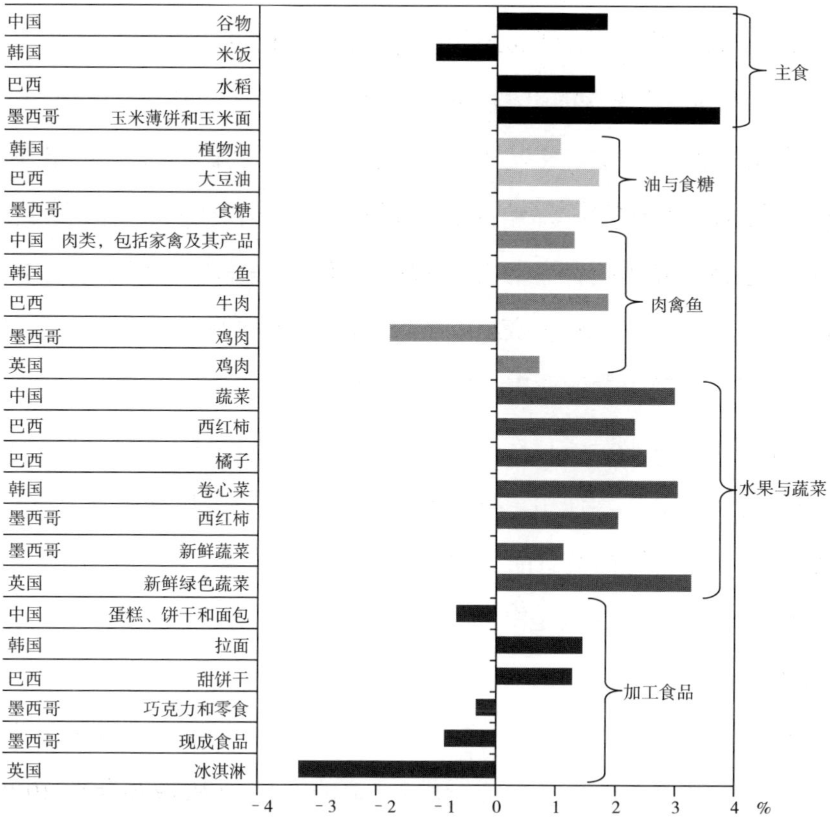

图 5-2 墨西哥、韩国、巴西、中国和英国的实际年度食品价格变化百分比（1990—2012 年）
资料来源：Wiggins 和 Keats，2015,10

从缺肉的素食到需要添加维生素的食物

加拿大食品学者托尼·威斯(Tony Weis)指出了近期肉类消费量的变化："1961年，全球30多亿人，每人每年肉类和鸡蛋的平均食用量为23公斤和5公斤。到2011年，全球70亿人，肉类和鸡蛋的平均食用量达到了43公斤和10公斤……从1961年到2010年的半个世纪，全球牲畜屠宰量从80亿头增加到640亿头，照此增长率，到2050年将再次翻番至1200亿头。”[68]

有些人对食物来源的想法很简单，他们认为肉是一种原料，无须加工即可获得。然而，肉类加工其实也应用了原本用于制糖业的提纯、分类、细化等技术。由于绿色革命的蔓延，饲料和油籽作物在发展中国家种植成为可能，威斯认为两者构成“工业粮—油籽作物—畜牧业复合体”的一部分。[69] 粮食和肉类的统一商品市场的形成，如芝加哥交易所，不仅降低了食品的价格，还为金融业工具提供了有力的保障。这些工具反过来要求他们改种的作物要一致、均质和工业化。[70] 这一行业要求兽医在强化育种、激素补充、抗生素使用、集中动物饲养操作方面发明新的做法——这已经在全球范围内对食品、土壤、水和空气的质量产生了巨大影响。换句话说，超市里的生肉是由资本主义生态通过复杂而精密的手段加工制成的。

其中的一个结果就是，现在的肉类生产系统可以用4千克饲料，在5周内将一个待孵化的鸡蛋变成一只2千克的成鸡。[71] 从1970年至2000年，火鸡的生产时间几乎缩减了一半，现在的火鸡，从开始孵化到变成16千克的成鸡只需20周的时间。[72] 同样，其他动物从育种、集中饲养到进入全球供应链，所需的时间也在缩短。中国消费了全世界一半的猪肉，然而猪饲料进口来源却是一个全球性的问题。结果是畜牧业产生的二氧化碳排放量占人为总排放量的14.5%；[73] 生产约0.5千克的牛肉需要6810升的水和3千克饲料。[74]

当然，工业食品系统只在乎利润，不考虑肉类产品生产对环境的影响。这就是肉类产品价格低廉的原因之一。此外，廉价的劳动力也是一个原因。把“工厂化养殖”看作一个环境问题，将“工厂化生产”视为一个社会问题是不对的。鉴于廉价劳动力在美国新自由主义肉类加工业的重要地位，我们也可以认为拉美裔移民在美国肉类加工业中起到核心作用。获得这种廉价劳动力是通过两个层面的阶级重组实现的：一是美国在20世纪80年代新兴了一批肉类加工业公司(比如荷美尔公司)，它们发起了一场浩大的运动，以摧毁工会权力，并用工资低的移民工人代替工会工人。[75]二是1994年后，《北美自由贸易协定》严重破坏了墨西哥的农业秩序，资本主义生态造成了大批失业工人，这些廉价的移民劳工跨越边界来美国寻找工作。[76]

尽管肉类行业得到了相当多的环境和政府补贴，但许多人还是消费不起。对他们来说，私营部门和国际发展机构提供了一个替代方案：改善工业化生产的植物性食品的营养。这简直是一个讽刺：工业化和“绿色革命”从食物系统中的许多主食中培育出营养。[77]但是为了最大限度地提高产量、延长保质期和满足消费者对商品的需求，这些食品里的营养就被牺牲掉了。重新引入这些营养成分是提高精加工食品利润的一种方法。从某种意义上来说，廉价肉类生产逻辑在这里是兜了个圈子又回到了原点，在食品中加入添加剂不是为了生产有利可图的肉产品，而是为了维持廉价的人工劳动，廉价的人工劳动反过来又会产生更多的利润。

在发展中国家，你可以清楚地看到这一逻辑所起的作用。八国集团2013年峰会主题为“营养促发展：用商业与科学战胜饥饿”，这明确指出了八国成员及其伙伴的思路方向。峰会发起了反饥饿倡议，即“粮食安全与营养新联盟”，倡议将“绿色革命”工作引入非洲。在世界经济论坛上，由英国《金融时报》称为“宇宙主宰”[78]的一群商业利益集团建议成立“新联盟”，其目的就是在发展农业和食品工业市场时，解决城市动荡的问题。

这有助于解释为什么新联盟最大的捐助者是挪威化肥巨头雅苒(Yara)。雅苒热衷于解决几十年来以出口为导向的非洲土地资产剥离问题。由于矿产资源在非洲殖民时期和独立之后曾被大量运出，现在非洲的氮、钾、磷、硒和其他微量元素严重稀缺，非洲独立后，即20世纪80年代和90年代，这些矿产被用于偿还后殖民国家的世界银行结构调整贷款。

不仅非洲的土壤需要改良，非洲人也需要改良。八国集团计划要求给予外国公司更多进入非洲市场和土地的途径，要求非洲人补充深加工食品以控制一些与贫困和食物短缺有关的疾病。这是该时代的典型例子——穷人补充维生素，农业政策使得农村贫困人口在耕作中更难以生存，但可以用微量营养素治疗他们的贫血症，农业政策将剥削与延长和管理剥削的策略相结合。[79]

在这里，我们谈谈廉价食物制度的一个重要问题：这些制度既不能保证人们吃饱，也不能保证他们吃好——全球持续的与饮食有关的疾病和营养不良可以证明这一点。事实上，正如法赫德·阿拉奇(Farshad Araghi)所嘲讽的那样，资本主义廉价食物制度就是导致饥饿的制度。[80]

同时，资本主义的农业边疆继续压迫着世界农民，而在发展中国家大部分地区的农民为世界提供了75%的粮食。[81]但是，现在的情况不容乐观，资本主义农业在亚马孙地区开疆拓土，并且造成世界各地的农民流离失所。然而，21世纪出现了新的波澜，这场波澜将危及资本主义5个世纪以来的粮食体制：气候变化。边疆的意象很容易让人只想到土地。但是，过去2个世纪出现了一种截然不同的边疆运动：大气层被封闭为温室气体的排放场。

在21世纪，农业和林业（包括毁林造田形成的经济作物耕种区）产生的温室气体分别占全球温室气体排放量的1/4和1/3。[82]因其生产方式为能源密集型，所以自20世纪40年代以来，其温室气体的排放量在持续增加。[83]这是个大问题，因为没有更多的大气空间供圈占，也没有有效的办法来把气候变化成本从资本主义账本中扣除。在摇摇欲坠的全球农场中，最明显的就是农场生产力增长一直在放缓，就像18世纪中叶英国农民所经历的那样。在美国的粮食农业中，自20世纪80年代以来，劳动生产率的增长速度已经放缓了1/3，印度的小麦产量增长率在20世纪80年代到90年代下降了80%。[84]农业生物技术对于新农业革命的承诺迄今为止还只是一场空，甚至更糟——未能实现新的产量繁荣，创造出可抵抗草甘膦和其他毒素的超级杂草与超级细菌，所维持的廉价食品模式却正在加速全球气候系统持续改变。[85]

我们通过改良土壤、改善工作和生活来提高劳动生产率，但这样做的同时，也导致了气候的变化，从而造成了严重的后果。越来越多的研究表明，气候变化会导致农业减产。气候变化所表明的绝不是边疆在关闭，它类似于廉价自然模式的一种内爆，所带来的不仅是轻松和廉价自然的终结，而是一场急剧的逆转。越来越多的研究表明，气候变化对农业生产力是一种抑制。气候变化是指差别极大的自然现象，包括干旱、极端降雨、热浪和寒潮。由于人为造成的气候变化，布罗代尔的“文明植物”，再加上大豆和新自由主义作物，都已经历了农学家所称的“产量抑制”。抑制了多少产量仍是一个有争论的问题，但是从20世纪80年代以来，许多分析结果表明，产量下降了3%——从1981年到2002年每年减少50亿美元。[86]

这并不是危言耸听，气候变化必然会导致农业产量下降。全球气温每年平均升高1℃，就会严重影响全球的农业产量。在21世纪，农业产量将下降5%~50%，甚至50%以上，具体下降比例取决于时间、作物种类、地理位置以及空气中以今天惊人速度排入二氧化碳的程度。[87]到2050年，气候变化在全球造成的损失中将有2/3来自农业。[88]这意味着，不仅气候，而且资本主义农业模式也正处于变化之中，笔者在绪论中已经明确提到了这种严峻而不可逆的变化。与全球工厂和全球家庭紧密相连的是全球农场。随着气候变化，这个粮食体系将在未来的一个世纪中断，数亿人将面临饥荒的威胁。

由于气候变化，廉价食品的终结对资本主义生态将产生巨大威胁，因为之前正是这种廉价食物使廉价工人得以生存。然而，食物并非维持廉价关怀的唯一要求。从历史上看，在支付食物成本之后，16世纪以后欧洲工人面临的最重要的成本就是能源。事实上，廉价食物正是通过廉价的能源才会终结。所以，我们现在就来讨论廉价的能源。

6

廉价的能源

题 记

这里的港口，水陆条件优越，还有充足的燃料，因此，对于建设城镇或要塞来说，这是一个很好的选址。

——克里斯托弗·哥伦布，1492年11月27日，星期二

在哥伦布到达新大陆之前，他所从事的制糖业烧毁了马德拉群岛。马德拉群岛的树木（马德拉在葡萄牙语中意为“树木”）从造船材料转变为燃料，燃料燃烧后又变成灰烬。树木成为能源，不是因为它本身固有的属性而是通过特定的人为因素促成的。就像铅笔中的石墨也可以成为建造壁炉的材料，用作肥料的泥炭也可以作为壁炉的燃料，用作土壤改良剂的牛粪也可以作为生火做饭的燃料一样，树木的用途也被其周围的各种关系所转变。资本主义的生态结构塑造了人与树木的关系。

自从干燥的陆地上有东西可以燃烧以来，火就成为地球上的一部分。[1]在人类出现之前，火有它自己的变化节奏，几个季节以来累积的枯枝落叶在特定的气候条件下就会产生火。然而，人类却有意识地将很多东西用作生火的燃料。直立人通过生火做饭进化成了智人。[2]草是人类使用的第一种燃料，但牛粪则是更丰富的热源。希罗多德发现在塞西亚[3]地区，体形肥胖的动物的骨头也被当作燃料来使用。烧焦的猛犸象骨表明人类与

火的关系由来已久。英国对新西兰毛利人的殖民统治导致一半的森林消失。[4]然而，人类也认识到要有所节制。“节制”通常被翻译为停止，即停止当前的燃料消耗，但更准确地说，节制只是当前燃料消耗中一个必不可少的部分而已。在中国周朝(公元前1046—前256年)早期的森林管理探索中，周王就提出了要节制，设立“林衡”一职就是其重要体现。[5]天子节制能源的目的在于保护森林这一能源来源。[6]

资本主义的生态学有一个独特的焦烧法，它是化石记录的一部分。原住民通过火彻底重塑了新大陆的风景地貌。在北美东部，原住民与火共同创造了一种“马赛克油画”般美丽的森林、草原和牧场，以至欧洲人认为那就是原始自然的风貌。[7]从哥伦布到达新大陆至1650年这段时间里，疾病和殖民暴力使美洲原住民减少了95%。原住民数量的减少也就意味着燃烧和砍伐森林的人变少了，森林因此得以恢复，新大陆变成了地球上的一个碳汇。森林面积的扩大使地球温度降低，以至于人们认为当初大规模屠杀原住民对小冰期的形成起到了推波助澜的作用。[8] 到17世纪中叶，人们将欧亚大陆和美洲早期的一些极其寒冷的冬天记录下来。不巧的是，无论是对于亚洲的北京还是欧洲的巴黎，这个时期都充满了战乱和政治纷争。[9]正如绪论中提及的，将这一时期的种族灭绝和重新造林归为人为因素是不正确的。原住民的种族灭绝不是缘于人与人之间的冲突，而是征服者和资本家的杰作。更确切地说，是资本化的杰作。如果我们把资本主义与工业革命结合在一起，那么就能够注意到，早期资本主义的破坏力如此深远，4个世纪以前就改变了地球的气候。[10]

对于欧洲和其他地区的许多平民来说，森林和林地就如同食物一样必不可少。森林和林地的毁坏不仅导致了饥荒，也使人们无法获得木材，造成燃料和建筑材料的短缺。在封建时期的欧洲，11世纪和12世纪的人口和定居地的扩张导致冲突，冲突原因不仅仅是农田，还有森林，森林早已成为贵族和国王丰厚的收入来源。[11]当英格兰的约翰王在1215年被迫签署《大宪章》时，他也同时被迫签署了第二份重要文件，即《森林宪章》。《大宪章》规定了法律和政治方面的权利，《森林宪章》则是关于“经济生存权利”：确保农民拥有生活必需品，即人类生活所需的木制品。[12]《森林宪章》是英格兰平民获得燃料、食物和建筑材料的保证。

彼得·莱恩博(Peter Linebough)指出，“德国现代历史上第一次伟大的无产阶级反抗斗争(1525年的德国农民起义)，要求恢复传统的获取森林资源的权利”。[13]这些权利包括：“使用‘被风吹落的树枝，根部已倒的树木和树上额外附属的一些东西’，其中后者指的是‘蜜蜂在树上留下的蜂蜜等附属品’，但不得砍伐树木主干和树木本身等”。[14]木材可以用作燃料和建筑材料，人们对其的争夺已经有好几个世纪了。之所以提及这一点，是因为人们总是忘记资本主义的能源革命并不是以煤炭开始的，而是以木材和森林圈地的私有化开始的。

这并非是指欧洲与北美的能源利用历史独一无二，中国也有砍伐森林的历史。尽管中国的护林官对此起到了一定的缓解作用，但1000年前的大规模森林砍伐对中国的影响持续至今：中国的人均森林储量为10立方米，仅是世界平均水平的1/8。[15]但是中国的世界-生态观并不致力于征服全球。而欧洲则有这样的野心。

关注欧洲能源是因其与众不同的能源使用方式——利用廉价的自然，这也是资本主义生态学的本质。廉价能源是扩大——在某些情况下可以替代——廉价劳动和廉价关怀的方式。如果廉价食物是资本主义减少工资总额的主要手段，那么廉价能源则是提高劳动生产率的关键杠杆。以上两者可以形成逻辑顺序，即使实际历史可能更复杂。第一，必须把农民从公用土地上赶出去，然后这些失去土地的农民必须找到以某种方式挣得薪水的工作。第二，雇用这些工人的车间和工厂必须相互竞争。虽然资本家一直以来都让雇员超负荷地工作，但资本家之间的竞争最终还是取决于劳动生产率。我们通常认为劳动生产率，即平均每小时生产商品的数量，是由机器决定的。但资本家的机器能够使劳动生产率提高，本质上是因为资本家利用了人类之外的大自然，并且使之廉价，因为资本家对此的需求是无限的。因此，地面公共空间的圈占与地下世界的圈占齐头并进。在16世纪的英格兰，农民生活被彻底颠倒了，国家的巨大煤矿开采出数千吨的煤炭。此时，世界上又出现了一种新的廉价物：资本主义的全球工厂不仅需要全球农场、全球大家庭，也需要一个全球煤矿。

本章我们将探索能源如何在欧美的能源革命中成为资本主义廉价品，以及廉价能源对21世纪全球生态的意义。当能源从生活的一个组成部分转变成一种需要购买的商品时，它便成了“商品”。只有通过资本主义生态，化石能源才能成为生火和发动机油箱里的燃料。但是资本主义的能源系统要同时完成几项任务。它要使能源和投入更廉价：廉价的焦炭制造出价格低廉的钢材，廉价的泥炭制造出价格低廉的砖头。这降低了经营成本，提高了收益率。[16]廉价的能源还通过控制家庭预算中最大的一项（仅次于食物）来降低劳动力成本。圈地运动使大部分农民的生活更昂贵，因为他们不能再进入公共用地。在此之前，在世界的许多地方，妇女都是在这样的公共用地里收集生活必备资源的。同时，圈地运动还将工人拖入现金经济中，他们必须付钱购买建筑材料和燃料。[17] 控制能源成本是管理和维持廉价工作的另一种手段。能源一直是人类生活中不可或缺的一部分，但要表明它是资本主义生态系统中不可缺少的一部分，我们要从地底下都是能源储备的一个地方说起，此地能源储备如此巨大，以至于人们认为这个国家是从地球上挖出来的：荷兰。[18]

荷兰病

让我们引用彼得·沃瑟（Peter Voser）的言论来开始这段讲述。彼得·沃瑟在2012年是荷兰皇家壳牌石油公司的首席执行官。

以美国为例，据美国石油学会估计，能源行业直接或间接提供超过900万个就业岗位，占美国就业总量的5%以上。2009年，美国能源行业对美国经济总量贡献超过1万亿美元，占美国GDP的7.7%。

除了对经济有直接的贡献之外，能源与其他行业的联系也非常紧密，只不过这些影响并不是立竿见影的。比如，我们每消耗1卡路里的食物需要平均投入5卡路里的化石燃料，而对于像牛肉这样的高端食品来说，其所需平均投入则要高达80卡路里。能源工业也是淡水需求量最大的工业，占美国淡水使用总量的40%……

具有强大影响力的人士需要向公众阐明能源部门的作用，明确我们的工作给社会带来的好处，同时表明可以信任我们，共同跨界合作，迎接未来的挑战。作为回报，整个社会将授予其经营许可证，这种情况在今天并不多见。[19]

彼得·沃瑟的一项工作就是挫败像奥戈尼·肯·萨罗-维瓦（Ogoni Ken Saro-Wiwa）一样发起抗议活动的人，推动矿物燃料行业的发展。

肯·萨罗–维瓦于1995年被处死，荷兰皇家壳牌石油公司和尼日利亚政府草菅人命，因为他生前曾组织抗议反对他们。[20]正如荷兰皇家壳牌石油公司官方历史中所说的那样——其创立之初就是为了开发印度尼西亚的油田，“壳牌石油公司的崛起与自由主义原则下的殖民政策息息相关，也正是有了这项政策，在开发这些热带地区能源的过程中，亚洲地区才能更好地受益于西方资本和劳动力的自由竞争”。[21] 70多年来，马德拉群岛的繁荣、森林砍伐和后来的萧条表明，资本主义对燃料的贪得无厌正是其生态观的一部分。在长期的廉价能源历史中，荷兰皇家壳牌石油公司只是最新的一个参与者。

荷兰皇家壳牌石油公司建立前的几个世纪——15世纪，荷兰经历了一次燃料危机，该公司是在国家财政收入和政府资金的扶持下建立起来的。荷兰的土地之下曾充满黑色黄金：不是石油而是泥炭，至今仍用于取暖，甚至用于发电。[22]泥炭是最年轻的矿物燃料，并且按单位重量计算，[23]其产生的能量是煤炭的2/3。泥炭是煤炭的前身，在一定的时间和压力的作用下，泥炭就会变成煤炭，然而在泥炭和煤炭形成之前，这里曾是湿地植被。在北欧和中欧地区，这些植被逐渐腐烂后就形成了一个直径超过1.6公里的枕头状的沼泽层，最后堆积成高位沼泽。到中世纪早期，这些地方的海拔高度达到了4.6米。然而，从11世纪开始，农民就开始挖掘泥炭用于取暖、食盐加工与销售。开采这种表层土壤使低地国家的地势变得更低，更容易受到气候变化的影响。事实上，13世纪末，欧洲北部又冷又潮湿的多变气候使整个欧洲洪水泛滥，特别是在陆地下沉的北海地区更是如此。潮湿的土壤也没有变成肥沃的土地。我们能得出这个结论，是因为随着农业生态危机的加深，粮食种植的税收在1400年骤然下跌。[24]

阿姆斯特丹、鹿特丹和乌特勒支这三个城市周围的风景地貌像“瑞士干酪一样，几十个充满水的枯竭的泥炭沼泽常常被狭窄而脆弱的土地隔开，这些土地上散落着曾经是农场的建筑物”。[25]气候变化和泥炭采掘共同造成了极其灾难性的情况：到1500年，荷兰面临被北海淹没的危险。[26]那时，沿海地区的粮食种植实际上已经消失了。[27]

这对荷兰经济产生了影响。在英国，工人是伴随着圈地运动而产生的。[28]而在荷兰，工人的产生则是缘于不断下沉的泥炭沼泽和日益壮大的乳业和养牛业对劳动力的需求。[29]作为一种廉价的能源，泥炭深得该国的青睐。17世纪，每年有150万吨泥炭被挖出并运往该国迅猛发展的城市；仅在1636年就有8000多艘运送泥炭的船只抵达阿姆斯特丹。[30]到1650年，荷兰人均能源消耗量比2000年印度的人均能源消耗量还要高。[31]

当荷兰农民的境遇越来越艰难时，荷兰的资本主义却蓬勃发展。事实上，资本主义之所以繁荣，是因为农民都变成了城市中的工人。[32]这个过程的核心是廉价食物。16世纪初，荷兰的谷物价格在西欧是最高的，而在16世纪末，荷兰却成为谷物价格最低的几个国家之一。[33]正如我们在前一章所提到的，这种谷物来自波兰的一个边疆地区，一个位于维斯瓦河(Vistula)沿岸的土壤肥沃的小镇，那里的地主随时可以“以劳役偿还国际债务”。[34]富有创新性的财政安排使安第斯白银迅速从阿姆斯特丹和安特卫普流入波兰，以换取小麦和黑麦。贸易赤字是日益发展的荷兰城市不断获得廉价食物的战略之一。就像当年的马德拉群岛一样，波兰的黑麦和小麦繁荣持续了50~75年。到了17世纪60年代，水土流失使产量几乎减半，同时资本主义生态已经在波兰贫瘠的土地上深入发展与扩张。[35]

荷兰人把他们的超级大国地位归功于农业和能源革命。这不仅包括大规模的泥炭开采，还包括风能的开拓性应用和技术发展，以满足广泛的工业需求。[36]从16世纪中叶开始，各种风车便开始点缀着荷兰的风景。到18世纪30年代，在阿姆斯特丹北部的赞河沿岸，分布着600个工业风车，每隔100米就有一个。[37]

但是到了1650年以后，荷兰资本主义的扩张道路面临三大制约：

第一个制约是该国没有值得一提的森林资源。之前都是用其充足的现金来解决这一问题。荷兰商人跨越北海，到波罗的海购买廉价木材和各种林业产品，这些产品对于造船业和纺织业的漂白工序都十分必要。

第二个制约比较棘手。泥炭资源虽然很丰富，但一直都不是特别廉价。在1480—1530年，安特卫普的泥炭成本涨幅比当地的价格指数涨幅高出50%。[38]尽管在1530年，泥炭的开采方式得到了创新——可以在水下开采，但泥炭价格仍然保持上升趋势，在1560年之后的1个世纪，荷兰北部的泥炭价格涨了3倍。[39]荷兰从附近的列日(现在位于比利时)进口煤炭，但其主要的进口来源还是英国，进口量不断增加，到17世纪50年代，每年大约进口6.5万吨。[40]这个数量相当之大，而且能源密集型行业的领先企业在可能的情况下都转而使用煤炭。制糖厂巨大的5层楼建筑与17世纪的现代工厂十分相似，其煤炭消耗量如此之大，以至于阿姆斯特丹市议会在1614年禁止制糖厂使用煤炭。城市制糖厂数量成倍增加(到了17世纪末，已经达到100家)，使更廉价或至少相对廉价的能源显得愈加重要。尽管早些时候政府禁止了燃煤，因为燃煤给阿姆斯特丹公民带来了“不可忍受的巨大痛苦”，但是在1674年，全年燃煤仍被合法化了，因为尽管泥炭比较清洁，但煤炭更便宜。[41]

然而这些措施无法解开荷兰的第三个制约：劳动力成本升高。荷兰的成功是以农业危机为前提条件的，这次农业危机为荷兰的资本主义发展提供了“原始无产者劳动力的弹性供给”[42]。到1580年，这种弹性供给便不复存在，同时直到18世纪中叶，荷兰的工资一直处在欧洲的最高水平。[43] 在1650年（可能更早些），荷兰资本家支出的工资在欧洲就已经排在首位，并且在1680年之后，工资仍在继续增加。在1590—1730年，荷兰的工资水平比英国至少高出1/3，经常会达到英国工资水平的2倍。[44] 但由于英国有更多殖民地，其工资水平很快就赶了上来。

在16世纪30–40年代，荷兰和英国都在进行能源转型——荷兰进行大规模的泥炭采掘，英国则进行大量的煤矿开采。[45]我们对工业革命的认知告诉我们，矿物燃料是在18世纪发现的，但实际上，同其他许多东西一样，矿物燃料是漫长的16世纪的产物。第一次大规模工业化发生在1450年后的1个世纪左右，正如我们所看到的，本次工业化不仅在甘蔗种植领域与银矿开采领域展开，而且在造船、酿造、玻璃制造、印刷、纺织和铁铜冶炼业等领域进行。[46]所有这些行业都以这样或那样的方式消耗了大量能源。

很长时间以来，人们一直在对煤炭进行适度的开采并将其作为燃料使用。罗马人认为，煤炭是“不列颠尼亚最好的石头”[47]。在1530年之后的1个世纪里，英国的煤炭产量大幅度上升，增长了8倍。[48]在16世纪60年代之后的1个世纪中，煤都纽卡斯尔的煤炭产量增长了近20倍，占英国煤炭总量的1/3。[49]虽然在17世纪，纽卡斯尔的煤炭产量十分惊人，但按人均水平计算，荷兰的热能生产与英国持平，机械能的人均占有量则超过英国的煤炭人均占有量。[50]然而，荷兰的能源并不是那么廉价。虽然英国的工资水平起点低于荷兰，但其成功进行了圈地运动与掠夺，实际工资上涨速度要快得多，在1625年之后的1个世纪，几乎翻了一番。[51]“然而，英国高工资的这一负担被廉价能源所抵消”[52]，使得英国的经济优势十分明显。

英国的高工资和充足的廉价能源推动了18世纪英国在技术领域的突破：使用煤的衍生物焦炭来炼铁；使用纽科门蒸汽机来为煤矿排水，以防止过高的水位导致透水事故频发。[53]自从焦炭开始进入人们的视野，在1709—1755年，焦炭炼铁技术经历了多次革新，这通常被认为是托马斯·达比(Thomas Darby)的功劳，他使炼铁工业有利可图。[54]这使英国从对木炭的依赖中解放出来。1750年焦炭炼铁量仅占英国炼铁总量的7%，然而到1784年，该比例则跃升到了90%。[55] 18世纪，炼铁成本直线下降了60%。廉价能源炼出低成本的铁，从而造出廉价工具与廉价机器。只要有充足的能源可以开采，劳动力和资本成本就能降低，原材料也会变得更廉价。[56]

我们并不认为这纯粹是英国技术方面的奇迹。有些解释会让我们以为，如果没有英国煤炭，就不会有真正的资本主义。事实上，煤炭的重要性经常被人们所夸大，例如机械纺织机和纺纱机等纺织业的重大创新在蒸汽机的推广之前就出现了，而到了1868年，英国92%的商船是靠风力驱动的，而不是靠煤炭。[57]我们非常清楚，如果没有创新，资本主义疆域也不值一提。可以想象，如果没有煤炭而需要进口和发现更多能源的话，英国会是怎样；也可以想象，到19世纪会更容易发生社会动乱与革命。虽然我们认为，在21世纪如果不能开拓廉价的自然资源，社会动乱在所难免，但了解能源、食物、关怀、货币和劳动如何相互交织至关重要，可以借此了解通过这些所产生的社会秩序。因此，我们提出了20世纪3个关键的故事，这都涉及能源方面的国际冲突。

20世纪的食物

提起廉价的能源，哈伯-博施(Haber-Bosch)制氨法是第一个，也可以说是最重要的例子。此法在莱茵兰-普法尔茨州巴斯夫公司的实验室里实现了产业化，并于1908年10月13日获得专利。弗里茨·哈伯(Fritz Haber)是卡尔斯鲁厄大学的一名研究员，他演示了一种通过高温高压的工业化学方式使氢气与大气中的氮气反应生成氨气的方法。巴斯夫工程师卡尔·博施(Carl Bosch)解决了超过100个大气压(每平方厘米103公斤)操作环境中的大量机械问题，以使该化学反应商业化。[58] 他们的研究背后有战略性的要求。海鸟粪是制取氨的重要原材料，曾被大量开采，后来阿塔卡马沙漠的秘鲁硝石(硝酸钠)逐渐取代海鸟粪成为制取氨的原材料。[59] 这种“白色黄金”对生产火药和提高土壤肥力至关重要，而英国人控制着它的贸易。[60] 哈伯-博施制氨法替代了硝石——这一发明至关重要，哈伯与博施分别因此于1918年和1931年获得诺贝尔奖。碰巧的是，阿尔弗雷德·诺贝尔已经因炸药发了财，此时他所发明的TNT炸药和葛里炸药已经获得专利，而哈伯和博施的发现为德国生产以上两种炸药提供了关键原料。他们的知识使火药生产免于到特定地点去开采能源，并仅通过能源和空气便可以实现武器的生产。在武装冲突中有超过1亿的死亡人数可能与大量使用哈伯-博施制氨法生产的氨气有关。[61]

但氨也是生活品。重建马克思新陈代谢理论的尤斯图斯·冯·李比希(Justus von Liebig)在1840年宣称农业的发展需要可消化的氮。[62]通常情况下，空气中大部分的惰性氮通过与雷电相互作用或附着在土壤中的微生物上而获得生物利用价值——这是植物生长的先决条件与增长剂。哈伯-博施制氨法能够使氮具有生物利用价值，但这需要更多的能源消耗。该方法的化学反应需要氢气，这就需要有廉价的燃料。目前用于化肥生产的氢主要来自天然气，虽然煤和轻油也可以使用。因此，在美国农业产业化进程中，肥料生产需要的能源投入极其巨大。[63]

通过将空气和化石燃料转化为肥料，哈伯-博施制氨法降低了食物、劳动力和关怀的成本。[64]这样一来，廉价的无机肥料为农场主带来了更高的产量，降低了农场工人的工资，并将一拨又一拨的商品粮和流离失所的农民送到了城市。[65]谷物产量大增，并成为喂养家畜的饲料，这些家畜又先后成为发达国家和全世界人们餐桌上的一道菜。第二次世界大战结束后，爆炸后弹药中的氨又重新回到土壤中。由此，欧美谷物产量飞速增长，其中2/3被用于饲养动物。正如托尼·韦斯所言，哈伯-博施制氨法使肉类成为全球饮食的一部分。[66] 肉类已成为现代饮食中的必要组成部分，消费市场对肉的需求不断增加，因此，需要大量的饲料作为支撑。为此，巴西的农民开垦土地，种植大豆为家畜提供饲料。这一过程中产生的温室气体已占全年总排放量的2%。[67]还有一个例子可以体现化肥与粮食的关系：在2007—2008年的粮食价格危机中，化肥价格的上涨导致4400万人陷入贫困。[68]综上所述，想要摧毁农民的农业生产和原住民的饮食方式，并以单一作物产业化种植取而代之，如果没有能源作为土壤改良剂，所有这些都是无法想象的。[69]或者，正如马克思所言："在一定时期内提高土壤肥力的任何进步，同时也是破坏土地持久肥力源泉的进步。一个国家越是以大工业作为自己发展的起点，这个破坏过程就越迅速。因此，资本主义生产发展了社会生产过程的技术和结合，只是由于它同时破坏了一切财富的源泉——土地和工人。”[70]

20世纪的煤炭与劳动

保持能源长期廉价需要国家持续干预。为了保持劳动者自由繁衍且劳动力廉价，国家的支持也是必不可少的。当国家无法做到这些时，就会出现形形色色的政治抵抗，如21世纪的“占领尼日利亚”和英国的燃料抗议运动。[71] 20世纪又一次对廉价燃料的需求让我们不禁将现代的反抗运动与1525年的“农民战争”联系起来。请记住，作为森林共同所有权的一部分，当时农民希望获得木材作为燃料和建筑材料。20世纪的反抗运动也与住房和能源有关。

工人需要遮风避雨的住所，当然这是要花钱的。19世纪末，科罗拉多州的房屋是用砖砌的而不是用木材建造的，因为木材太贵，而用当地的黏土和煤就可以制成砖。因此，能源在房屋建造中就变得至关重要。采矿技术的发展降低了煤炭价格，但劳动力成本占到煤炭开采总成本的60%~80%。降低成本有两种方法，一是给工人低工资，二是安置工人住在企业生活区。这就迫使工人要花钱购买住房，供孩子上学，参加廉价英语课以及使用娱乐设施，资本家其实是在用这种方法再把工人的钱收回去。工人几乎无法掌控自己的生活，他们觉得到这个企业生活区居住就像是再度被封建化，而没有感受到资本主义的仁慈。当洛克菲勒拥有的科罗拉多燃料与钢铁公司压榨矿工的工资时，这些工人便组织起来进行反抗。[72] 从1913年春天持续到1914年冬天的罢工是美国劳工史上标志性的事件。1914年4月20日，在科罗拉多州拉德洛的一个罢工者营地，大约20名工人遇害。随后工人的愤怒情绪，尤其是对矿主洛克菲勒的不满导致国会介入调查，在工会组织的进一步推动下，限制使用童工以及8小时工作制的政策得以实施。[73]

政治理论家蒂莫西·米切尔（Timothy Mitchell）指出，与碳相关的劳工政治对20世纪产生了深远的影响。暂且不谈某个国家是否被矿物燃料或矿物资源"诅咒"的问题，[74] 我们现在只看这些资源的开采如何打造了一个能够抵制其剥削的工人阶级，而他们的劳动使能源变得有利可图，有利可图的能源又可能满足他们的要求。[75] 突然之间，国家的梦想变得比以前更加远大——正是因为廉价能源为实现国家梦想提供了保障。

20世纪的石油和货币

20世纪关于廉价能源的第三个故事来自能源的转变，即能源成了货币以及"美国人的生活方式"[76]。美国是20世纪杰出的石油大国。虽然俄国在20世纪初占据了领先地位，但随着在宾夕法尼亚州、得克萨斯州和加利福尼亚州等地发现石油，美国迅速取代了俄国的领先地位。到1945年，每3桶石油中就有2桶是美国生产的。[77] 直到20世纪70年代，苏联以及沙特才先后取代美国成为世界头号石油生产国。[78] 第二次世界大战之后，全球石油产出大幅增长，比同期经济增长水平几乎高出60%。[79]

当美国在1971年8月放弃金本位制度时，[80] 国际资本在商品采购中寻求避开这种"尼克松式冲击"。与此同时，苏联的粮食收成不佳，只能用石油来换小麦，导致面包价格上涨。14个月后，石油输出国组织(OPEC，亦称欧佩克)名义上对以色列和埃及之间的赎罪日战争做出了回应，宣布石油生产税增加70%。[81]世界油价从每桶3美元跳涨到12美元。石油输出国组织国家正在应对美国以美元计价出口所导致的通货膨胀。正如伊朗国王所说的那样，美国"把卖给我们的小麦价格提高了300%，对于糖和水泥来说，也是如此"[82]。全世界为石油价格上涨买单，石油输出国组织国家坐拥大量收入，储备了大量所谓的石油美元。这些储备的石油美元需要继续产生利润回报，因此又被低息借给石油进口国。人们认为该货币是由石油而非白银支持的，即"事实上的石油本位"[83]。1979年所谓的"沃尔克休克疗法"使接下来2年的所有贷款利率增加了3倍。[84]为了避免拖欠债务，发展中国家中的负债国家开始转向国际货币基金组织和世界银行寻求帮助，只有这两个组织能够考虑借钱给它们，并且能够通过自己的休克主义[85]来管理紧缩计划、小型政府和自由市场。因此，石油美元使新自由主义治理以失败而告终。

然而，能源政治在过去的20年中已经发生了变化。在20世纪80—90年代，将一桶新产的石油投入市场的成本每年增长不到1%，而20世纪末，这种情况急剧转变。1999—2013年，该成本每年上涨近11%。在最昂贵的油田(这些油田产量位居世界前10名，并经常能够预测石油未来的价格趋势)，生产成本在1991—2007年增加了10倍，自那以后又增加了2/3！[86]到2030年，气候变化将导致1亿人丧命，届时廉价石油也将走到尽头。[87]而这不仅是关于未来的死亡，事情已经变得更加肮脏，比以往任何时候都更加暴力，因为从艾伯塔到厄瓜多尔的冲突重演了16世纪原住民和掠夺者之间的战争，再一次给地球造成严重的影响。

为什么廉价石油如此重要？这并不是说资本主义离不开矿物燃料。毕竟，零售商和制造商都不在乎他们使用的电是来自化石、风车，还是太阳能板。廉价石油之所以如此重要，是因为今天的资本家不希望支持那些可能实现太阳能转换的大规模投资。虽然，一些企业将积极利用各种可再生能源。然而，很难相信到2050年全球的企业会投入45万亿美元来实现可再生资源的大规模转换。[88]如果想在资本主义制度下实现太阳能转换，只能由政府买单。[89]实施新自由主义政策使得政府除了减税之外几乎无法提出其他政策建议——在美国这样的国家，公司税已处于历史低点，自封为“绿色环保”的科技公司（苹果、谷歌）是最大受益者。[90]它们保持其股价处于高位，最终将由我们买单。

我们在结束本章时，来讨论一下廉价燃料的廉价问题。燃料危机不一定是燃料稀缺或生产过剩的危机。远离矿物燃料并不代表廉价能源制度的终结。事实上，气候危机为金融提供了一个拯救全球的机会：通过碳信用、污染补偿及大气污染许可证来拯救大气层——正如我们被告知的那样。[91]在这种情况下，可以最终结束集体行动——通过设计环境金融产品，使得集体责任金融化，最终解决“公地悲剧”问题。

然而，2016年国际能源署宣称可再生能源产能超过了煤炭产能，在没有对此认真研究的情况下，我们还不能结束对能源的讨论。[92]这是否引起了对廉价能源的大讨论？并不尽然，看看太阳能革命中的电池，你会发现里面有来自刚果民主共和国和玻利维亚的“带血的”矿物质。[93]玻利维亚开采锂的情境简直如波托西矿山的再现。[94]用河流筑坝用来应对气候变化，其后果是灾难性的——也是剥夺原住民战略的一部分。[95]用筑坝来取代矿物燃料会导致可预见的物种灭绝，并且随着人造水库对生态的分解影响，最终增加温室气体排放。[96]

最重要的是，廉价燃料战略是否依赖于煤碳？过去是这样，但将来不必然。例如，水电大坝揭示了廉价能源战略总是依赖国家力量。这种战略的实施，不仅需要公共和私营部门的暴力行为，也需要回溯到廉价自然的世界-生态观，更需要这样一种集体的理解，即廉价能源是国家给予的一部分福利。在公民国家集体思想作用下，能源在资本主义生态中得到了保障，从印度的石油补贴，到委内瑞拉的石油收入，再到取代了蓝领实际工资增长的美国低油价。为了让穷人承担能源项目的成本，你需要一套治理理念和制度，并以他们的名义控制和引导集体命运观。为揭穿掩盖这些集体命运与暴力的观点，我们转向最后一个廉价品——生命。

7

廉价的生命

到达"新大陆"的第三天，哥伦布向西班牙国王和王后描述了一个可以设置要塞的岛屿：

虽然我认为没有这个必要，因为这些人使用的武器非常落后，正如陛下从我抓到的7个人身上看到的那样。除非陛下颁诏把他们全部带到卡斯蒂利亚，或者将其囚禁于该岛，否则我就把他们带回国，让他们学习我们的语言，然后将其再带回那个岛。因为只需50人就可以征服他们，他们任由我们差遣。[1]

哥伦布很早就意识到，建立殖民地和维持殖民地是两回事。圣玛利亚号(Santa María)首航搁浅受损无法航行，其他船只没有足够的空间把船员都带回国。那年圣诞节，一些水手将船上能打捞的东西都打捞了上来，哥伦布命令他们先暂居在伊斯帕尼奥拉岛(Hispaniola)上的拉纳维达(La Navidad)。当时一共配有40名殖民者，其中包括哥伦布情妇的表弟迪亚哥·德·阿拉纳(Diego de Araña)。哥伦布再次返航回来时，所有这些人都死了。他得知这些人因虐待原住民妇女而被杀害。由于原住民造反,所以第二次远航比第一次准备得更加充分。这次航行带有殖民授权,光大船就有17 艘,还有1200 名士兵和各种牲畜,以及随之而来的疾病。这些疾病在原住民群体中迅速蔓延,导致大量原住民死亡。虽然殖民过程充满了血腥的杀戮,但殖民主义绝不仅仅依靠一种残暴行为。哥伦布及他的追随者不仅拥有武器,还拥有使其武力合法化的组织机构和话语体系。或许资本主义可以用枪炮、病菌和钢铁[2] 来征服"新世界",但"新世界" 的秩序实际上是通过种族、警察和利益来维持的。这些霸权以及维持社会秩序的手腕将是本章的主题。

迄今为止,在每一种廉价物的背后,我们都会看到有组织的抵抗行为。妇女、雇佣工人、原住民甚至日薄西山的统治阶级成员,所有这些人都起来反抗,拒绝臣服,他们或多或少取得了一些胜利。对此,资本主义采用新战略来开疆拓土,并且巩固现有的领地。这种关于反抗策略以及各种反制策略的猫鼠游戏构成了资本主义生态的历史。政府、商人和金融家在追逐利益的过程中,创造力和毁灭力都达到了新的高度。但是资本主义生态也通过采取巧妙的社会治理艺术及科学实验实现自我扩张和自我巩固。在这些更加持久和灵活的社会统治技巧中,有一种技巧我们如此熟悉,以至于人们很容易遗忘它的新颖性和独特性。这种技巧被称为:民族国家。

本章的主要内容是讨论资本主义生态和现代民族国家是如何相互塑造的,这种相互塑造得益于殖民地、早期资本家和"野蛮人" 之间的互动以及资本主义成立之初的通信技术。依赖廉价物对社会秩序进行维持总要借助武力与劝告、施压与妥协才能达成。正如安东尼奥·葛兰西

(Antonio Gramsci)所说，维持霸权就是在一个能够不断超越其竞争对手的集团中招募和维持来自全社会的武装力量。[3] 在寻求秩序和控制的过程中，"民族" 这一概念以鲜有人能够预测的方式依附于国家，而国家又持续塑造着整个世界。

保持廉价的成本是高昂的。司法、治安及海内外驻军是维持资本主义生态所需要承担的昂贵成本。我们把本章命名为 "廉价的生命"，而没有将之称为"昂贵的国家" 或"悲催生活的合理化"，是因为本书的关注点并不在于政府机构，而在于机构建立的过程和产生的影响。从技术上说，生命跟其他的廉价品不一样——但如果早些承认这一点，那么该标题是不合时宜的。理解资本主义是如何使"廉价的生命" 成为一种获取廉价自然的战略，你就不仅能清楚地理解保持货币、劳动、关怀、食品以及能源廉价所需的武装力量，还能理解最复杂、最微妙的现代机构——民族国家，如何依靠早期的现代基础和自然科学来管理现代生活。更加重要的是，当各个国家为管理所统治的人民以及为自由资本主义发展提供有利环境黔驴技穷时，我们正走向廉价生命时代的终点。我们提出这个论点并非为了对自由民族国家继承者津津乐道，而是出于对可能发生事情的担忧。我们是历史的学生，对历史足够敏锐，知道接下来发生的事情可能会更糟。

就像我们在书中描述的其他任何一种廉价事物一样，现代民族国家及其廉价生命的构成要素在时间上早于资本主义。古典和早期的现代生理学家，如亨利·科尼利厄斯·阿格里帕(Henry Cornelius Agrippa)、帕拉塞尔苏斯(Paracelsus) 和安德雷亚斯·维萨里(Andreas Vesalius)提出了人类类型学，该门学科可以让人了解社会等级中人的自然位置。[4] 类似以上提到的生理学家处于社会等级的一个端点。另一个端点是"混血儿"。如果有必要，其身体特征可以被解释为群体内天生差异的医学表现，这为了解不同血统如何形成与被追溯提供了一些依据。[5] 像"野蛮人"一样，"混血儿"一词也应该引起人们的警惕，因为它与跨越人类和非人类动物边界的生物有关联。"混血儿"更能使人们接受纯正血统观——如果没有"令人作呕的交配"的威胁，就不会有纯正的血统。[6]

关于等级与身体的思想观念由来已久，需要各种特殊机构武装和传播这些观念。民族国家就是这样的机构，它形成于资本主义，且有一定偶然性。为了弄清这一点，让我们回到黑死病时期。在欧洲中世纪晚期，一系列城邦的犹太社区已经通过谈判达成了依律信教的方式，他们所依据的教律并非来自罗马并由当地主教来解释，而是来自《摩西五经》，并由拉比来解释。这些停止争辩的协议总是非常危险的。在十字军东征时期，教皇英诺森三世(Innocent Ⅲ)颁布了《犹太人宪法》，要求君主尊敬犹太人。[7] 与此同时，也要求需要保护的犹太人必须能够被他人辨认得出。犹太人必须佩戴"红色毛毡或者藏红色的布制成的徽章"——以此保证他们自己的安全，而且犹太人不可以和基督徒通婚。[8] 当带有该血统的人被指控为大屠杀凶手时，维护这种血统就变得至关重要。

让我们回到1347年黑死病时期。最近，对瘟疫暴发地所发现尸体的基因分析表明，黑死病是鼠疫杆菌引起的疾病，[9] 而且是通过至少两条路线传入欧洲的：一条是通过法国南部，另一条是通过挪威和低地国家。死亡人数本不应该这样高，之所以死了那么多人，原因就是本书在绪论和第1章中所提到的在中世纪温暖期结束时社会生态的动荡。中世纪的欧洲人则有不同的事实依据。1348 年，贝灵恩(Beringen)的路易 · 桑图斯

(Louis Sanctus)说了一段十分具有影响力的话，描述了病原体到来的场面，就像影迷所熟悉的僵尸电影镜头一样，一些船只在印度遭遇了大量蝎子的袭击，到达热那亚后又被当地人赶走，之后便停靠在了马赛港。岸上的人发现船上死者和濒死的水手后立刻把他们驱逐到海上，但为时已晚，瘟疫还是暴发了。[10] 路易·桑图斯认为瘟疫是对那不勒斯的乔安娜王后的天谴，因为她谋杀了自己的丈夫——匈牙利的安德鲁。[11]

相比于东方传染病和杀死自己合法丈夫的女人所引起的恐惧，更重要的是把责任归咎于近期引人注目的犹太社区。为了应对瘟疫，犹太人受到严刑拷打，并承认毒害城市。尽管在1348 年，教皇克莱蒙特六世(Clement Ⅵ)禁止法外处决、屈打成招以及强占犹太人的财产，但随着瘟疫在人群中蔓延，这种屠杀仍然遍布整个欧洲。其中一个耸人听闻的事件发生在1349 年1月9日，所有在巴塞尔的犹太儿童被迫和他们的父母分开，并且被强迫接受基督教洗礼。当时城中的600个成年犹太人被带到"莱茵河的沙洲上"，绑在柱子上烧死了。[12]数千犹太人在城邦国家发起的屠杀中丧生，在被邻居迫害和残杀之前，一些犹太社区的成员选择了自杀。尽管罗马教庭一再下令禁止，但是这些暴行仍在发生。天主教对欧洲经济中心的影响力正在开始减弱，但是把有些人视同于草芥的观念已经植根于人们心中。

科学种族主义和殖民政策

血统纯正观、国家相对于罗马教庭日益强大的权力以及赞成人类自然等级观的文学作品全部准备就绪。所有这些都被用来传达和推动新的治理形式，殖民边疆再一次成为实施“新型且科学的”社会控制的场所。

在新西班牙(New Spain)出现的种姓制度，成为管理人民、征税和解决劳动力需求以及与上帝接近的手段。它根据人的血统对他们进行分类，各类人种像数学组合问题一样出现。从最初的非洲奴隶、原住民和西班牙人衍生出了各类人种，如西班牙人(españoles)、半岛居民(peninsulare，西班牙人和其他生于欧洲的欧洲人所生育的人)、克里奥尔人(criollo，生于美洲的西班牙人和其他欧洲人所生育的人)、殖民地原住民(indio，美洲本地人)、梅斯蒂索人(mestizo，不清楚是当地人还是欧洲人的后裔)、卡斯蒂索人(castizo，75%欧洲血统和25%原住民血统)、乔洛人(cholo，白人和美斯蒂索人的混血儿)、帕尔多人(pardo，兼具欧洲、非洲和当地美洲人血统的后裔)、穆拉托人(mulato，黑白混血儿)、桑博人(zambo，黑人和原住民的混血儿)以及黑人(negro，非洲人)。事实上，人种、性别和历史的复杂性，使他们在划分人种时使用的是自己民族的语言和划分法则。

1. 西班牙人(español)+黑人女性(negra)=穆拉托人(mulato)

2. 穆拉托人(mulato)+西班牙女性=特斯特隆人(testerón)或特尔塞隆人(tercerón)

3. 特斯特隆人(testerón)+西班牙女性=卡特隆人(quarterón)

4. 卡特隆人(quarterón)+西班牙女性=昆特隆人(quinterón)

5. 昆特隆人(quinterón)+西班牙女性=柏兰科人(blanco)或者普通西班牙人(español común)

6. 黑人+穆拉托女性(mulata)=桑博人(sambo)

7. 桑博人+穆拉托女性=桑博伊戈人(sambohigo)

8. 桑博伊戈人+穆拉托女性=悬空人(tente en el aire)

9. 悬空人+穆拉托女性=回跳人 (salta atrás)

10. 西班牙人+印第安女性= 纯梅斯蒂索人 (mestizo real)

11. 梅斯蒂索人+印第安人=乔洛人 (cholo)

12. 乔洛人+印第安女性=悬空人

13. 悬空人+印第安女性=回跳人

14. 印第安人+黑人女性= 奇诺人 (chino)

15. 奇诺人+黑人女性= 新奇诺人 (rechino) 或克里奥尔人

16. 克里奥尔人+黑人女性= 托尔纳阿特拉斯人 (torna atrás) [13]

这是语法、遗传学、数学和目的论的有力组合，这样的分类表明克里奥尔人和父母为非洲人的孩子总是会“转向”非洲，桑博伊戈人和穆拉托女性的混血儿则属于悬空人。[14] 这些“混血儿”的人种分类命名一经确认，便立即按其划分。也就是说，女性的身体、工人、税收、宗教以及财产所有权都同时被监管起来了。殖民地国家创造了新的人种划分方式来满足劳动力的需求，这些劳动力先被用来铸造银币，之后被组织起来进行农业生产，生产出来的产品被销售到欧洲获利。这些官方宣布的人种都配有特定的责任、特权以及证书，包括血统纯正的证书以及个人税率证书。有些人的生命在字面上就比别人廉价。[15]

自然科学进一步巩固了这种等级划分。瑞典人卡尔·林奈 (Carl Linnaeus，1707—1778) 发明了一种命名方法，这种用来辨别人种的命名方法我们沿用至今。在他1735 年出版的书《自然体系概论》中，他提出了一种类型学，把人类置于哺乳纲，灵长目，人属，智人种。但是，他基于对智人的观察研究，注意到他们在外貌和性格上的差异，把智人也划分成不同的种类。

哺乳纲：

目Ⅰ.基于基因学灵长目。

门牙咬断食物；四颗上颌门牙，和下颌门牙平行；胸部有两颗乳头。

人属：

智人。

昼行性的。根据教育和环境有所不同，有如下类别：

(1) 四足，不会说话，毛发多——野人。

(2) 古铜色皮肤，脾气暴躁，直立行走——美洲人。

黑色直发，浓密；鼻孔宽；面部皮肤粗糙；颏上胡须少；脾气固执，容易满足，自由随性。会给脸上涂抹红线。受传统习俗的约束。

(3) 皮肤白皙，性格乐观，毛发多为棕色——欧洲人。

黄色或棕色头发，发质平滑；蓝色眼睛；性格温和，敏锐，富有创造性。穿着紧身衣服。受法律约束。

(4) 黑色毛发，性格忧郁，刻板——亚洲人。

黑色头发；深色眼睛；苛刻、傲慢、贪婪。穿着宽松的衣服；受理念制约。

(5) 黑色毛发，性格愚钝，懒散——非洲人。

黑头发，卷曲；皮肤柔滑；鼻子扁平；嘴唇肥厚；狡猾，懒惰，粗心大意。用油脂涂抹自己。生活随性。

混血儿(Monstrous)。根据气候或文化的差异有所不同。

这种人可以分为：

(1) 体型较小，性格活泼，胆量较小——山地人。

(2) 体型庞大，性格懒惰——巴塔哥尼亚人。

(3) 体型很小——霍屯督人。

(4) 下颏没有胡须——美洲人。

(5) 脑袋略呈锥形——中国人。

(6) 脑袋较扁——加拿大人。[16]

有些人，比如说欧洲人是温和的、敏锐的、有创造力的，而另外一些人的生理和性格特征则明显不那么好。科学为种族次序提供了依据，而这种次序反过来又使殖民主义的文明使命合法化。林奈的类型学不仅仅允许一些人被视为财产和债务工具，它还更进一步，为身体和生命受国家管理提供了科学依据，而国家由那些将自己置于等级顶端的人管理。

如果想要了解这种综合一体的现象，可以参照图7-1。它是18 世纪常见的一类画——等级绘画类型。这些作品为殖民地官员所钟爱，他们经常找画师描绘他们在新西班牙的活动。这不是为了描绘欧洲现实存在的掠夺和贫穷的现状，而是为了描绘上流阶层的文明景象。在西班牙，尽管这些画大部分都为私人所拥有，但是有些可以向公众展览，就像在自然历史陈列室里展览那样，游客还可以在那看到乳齿象化石和中国的锣。[17] 在这样一个场所的人类展览，将自然、性别、工作、社会和文明清楚有序地联系在一起。

这个民族次序的科学项目在发展中国家和发达国家仍然存在。它之所以能够幸存下来，很大程度上是因为殖民主义大师——英国人曾将其列入国家话语体系，人们已经习以为常了。

图 7-1 《种姓图》，路易斯 · 德 · 梅纳，约 1750 年，美洲博物馆，马德里
资料来源：Cline，2015, 218.

自然、文明与英国殖民国家

西班牙的殖民地关系由西班牙政府和其债权人的要求所决定，尤其是出于对劳动力和劳动力管理方面的需求。英国资本家也关心劳动力，但是他们更关心的是土地。[18] 通过圈地运动和对凯尔特人的征服，他们获得了廉价劳动力，随后廉价土地便成为英国殖民者最优先考虑的事情。英国通过攫取领土发展起来，并且创造出获得所有权的治理手段。维持殖民地人口的秩序与治安，获得权力与财产对英国殖民扩张至关重要。许多在英格兰本土发展起来的社会管理技巧在英格兰最早的主要殖民地前哨——爱尔兰得以实践和完善。1542 年，亨利七世宣布自己为爱尔兰国王，这是一个很重要的历史时刻，我们可以通过它来研究英格兰——后来的英国——位于爱尔兰的边疆是如何起到既是遥远的国内政治前哨，又是本国的殖民地的效果的。[19] 在绪论部分，我们提到英国占据了都柏林，爱尔兰人都被限制在都柏林地区之外。在这个地区，英国人开始尝试建立"种植园" 并且利用这种模式教爱尔兰人如何进行农业生产。在16世纪后期，在这类示范农场通过各种实验展示如何利用机械装置和政治体制控制自然。[20] 那些农业活动包括地主大规模对地产，以及对佃户和随从工匠的占有。[21] 种植园里有牛、羊、木材以及特色农产品，如菘蓝、茜草（蓝色和红色染料的原材料）以及大麻。[22]

早期的殖民者竭尽全力通过遵循国际法获取土地。英国最早的种植园是和爱尔兰当地的地主签约租下来的。而其他种植园则是战利品，是通过发动战争从外国敌人手中合法抢夺来的。尽管这样，事情发展并不顺利。英国的商业、农耕体制与爱尔兰小规模的乡村食物供给制度产生了冲突，在爱尔兰食物供给制度中社会关系不太受贵族控制，而是靠家庭维系，财产在继承者之间分配而不是遵循长子继承制。[23] 爱尔兰人抗争了。他们在英国人圈占的地里放牛，英国人则调动军队来保护殖民地的财产。[24] 16世纪不断爆发的抗争在接下来的世纪里催生出了新的战略：实施一种更加强有力、更加暴力的种植园制度。英国更加直接地控制阿尔斯特种植园(the Plantation of Ulster)，在这里进行自然和社会试验，其他种植园加以效仿，比如在爱尔兰中北部德里地区给予私人公司殖民的权利。与此同时，对原住民抗争的镇压变得越来越激烈，并使用新的殖民理论让这种暴力镇压合理化。虽然英国继续统治爱尔兰的法律依据饱受人们质疑，而且当时国际法正在形成，但是英国继续统治爱尔兰的原因开始包括如下观念：

陛下出于良知，使用所有合法公正的方式使他的臣民从野蛮走向文明……因为现在一半的土地确实是荒废的，原因是其所居之地连一半的价值也未能实现；但当承租人(定居者)移居其间……同时倘若该地充分放牧与施肥，500英亩土地的价值将超过现在的5000英亩。[25]

以上观点是殖民地律师呈送给索尔兹伯里伯爵(Earl of Salisbury)的，其含义是将这些生产性资产留在无法有效使用的人手中就构成了社会犯罪。爱尔兰的荒凉景象证明他们不能有效利用土地，而这又恰好证明了他们蒙昧无知。自然、对边疆的无情推进及秩序和经济新模式彼此相互制约和相互作用。通过最为人崇拜的英国“英雄”，弗朗西斯·德雷克(Francis Drake)手中的利剑和自由主义理论最知名的布道者约翰·洛克(John Locke)手中的笔，这一殖民过程从爱尔兰扩展到了“新世界”。[26]

自由管制大西洋

英国殖民地利用大西洋两岸的人才与技术为其服务。弗朗西斯·德雷克深谙血腥镇压爱尔兰原住民的手段。在从“新世界”获得更高爵位和更多财富之前，德雷克于1575年伙同手下屠杀了拉斯林岛(Rathlin Island)的所有男人、女人和孩子。[27] 然而，更重要的是治理国家的工作与为从事冒险活动的国家提供合法化、正当化的理论支持。[28] 在这方面，约翰·洛克大肆宣扬自由帝国主义。他对于私有财产和人性的看法深深植根于他做过殖民地管理者的工作经历。洛克在1682年重新起草他的《卡罗来纳宪法》(the Fundamental Constitutions of Carolina)的同时，也着手编写《政府论(下篇)》的第五章，名字为《论财产》。《卡罗来纳宪法》申明“卡罗来纳州的每一个公民都对他们的黑人奴隶拥有绝对的权力和权威”(洛克最为看重的部分是用斜体字标注的“权力”)。[29] 洛克在他的《政府论(下篇)》中也论述道：“每个人都有自己的那份财产，这部分财产是除他自己以外的任何人都无权占有的。”[30]

他把大量笔墨都用在了如何设法协调这两种立场上。一些人认为洛克一生中对奴隶制的看法在不断地改变。但是在他人生的最后阶段，这种解读和他在贸易与种植园委员会(Board of Trade and Plantations)的工作发生了冲突，因为在他的人生最后阶段，他似乎更加接受奴隶劳动制造出的产品。一项更引人瞩目的对洛克的解读出现在一次正义的战争后，他提出了处理财产和奴隶的新方式。通过这项解读，我们也观察到这种处理方式和他的保护者——南北卡罗来纳州的领主之一莎夫茨伯里伯爵(Earl of Shaftesbury)想要治理这块领土的方式相一致。在那个阶段，领主的关注焦点是捕获、奴役以及贩运原住民。洛克的理论为合法获得和交易库斯人(Coosa) 铺平了道路，在后来被定居者称作卡罗来纳州的地方，这些库斯人在与那些侵占他们土地的殖民者的战争中被抓捕。成为战利品的原住民奴隶不能拥有任何财产——而且洛克在《卡罗来纳宪法》中给出了理论依据。对于来自非洲的奴隶，洛克保持缄默。[31]换句话说，现代政治思想中一个存在最久的矛盾，不是源自对自由理论系统的疏忽，而是一个重要的自由主义哲学家在为受雇他人而行事。

这就是现代自由主体在殖民地形成的背景。现代合法臣民被界定与监管的严格程度与现代合法臣民被允许拥有的财产界限一样，这一点并不令人意外。[32]如果把这些观点与18 世纪的科学种族主义融合，我们很容易发现只有白人才能成为享受自由的臣民。

当奴隶试图争取自主权时，自由臣民的界限变得前所未有的清晰。1789年法国大革命中通过的《人权宣言》(*the Declaration of the Rights of Man*)宣布所有的人都是自由和平等的。这对于世界最大产糖国——法属圣多明各殖民地的奴隶是个信号，他们非常有可能拥有自主权，他们可能成为“人民”的一部分，[33] 这一革命的核心思想虽然一度令人眼前一亮，但几乎立即又受到压制。1791-1804 年，海地革命经历了长期的奴隶起义与反抗，最后成功建立了国家，延续至今。[34]但是对于该岛及岛上人的生命所有权的斗争仍在继续。法国人花了20 年的时间想要夺回他们的殖民地，并于1825年使出了撒手锏——派出3艘军舰来到太子港要求海地人支付高达1.5亿法郎来补偿失去奴隶和其他财产的损失。[35]这笔债务直到20世纪40年代才还清。[36]

海地人低估了他们的起义对大西洋沿岸自由国家繁荣的威胁程度，

以及他们超出“人民”界限的程度。他们被暴力、经济和意识形态所管控，并且被提醒，就自然与社会的分界线而言，他们的位置牢牢地被固定在自然这一边。但是他们很难把握自己的命运——特别是在有关这种命运构成形式的新观念正在出现而且报纸又能够传播这种观念的时候。毕竟，通过大众传播技术，人们可以交流对价值、出身与未来的看法。这些观念实际上是指引国家前进的旗帜。[37] 海地人争取的不仅仅是一个国家，而且是一个民族国家。

国家与民族

在《想象的共同体》(该书为民族主义的权威读本)中，本尼迪克特·安德森(Benedict Anderson)主张，若要实现民族繁荣，必须推翻掌握政权和真理的牧师与君主。如果这些基础达成和解，一个国家内的社区基础才有可能重建。印刷品得以代替《圣经》和诏令，报纸报道的内容成为了解事实的来源，其中包含大量的文字、地图以及记录，这些内容代表了一种新的权威。印刷机里流出的不仅仅是集体创作的日常工具——报纸——也有乡音与国家版图的复制品。地理学者和地质学者都是帝国的一流人才，地图的绘制不仅有助于定义国家——托马斯·霍布斯是一个热情的业余地图制作者——而且有助于编写新故事，其中讲述了是什么把一个国家的公民凝聚在一起，也讲述了民族捍卫土地的血泪史。[38] 18 世纪和 19 世纪流传在欧洲的一些故事解释了人民、祖国的来源，优秀的英格兰祖先，以及各种各样有趣的民间故事，用来划定民族血统纯净的界限。这些以中产阶级和穷人的口头语言印刷的神话故事通过新的流通手段——购买——提供给大众。印刷技术改变了信息和知识的传播方式，也改变了社区的创建模式。

神权政体与贵族统治政体让位给新型资产阶级民主政体，并根据启蒙运动(严格限定的) 平等与自主的思想，允许其有一定参政权。资产阶级把自己的语言写在纸上，邀请人民大众参与到历史中来，正如汤姆·奈仁(Tom Nairn)所言："请柬必须得以他们能够看懂的语言来书写。"[39] 安德森进一步发展了奈仁的观点，指出这些新文字有它们自己的政治经济主张。传播人民解放的愿景可以赚钱。对金钱的关切以及更高的识字率是国家实现愿景的先决条件。一旦民族主义思想被印刷在纸上，它们就有了载体，并被翻译、转录、油印、盗版、扭曲和再版。对年轻读者来说，国家成了"一个事物"，因为国家被热爱、被分享、被仿冒并且被评论。

种族、民族与印刷资本主义紧密相连。需要廉价关怀与廉价劳动的战略，创造和再生产了种族次序，根据这一次序，在社会与自然的界限下对人体进行解读、分类与管理。既巩固了国内秩序，又提供了未来国家伟大远景的出版物和叙事故事在社会上广泛流传，并使人坚信这些制度。正如安德森所说：

民族主义是从历史命运的角度思考的，而种族主义梦想永远污秽不堪，从一开始便是由从无休止的"令人作呕的交配" 延续下来的：这是发生在历史之外的。黑人，由于其不可见的黑人血统，将永远是黑人；而犹太人，亚伯拉罕的后裔，将永远是犹太人，无论他们持何种护照或者以何种语言交流和阅读(因此对于纳粹而言，犹太裔德国人永远都是假冒者)。种族主义的梦想实际上起源于阶级的意识形态，而不是民族的意识形态：最重要的是源于这种宣传，即对于统治者宣扬神性，对贵族宣扬贵族的"蓝色" 或者“白色”血统以及“教养”。毫不意外……整体而言，种族主义和反犹太主义并未跨越民族界限，而是在民族界限之内现身的。换言之，他们为之辩称的，与其说是对外战争，不如说是对国内的压迫和统治。[40]

对于国内秩序的巩固手段无所不在——不仅仅是战场上，甚至也延伸到了厨房和卧室。民族神话是具体的、有形的和紧密围绕生活的。性习惯（因为大量文学作品的缘故，更加频繁地得到认可）[41] 变成了民族主义者可以探讨的话题。比如说在法国，雅各宾党人控告性工作者是革命的敌人。[42] 一个民族的物质性也体现在食物上，这些食物保留了民族主义者的兴趣。“像（食物）一样的（民族）”这样的短语形式——例如，像苹果派一样的美国人，像烤牛肉一样的英国人，像没有牛肉一样的印度人[43]——只能通过持续的工作才能形成。关于肥胖、饮食和民族的第一本书，就是乔治·切恩（George Cheyne）于1733年撰写的《英国人的疾病》（*The English Malady*）。[44]

通过民族主义观念，国家管理自己公民的权力延伸到各个方面，从生产与生育劳动，到保护货币和食物纯度的行动，再到精神卫生政策。然而，正如海地的例子所显示的那样，不仅欧洲资产阶级采用和传播了民族主义思想与手段，有时共同命运也转而还施彼身于殖民者。

发展中国家争取摆脱殖民统治的斗争创造了他们自己的民族命运。1857年的印度民族起义——英国人称之为“印度土兵哗变”——就是民族主义冲突。由于长时间对于税收、剥削和不公的民怨积累到了最高点，印度军方拒绝与英国人合作。弹药问题挑起了印度土兵的不满，尤其是英国1853 年恩菲尔德式步枪（Enfield rifle）新子弹问题。子弹用纸包裹，上面涂有猪油与牛油。穆斯林和印度教士兵不愿意在使用枪支前，冒着被诅咒的危险，按照制造商的说明咬开包装。英国军官却一再坚持。之后发生的起义反抗行为引发了从印度到牙买加的一系列起义。

英国人不认为起义的根源是他们的殖民主义，而是因为他们没能理解印度是一个极其与众不同的国家。亨利·梅因爵士(Sir Henry Maine)提出了新策略，而不再继续教化他们并使其信奉基督教。[45]这是个巧妙而又有效并一直沿用至今的统治手段：发明了“本地人”这一范畴。通过这一手段，政府监督不同宗教团体和教派内部的司法创新与管理活动，以此加强国家对臣民生命的控制。该策略源于反殖民主义抵抗运动——作为回应，马哈默德·马姆达尼(Mahmood Mamdani)认为：“通过声称保护本地人的真实性使其免受社会进步的威胁，这样定居者对本地人就做到了界定和牵制。”[46]这就是针对廉价生命的战略，总结起来就是：“界定和统治。”[47]这种政权特征在任何一个后殖民国家都留有遗迹，从南非到印度，从加拿大到秘鲁。但是“本地人”这种政治手腕还不足以阻止英国东印度公司对印度统治的终结，印度人民的起义证明了这一标志性时刻的到来。[48] 19世纪和20世纪，争取民族独立的战争在整个发展中国家取得了胜利。但是，这些新生民族国家继续保留在资本主义生态中，这样做的后果在21世纪日益明显。

另类的民族主义

有这样一个声名显赫的国家，其命运被执政党的自由国际主义野心所困扰，而且选择了一个以自己名义提供技术官僚统治权威的人管理国家。这个人承诺为国家做事而不顾宗教极端主义和其他恐怖主义企图挫败国家。在这个国家，民族观、宗教、一段被国际主义者认为暴政的历史以及对伟大民族的背叛，将一位领导人推到了大众的眼前，这个人在社交媒体上对所有人都是透明的，但在幕后交易中不透明。他的治理使富人更富，但在轰轰烈烈、引人注目地打击恐怖组织和民族反对势力的同时出现了财富转移。[49] 我们联想到印度的纳伦德拉·莫迪(Narendra Modi)，但是他的崛起扰乱了国际自由主义霸权秩序。

霸权——本章开始时所提及的内容——绝不是一种牢靠和保证不变的东西。它必须一直通过暴力和规劝来维持。在“民族国家”中，无论是什么民族，工人一直是霸权集团极力讨好的角色。民族的发展是一段处于不断变化中的历史，为了诠释及维持其命运不断地被书写和改写——现在也是如此。但是民族观念及其经济命运并不是特定暴力集团独霸的领域。事实上，这就是为什么我们在资本主义危机时期，就如我们今天所经历的那样，看到关于国家命运的不同解读兴起的原因。资本主义生态的逻辑、追逐廉价物的体制与民族主义者口中的“共同”命运相悖。资本主义财富如此明显地集中——62个人拥有等同于地球上最贫困地区35亿人的财富的总和，如果自由主义集团的霸权已经开始崩溃，这会令人感到意外吗？[50] 这是一个漫长的发展过程，我们称这种现象为“全球法西斯主义”。[51]

对贸易与经济不稳定的担心加剧了集体认同感的焦虑，这种焦虑无论是在16世纪还是在21世纪都会在一个不确定的时刻体现出来。民族国家到底会走向何方是一个悬而未决的问题，有可能会沿着一个区间，从一种我们闻所未闻异常恐怖的政治形态走向一个更加解放的世界。

然而民族、团体观念以及对未来的展望被人们传播、探讨与实践，而且这种观念并非天然有毒或是独裁。正如许多国家仍在经历的那样，尤其是如果它和资本主义生态相悖的话。[52] 据记载，美国是一个有超过500个民族的国家：印第安事务局统计结果是566个民族。澳大利亚记录在案的原住民民族数量和美国相似。加拿大则有超过600个民族。印度有255个原住民民族，他们占国家总人口的7%。经过近年来的学术研究和积极行动，原住民群体已经探索出一种类似非族长制的原住民国家形式。究其根本，这将涉及重新协商围绕关怀、自然和劳动的关系，并根据治理安排管理领土，这会将国家从民族国家二分体中分离出来。这样的关系会在何处终结尚不得而知。

在加拿大，原住民群体奇诺-恩达-尼米(the kino-nda-niimi Collective of activists)中的激进分子在“不再无作为”(Idle No More movement)运动中提出了一系列类似于希望生活在资本主义生态之外的国家的愿景。[53] 格伦·肖恩·库特哈德(Glen Sean Coulthard)的书《红皮肤，白面具》(*Red Skin, White Masks*)展现了另一种观点，其中涉及在这个新的国家企业中与国家交往的危险性。[54] 他是对的。在多民族国家——现在的玻利维亚，原住民领导层用采矿收入为更完善的福利制度买单。目前尚不清楚这个新的民族国家是否是资本主义生态的一个突破，如果是为了拯救帕查玛玛(Pachamama)——人们崇敬的安第斯大地女神——政府可以批准销毁她。[55] 持有替代资本主义生命网络观点的原住民民族和其他民族在选举中获胜，但是对这种胜利能否保证转型成功，我们并不乐观。但随着其他殖民者聚居地——特别是那些在北美采掘业周边的聚居地军力的增强，同时由于要求玻利维亚进行更彻底的改革呼声不断，我们希望这样的尝试能繁荣发展，结出硕果。我们也希望在这些另类的民族主义制度下生命会被重新估价。

在我们得出结论之前，很有必要重新回顾一下为何一个关于生命的章节会被写在一本介绍廉价物的书中。在绪论部分，我们的讨论认可了这一过程：通过这个过程，自然作为资本主义生态中的一种战略被划分给了社会。本章已经展示了人类生命观（由国家认可与支配的）是如何在种族化与宗法等级制度下发展起来的。国家管理那些等级制度中的生命，等级制度又以国家的形式展现在我们面前，我们又以民族的形式在这样的等级制度下生活。想象一个重新定义的国家可能会终结白人至上主义，这是对造就资本主义生态中现代国家形态的一系列权力运作的曲解，也是在低估民族国家的历史惯性。革命政治需要人们有广泛的后资本主义治理远见并对此进行反思，因此在结论中，我们的分析正是朝着这样一个政治远景前进的。

结　论

我们使用的廉价物并非凭空而来。导致这些廉价物出现的，是现代世界的各种观念、武力征服与商业机构相结合的激烈熔炼反应。其核心是一系列从一开始就相互交织的二元事物：社会与自然、殖民者与被殖民者、男人与女人、西方世界与其他地区、白人与非白人，以及资本家与工人。这些二元事物中的每一对所起的作用，不仅仅是对当今世界的描述与分类，实际上是对几乎所有人类生命和整个大自然进行支配，并使其变得廉价。资本主义是权力、资本与自然交织在一起的一种世界-生态，这样理解有助于我们弄清楚这些二元事物的一半是如何深深嵌入另一半的，掌权者是如何不遗余力地守卫着它们之间清晰的界限，对那些界限的争夺又是多么激烈。

奴隶、原住民、妇女与劳动者，这并非独一无二的分类，正如我们所看到的那样，他们从一开始就经历并抵制那些总是相互联系在一起的二元事物。甚至在资本主义初期，边疆地区就麻烦不断，马德拉群岛的自由劳工与奴工彼此交好，共同反抗。他们生活质量低劣，遭受主人与雇主鄙视，于是就起来斗争。许多原住民与劳工（从前和现在都是这样）拒绝接受资本主义生态，这引起政府的反应，也导致投资人另寻新种植地与新的秩序、利润及利润榨取模式。

人类与资本主义战略斗争的经验及所采取的应对措施并没有卓越的成功指南伴随着——因为根本就不存在这样的指南。我们根据时代的思想提出政治主张。我们是资本主义生态的产物，因此，正如我们在绪论中所提到的那样，对于如何应对资本主义生态通过我们形成的这种状态转变，我们还没有做好准备。例如，现代人尝试解决廉价自然问题。如果你想看到笛卡儿哲学与资本主义思想以现代方式糅合在一起，你可以这样做：上网，搜索一个生态足迹计算器，并回答上面的问题。计算结果会告诉你，如果所有人以你的方式生活，那么我们将需要多少颗地球（按照美国人的生态足迹的平均值计算，我们需要4颗地球）。进步的环保主义者用生态足迹重点解释人类活动已经透支了地球承载能力。[1] 自从20世纪60年代以来，环保主义者已经得出人口过剩的结论，其评估指标并非是“一个区域的人口密度，而是该区域的资源和环境容量为了维持人类活动所能承载的人口数量”。[2] 换言之，人口过剩是相较于环境承载力而言的。认为环境承载力是理所当然的事情，该观点是在指责生活在发展中国家与发达国家的穷人和劳动阶级，指责他们在争取与生态足迹计算器编程人员有同样生活时会破坏未来环境。这样的马尔萨斯思维使绝望情绪不可避免，也一定会造就种族主义者。

这些生产、消费、再生产的限制因素只能由我们身处其中的制度来确定。这种限制既不是外在的也不是内在的，而是两者都有，由资本主义的权力、生产和自然这一生态体系将其交织在一起。个人生态足迹使我们认识到消费是一种“生活方式的选择”[3]，而不是由社会强制逻辑决定的。如果你摆脱了老旧居住区，成了中产阶级，需要通勤1小时去上班，那么你的生态足迹算不上是一种生活方式的选择。这种选择方式与曾经的英国农民一样，一旦被踢出土地，他们只能“自由”地找工作赚钱，或者“自由”地挨饿。然而更糟的是，生态足迹让我们以为地球危机的驱动因素是“人”与“消费”的聚合，而不是资本主义与帝国的系统机制。回想一下，早在13世纪，在饥荒、瘟疫、封建主义危机爆发前夕，居住在诺曼底的法国农民，假如封建领主给予他们自主权，本可以生产更多食物。今天的农民提出相似的诉求，他们有充分证据表明，与产业化农业相比，生态农业产量更高，碳排放更少。[4] 任何一场妇女运动都是为了争取自己身体的自主权(结果之一就是生育率更低)。然而，在计算个人碳排放量的过程中，农民自主权与女权主义都不是考虑选项。生态足迹，就像现在许多环保主义概念一样，把自然与社会分离开来，这种分离伴随着资本主义的崛起。别忘了我们的物证：人新世。

为了捍卫生态足迹计算观，我们或许会问：它不承认我们这个时代的现实、地球危机、重大气候变化、物种大规模灭绝吗？不，它承认，但这些思维模式解释目前灾难性状况所用的方式，却是一贯性地、极大地低估这样一件事实：现在是过去的产物，是纠缠于生命网络中的权力、资本与阶级血腥史的产物。我们如何理解人口、自然与极限之间的关系，这才是关键。正如伯克利地理学家纳森·塞尔(Nathan Sayre)所解释的那样：

承载力概念有局限性，并不意味着其所明确提出的极限范围不存在或毫无意义——远非如此。而且，该极限几乎并不静止，无法量化，更谈不上可预控。人们可以把世界比作一艘船，却无法使其真的像一艘船。在时间与历史的抽象中，设想环境极限在某种程度上是理想化的自然界所固有的，这是把实体模型误当作实体本身……如果不是因为在其整个历史过程中依附其上的理想主义、静止不变和数字表达的话，人们并不清楚承载力概念是否具有实质内容。它是一个非常枯燥乏味的理解工具，这一点清楚无误。[5]

幸运的是，一些抗议运动为我们提供了更好的工具来理解在生命网络中我们的关系会如何不同，这些运动完全可以发展成后资本主义反霸权运动。[6]

例如，国际农民运动组织"农民之路"，他们清楚气候变化的严重性，及其给自然与人类生活所造成的改变。[7] 该组织的许多成员认为不但要实施生态农业，"停止针对妇女的暴力行为"[8]，还需要稳定的生活——要求获得贷款、粮食储存设施、社区金融服务、能源和产品推广服务，以及缩小城乡差距。

在美国早期殖民者聚居地，"黑人生活运动" 组织在各方面都提出了政治诉求，从化石燃料到社区金融服务、应征入伍的权利，尤其重要的是，提出了赔偿要求。[9] 残疾人权利运动组织不仅批评过小的公共空间，还批评种族、性别与阶级问题。[10] 过去6个世纪以来，美洲土著妇女一直身处资本主义生态第一线，现在她们呼吁人们关注并揭露那种暴行。[11] "不再无作为" 运动组织在加拿大发起抗议，在北达科他的"立岩运动"组织要求去殖民化，反对权力殖民化。阿根廷社会主义女权运动组织"面包与玫瑰" 抗议杀害妇女。提议支持气候变化退出战略的意义在于将各领域的思想者与活动家组织整合在一起，他们认为资源的彻底再分配将需要一场超越资本主义的运动。[12]

在资本主义边疆地区，大众不但要经历多方面问题叠加的影响，而且在抵抗的同时要发展出复杂的系统应对措施。[13] 约翰·乔丹(John Jordan)——“英国收回街路”运动的积极倡导者及发起人之一，主张抵制与替代是“社会变革基因的孪生链”[14]。这种变革将需要资源与空间去发展。对于一场利用生命网络重塑人类关系又同时在生命网络内部重塑人类关系的阶级斗争，这里并没有什么路线图。如果资本主义生态塑造了我们，那么只有当我们反过来实施新的生产方式和彼此关怀的方式时，才能被重新塑造。这是一场重新再来、重新思考、重温我们最基本关系的实践。

为了做出这一努力，我们提出一些想法来补充目前正在进行的重要组织工作。这些想法有助于我们以不同的方式感知过去和现在——在一个尊重生命的社会体系内，随着时间的推移，跨越资本新世。虽然我们可能会对曾看到的系统性变化感到绝望，但革命史就是一部认为事物无法预料、不可能发生却发生的历史。资本新世后，人类前途一片光明，可在整个星球繁荣昌盛。让我们称其为补偿生态吧！这个提法不太好解释——例如，法语里有生态损害赔偿(réparation du préjudice écologique)，即人类破坏环境之后对环境的复原。但这是一条有缺陷的道路，认为自然环境可以恢复的观点既是一种回顾式的看法，也是以原始自然的景象为基础的，而这种“原始自然”是通过种族灭绝与征服发展而来的。

我们雄心勃勃，要另辟蹊径，运用补偿的方式来警醒和牢记资本主义生态如何塑造这个世界，如何影响我们的思考与行动能力，以及如何影响我们用不同方式与生命网络打交道的能力。强调一点，我们并不认为只能以货币形式补偿。这不是寻求损害赔偿，也不是要在这个世上找到遭受资本主义生态伤害最惨的人。有这么一个人，其唯一的错误就是生不逢时，这个人可能是深受气候变化与环境污染之害的妇女，抑或是原住民，而且，其生活又将被能看到这句话的每一个人所累积的恶劣行为弄得每况愈下。了解到这些，我们怎么可能有不同的生活，怎么可能对此无动于衷呢？

该计划的纲要必须包括认识、赔偿、再分配、重建以及愉悦地劳动。

认　识

理解世界生态需要面对历史与未来。我们认识到，我们的生活方式以及将人类与自然分开的思维范畴是历史的，而不是永恒的现实。然而，资本主义二元标准不仅用来描述人类与整个自然，还是一套使人类与自然变得廉价的规范化操作程序。我们所要求的认识，不是个人层面的，而是系统性的、体制层面的认识。在社会组织层面上，即政府、商业机构以及社会改革组织层面，认识到人类与人类行为之间的关系既必要又危险。人们研究这些社会机构，借用第4章的一个隐喻，好像它们是离水之鱼，因为人们往往不考虑研究框架中环境与环境形成的基本联系。在认识的过程中，政府恰恰背叛了他们声称认可的群体。人们只需看看现在政府与原住民之间的关系就一目了然了，因为到处都有这种情况上演。格兰·肖恩·库特哈德的课程深谙加拿大原住民在抗争方面的情况，他认为，如果想成功地过上超越政府的生活，那么与政府约定的事情就必须有限。[15]然而，仅仅理解资本主义生态是远远不够的。它需要改变，并因此做出赔偿。

赔 偿

对所受苦难与赔偿金额进行计算绝非易事。寻求一项赔偿就等于假定《亡灵书》是一个会计分录，有两个条目——一个是损失金额，另一个是赔偿金额。赔偿既不容易达到，也不是最终目的。看看危地马拉的情况，戴安娜·奈尔森(Diane Nelson)所撰写的标题为《清算》的文章列出了行动指南，要求对联合果品公司(United Fruit Company)长期霸占危地马拉廉价香蕉市场所导致的战争以及该公司对土地改革危机所采取的措施追责，后者导致了中情局人事巨变。奈尔森长期以来跟踪报道要求问责与赔偿事宜，最终导致对方以战争罪支付债务，用其中的一部分钱成立了植树基金。她报道了她的一个叫米格拉的线人的情况："在霍亚瓦赫，米格拉的丈夫得到了一些赔偿金，但他并没有种树。她很愤怒，因为她丈夫把钱花在了别的女人身上，却不帮他们的小儿子去美国。"[16]从另一方面看，这证明赔偿毫无用处，也证明当一切都须改变时，只改变其中一件事情是没有希望的。但奈尔森认为这是一场成功的政治抗争，政府几十年来一直在努力粉碎这样的抗争。赔偿金的使用尽管违背了初衷，但是这个问题还是大大好过根本没有赔偿金的问题。

政府并不是唯一该对损害与赔偿负责的机构，记住这一点也很重要。商业公司也该还债，比如，造成博帕尔惨案的陶氏化学(现在控股联碳公司)；或者像"黑人生活运动"组织所说的那样，"凡是保险柜里塞满了通过环境种族主义、奴役、食品种族隔离、住房歧视与种族化资本主义从我们身上榨取的财富"[17]的公司都该赔偿。然而，清算报表永远都不会平衡。原因不是生命与苦难方程式难以计算，而是因为赔偿引起关于历史的激烈争论。没有一个“元年”可以作为由于奴役、征服以及阶级战争而导致的伤亡人数计算的基点。最后，理解资本主义生态所造成的全方位损害，以及对谁造成什么样的损害，不仅需要金钱，还需要构想非货币再分配手段。

我们承认赔偿生态是需要付出代价的。前方困难重重。替代资本主义的建议深得民心，就像第1章所提到的，400多年前以女巫的罪名处决那个不知名的女人时一样，20世纪50年代，美国的共产主义者这样做，他们遭受到了迫害，今天的环保主义者这样做时，他们也成了美国安全部门的重点关注对象。[18] 去殖民化的做法比简单的工人团结更危险，因为这更有可能奏效。[19] 最终，它提出的问题是“你有什么?”“你是如何得到的?”，或许更有煽动性的是“你想要什么?”。这些问题的答案所涉及的资源分配问题，与市场资本主义毫无关系。当然，市场决定资源分配，但我们想要的是非常不同的再分配形式。

再分配

看看奈尔森报道的危地马拉赔偿过程中当事人的命运，就会明白以金钱赔偿受害者本身不可能带来正义。相比之下，赔偿生态提出的问题不是“现在谁得到什么?”，而是“过去谁得到了什么? 谁该为此买单?”。在家长制情况下，家务劳动的再分配就是我们所构想的赔偿生态所涉及的中心内容。同样，我们希望的再分配应包括家庭取暖或者制冷所需的能源，从资本主义必需品中解放出来的食物，两者都由共有制度管理。为了做到这一点，你需要土地和场所，在那里人们能过上超乎常人的生活，也需要聚会场所，形成新的生命网络并不断更新。这就要求长期的重建工作。

重 建

将人类疏散，解决自然与社会的现实问题唯有真抓实干才能实现。针对强制实施这些观念的体制所采取的反抗措施——诸如加拿大的“立岩”运动——可以带来胜利，但这些措施总是成为长期抗争的一部分。[20]正如比伊德威·安妮可维托克(Biidewe'anikwetok)认为的那样，“一次一个名称”“一次一个路线”的去殖民化运动，既是体力工作，也是心理工作。[21]长时间待在心理治疗师沙发上十分危险。这并不是贬低由气候变化造成的心理治疗工作的重要性，[22]而是认为此事不属于镶有橡木板的病房，而应该是在车间、在田野、在办公室、在教室里的事情。这样的重建是集体的解放行为。在资本主义之下，永远不会有人询问大众希望生活在什么样的世界。想象，大胆地想象，这是许多人需要做的事情，因为几个世纪以来，有人防止我们这样做。分享梦想的车间、社区中心、教室以及餐桌本身就需要重建。恢复生态带来快乐，是在找寻充满平等、愉悦的劳动机会的工作生活空间，而不是把工作看作苦差事。

愉悦地劳动

现在掀起了宣称工作终结的小高潮，因为单调乏味的工作将由机器人来承担，这就解放了人类，使其有无限的休闲时间。[23]虽然这种分析存在使人们忘记了资本主义机制与廉价自然之间亲密而又存在暴力关系的危险，但是我们还是感谢这样的分析所带来的希望，人类可在新教徒工作伦理之外（其本身就是令人痛苦的殖民遗产）找到人生的意义与尊严。[24] 这并非反对勤奋工作，而是要求工作有意义，令人愉快，还要求“工作—生活—愉悦”三者之间关系的和谐。在此我们发现促进性的司法观念很有用。恢复性的司法在美国的刑事司法系统中颇为流行，甚至替代了监禁的手段，[25] 其逻辑就是恢复性司法将各种事务重归了现状。但是，如果现状不够好，或很糟糕，该怎么办？在书写关于繁重的生态农业劳动时，克里斯蒂安·蒂默曼（Cristian Timmermann）与乔治·菲利克斯（Georges Félix）发现，将渊博的知识应用于土地、自我决策、联系生命网络所带来的机会，不仅是从事有偿工作，而且有助于改善公平状况，将使自己和所在的社区以及这个世界变得更美好。[26] 在“赔偿生态”标题下，我们歌颂休闲[27]与勤劳所带来的快乐。

我们认为，这些观点提供了一种思维方式，让我们想象在廉价物世界之外，如果没有自然与社会的现实抽象概念以及资本主义生态提出的战略，我们将怎样生活。如果这听起来很有革命性，那就更好了。

注 释

绪 论

题记：Nietzsche, 2001, §125, 120.

1. Roberts, 1989; Hansen and Sato, 2012.
2. Carrington, 2016; 关于“人新世”的研讨会，2016。这里，我们将人新世作为一个地质调查的领域：地质人新世。它与其名气更大的同根兄弟“大众人新世”截然不同，因为后者包含了关于生态危机起源的广泛的讨论。参见：Moore, 2016, 2017a, 2017b。
3. Barnosky et al., 2012, 52.
4. 参见：the excellent N. Klein, 2014。
5. Barnosky et al., 2004.
6. Louys, Curnoe, and Tong, 2007.
7. 据假定，非洲的人类成功迫使巨型动物适应了气候变化和人类狩猎，因此在非洲几乎没有迹象表明动物的灭绝。参见the simulations of Channell and Lomolino, 2000。
8. Ruddiman et al., 2016.
9. Ceballos et al., 2015.
10. Moore, 2016, 78–115; 2017a; 2017b.
11. Bunge, 2015.
12. Liu et al., 2006.
13. Evans, 2014.
14. Bunge, 2015.
15. Oxfam America, 2015.
16. Seabury et al., 2014.
17. Dunkley, 2014.
18. McMichael, 1998; Kaimowitz and Smith, 2001; Gale, Lohmar and Tuan, 2005.
19. 所写的关于人类长期探索的文献：自然是为人类存在的吗？自然的地理改变了人类吗？人类从其原始状态改变了自身吗？
20. Chew, 2001.
21. Mielants, 2002, 2008.

22. Lamb, 2002; Fagan, 2008; Büntgen et al., 2011.
23. Fagan, 2008, 12, 20–21.
24. Hoffmann, 2014, 116.
25. B. Campbell, 2010; Mayhew, 2013.
26. M. Williams, 2003, 93. See also Wickham, 1994.
27. Nairn et al., 2004; Dribe, Olsson and Svensson, 2015.
28. Ruiz, 1994.
29. Jordan, 1997; Fagan, 2008; B. Campbell, 2010.
30. Hilton, 1951.
31. Bois, 1984, 264. 这与20世纪和21世纪呼吁进行农业生态耕作的观点相吻合，如Altieri, 1999; Rosset and Martínez-Torres, 2012。
32. Ziegler, 2013, 40. 关于黑死病的文献很多。参见：McNeill 1976; Cantor 2002; Ruddiman, 2005; DeWitte, 2015。
33. L. White, 1962, 75; Moore, 2003b.
34. DeWitte, 2015.
35. McNeill, 1976.
36. 根据Broadberry, Campbell and van Leeuwen, 2011的计算。同时参见：Lappé et al. 2013; *On declining arable productivity*, Broadberry et al., 2010, 36。
37. Levine, 2001, 325–400; Hilton, 2003, esp. 95–133; Cohn, 2007b.
38. Elvin, 2004.
39. Cohn, 2006, ch.2.
40. 明朝的舰队，不论是规模还是实力，都超过了葡萄牙的舰队。然而，明朝的舰队并没有被皇帝委派任何到海外掠夺的任务，葡萄牙的舰队却带有这样的目的。现代世界的历史充满了偶然性，有过解决各种危机的战略，有的试过，失败了，有些方法却没有被选择。
41. Moore, 2009.
42. Cadamosto (1455), 1937, 9.
43. Verlinden, 1970, 216–17.
44. 猫则与众不同，对甜食根本不屑(li et al., 2005)，但是猫从来都是这样的奇葩。
45. Van Dillewijn, 1952.
46. Schwartz, 2004.
47. Mintz, 1985, 82.
48. W. Phillips, 2004, 29.
49. ibid., 33.
50. Mintz, 1985.
51. Moore, 2007.
52. Moore, 2010e.
53. Ramsey, 1920.
54. Afonso de Albuquerque, quoted in Vieira, 2004, 45.
55. 16世纪20年代，马德拉的蔗糖生产崩溃；16世纪50年代，被圣多美取代；16世纪90年代，圣多美的生产崩溃，被伯南布哥取代；17世纪30年代，伯南布哥的生产崩溃，被巴伊亚取代；17世纪80年代，巴伊亚的生产崩溃，被巴巴多斯取代；18世纪20年代至50年代，巴巴多斯的生产崩溃，被牙买加和海地取代。
56. Bulbeck et al., 1998.
57. Thomas, 1997.
58. Dann and Seaton, 2001; Spínola et al., 2002.
59. 关于蔗糖如何改变了这个星球，有一部意义重大的著作，作者是西敏司(1985)。
60. Dann and Seaton, 2001.
61. 这是未言明的假设，基于熊彼特(1976)对资本主义具有创造性毁灭这一特征的描述。
62. LaDuke, 1994.
63. Le Grange, 2012.
64. Barnhill, 2005; L. Williams, 2012, 95.
65. Levins and Lewontin, 1985; Moore, 2015.
66. Bull and Maron, 2016.
67. Pigou, 1920; J. E. Meade, 1952.
68. 例如，Martinez-Alier, 2014.
69. Goodfriend, Cameron and Cook, 1994.
70. 资本主义经常把自然界的劳动视作“免费的礼物”——该词出现于恩格斯编辑的马克思著作(1967a, 745)。实际上，对于资本来说，自然界的劳动(其中包括人类劳动)既非“免费的”，也非“礼物”。
71. J. Jackson, 1997.
72. Worm et al., 2006;World Economic Forum, 2016.
73. Moore, 2014.
74. Abulafa, 2008.
75. Wallerstein, 1974, 347; Abu-Lughod, 1989; McMichael, 2000.
76. Wallerstein, 1974, 44. See also Moore, 2003a.
77. 参见：例如，Fine (2001) 戳穿“社会资本”理论的谬论。
78. Marx, 1973b, 33.
79. Marx, 1976, 376.
80. Arrighi and Moore, 2001.
81. Arrighi, 1994.
82. Piketty, 2014; 利用员工名单而不用纳税记录，Galbraith and Hale, 2014; 使用了不同的技术，但是结果类似，Veblen (1899), 1973.
83. Arrighi and Moore, 2001.
84. Vieira, 1996.
85. 对劳动和自然的同时剥削，以及资本主义生态一体的自然异化，在文献中被称为“代谢断裂”。参见：Foster, 1999; Wittman, 2009; Schneider and McMichael, 2010; Moore, 2011。
86. Vieira, 1996.
87. 这也解释了为什么《共产党宣言》说全部历史就是阶级斗争的历史，因为在工人阶级和资产阶级之间，发生了反反复复的反抗与压迫的战斗。
88. Disney, 2009, 114.
89. Bales, Trodd and Williamson, 2009.
90. Belser, 2005.

91. O. Patterson, 1982.
92. 完成最初的航行之后，前往殖民地船舰的船长们，都开始携带夫人、家眷和随从再次出航(Boxer, 1975)。关于这些女眷，除了偶尔的几份遗嘱之外，几乎没有其他文字记录可供查询。仅有的几份遗嘱记载了较为富裕的女眷对自己财产(奴隶、家具、衣物)如何处置的遗愿。然而，很明显的是，女性的生育受到了监督。与非奴隶身份白人女性同居的奴隶都被处死了(Vieira, 1996)。
93. H. Klein, 2004, 225.
94. Federici, 2004, 77.
95. 关于早期现代欧洲和现代欧洲女性劳动的讨论，参见：Honeyman and Goodman, 1991; Frader, 2004; WiesnerHanks, 2008。还可参见：Meade and Wiesner(2004)更为广泛和卓越的讨论。Delle, Mrozowski and Paynter, 2000。
96. 正如费德里希所写的那样(Federici,2004)，女巫和凯列班(既丑陋又残忍的人)——这些人分别代表女性和那些不知道自己在新秩序中位置的有色人种——他们同时都是资本主义的现象。
97. Ibid., 92.
98. UNDP, 1995.
99. 伦敦金融城，2016; Payne, 2016。
100. Safri and Graham, 2010, 111.
101. Schwartz, 1985.
102. Carney, 2001.
103. Patel, 2013; Patel and McMichael, 2009.
104. Holt–Giménez and Patel, 2009; Aldrete, 2013. 广泛查阅：De Ste. Croix, 1981。
105. De Vries, 1993; Brown and Hopkins, 1956.
106. 美国农业部，2017a，"Percent of Consumer Expenditures Spent on Food, Alcoholic Beverages, and Tobacco That Were Consumed at Home, by Selected Countries, 2015"。
107. USDA, 2017b, tables 51–53.
108. Ervin and Ogden, 2013; Sheiham and James, 2014. See also the work of the World Public Health Nutrition Association more generally.
109. Verlinden, 1970.
110. 因此，这种木材是最早的"灵活作物"之一(Borras et al., 2014)。"灵活作物"指特殊的作物类型，既可以用作粮食，也可以用作饲料或者燃料原料。——编者注
111. Boyle, 2008, 57.
112. Vieira, 1996.
113. Dussel, 2008.
114. Parise, 2008.
115. Dussel, 2008, 12.
116. Buzan, Wæver and Wilde, 1998.
117. Moore, 2015. 也参见：Moore, 2016; Moore et al., 2017; C. Campbell and Niblett, 2016。在www.academia.edu/Documents/in/World–Ecology可以查阅更多的关于世界–生态的文献。
118. Edwards, 2009.

119. Timmermann and Félix, 2015.
120. Livingston, 2016.
121. Patel et al., 2014.
122. See the General Social Survey conducted by NORC, at http://gss.norc.org/.
123. N. Klein, 2014.
124. Garrett and Jackson *2015, 288, Quoting Walker in Alice Walker:Beauty in Truth* (directed by Pratibha Parmar, 2013).
125. Drawing, with gratitude, on Watts, 1983; Peet and Watts, 2004.

1. 廉价的自然

1. Behar, 1987, 127.
2. *The Oxford English Dictionary* (Simpson and Weiner, 1989) 使用了这个例子"c1330 *Arthour & Merlin* (Auch.) (1973) l. 8270 pev was Dedinete saueage"(saueage 为中世纪英语，即 savage，"英勇"之意)。
3. *The Oxford English Dictionary* (Simpson and Weiner, 1989)中另外一个示例出自约翰·洛克1690年的著作《人类理解论》："一些野蛮国家异乎寻常的残暴。" savage 此时有了"野蛮"的意思。
4. R. Williams, 1976, 292.
5. Foucault, 2003.
6. Braudel, 1953; Wallerstein, 1974; Moore, 2016.
7. Pomeranz, 2000.
8. Gunaratne, 2001.
9. Lo, 1955.
10. Broadberry and Gupta, 2006.
11. Elvin, 2004.
12. Sohn-Rethel, 1978; Jameson, 1998; Toscano, 2008; Schneider and McMichael, 2010; La Berge, 2014; Toscano, 2016.
13. Wang Surge and Walker, 2013.
14. Crumley, 1994; Lieberman, 2009.
15. Bois, 1984.
16. Merchant, 1980; Moore, 2015.
17. Wallerstein, 1974; Moore, 2003b.
18. Mumford, 1934; Kicza, 1992; Sued-Badillo, 1992; Abulafa, 2008; Bleichmar, 2009.
19. Modest, 2012, 86. 公正地讲，哥伦布不是第一位见到新大陆的人。他声称会给第一个发现大陆的人一件丝质紧身上衣，并且按照西班牙国王和王后的许诺，每年给这个人1万西班牙金币。一个叫罗德里戈·德·特里亚纳的水手于1492年10月12日上午2点发现了这块大陆(Columbus, 2003)。可是，哥伦布却私自保留了这笔奖赏。直到哥伦布死去之后那个水手才得到这些奖金，而且还是通过对塞维利亚的屠夫征税才得以凑齐并发放的。
20. Columbus, 2003, 123.
21. Elliott, 1963, 68-69.
22. Elliott, 1984, 312.

23. Werlh of, 1988; Rai, 1993.
24. Stavig, 2000. 在这一时期，西语单词“natural”跟英文单词“nature”和“society”一样，也经历了意义上的转变，即从“某一特定城市土生土长的人”转变成类似“自然的一部分”的意义。
25.D.Arnold, 1996.
26. Dussel, 2008.
27. Descartes, 1985, 142–43.
28. De Vries and Van der Woude, 1997; Moore, 2010a, 2010b.
29. Amrine, 2010.
30. Bacon, 1861, 296.女性主义批评见Merchant, 1980; Harding, 1991。为培根辩护的人有很多，如 Soble, 1995; Vickers, 2008。但是我们认为，对于培根的指控(最近一次是于2013年被Merchant发表)更具说服力。
31. Daly, 1990.
32. Dussel, 2014, 44. See also Grosfoguel and Mielants, 2006.
33. Cobarrubias and Pickles, 2009.
34. Mumford, 1934, 20.
35. Ingold, 1993; Brotton, 1997; Wintle, 1999.
36. Chaudhuri, 1985; Pearson, 1987.
37. Ingold, 1993; Taylor, 2004.
38. Brotton, 1997, 166.
39. Descartes, 1985, 142–43.
40. “无产阶级化”这个术语几乎总是显得片面，一个更加准确的术语可以是“半无产阶级化”。参见：Wallerstein, 1983。
41. Brenner, 1976, 61–62.
42. Ibid., 44.
43. Whittle, 1998, 56.
44. Brenner, 1976, 2001, 1993.
45. J. C. Scott, 1985; Kain and Baigent, 1992.
46. Wood, 2007.
47. Wallerstein, 1974, 255.
48. R. Allen, 2000, 8.
49. Montaño, 2011, 157.
50.伴随着资本主义的重心转向了亚洲，一些传统意义上的知识被重新估价，这相当引人瞩目。2015年，因中医药事业的推进，诺贝尔生理或医学奖颁给了中国中医药学的专家，这在诺贝尔奖设立的时候是无法想象的。
51.亨利八世的顾问之一，北安普敦伯爵，转引自Lustick, 1985, 23，同时参见：Ohlmeyer, 2016。爱尔兰人对圈地运动的回应是小块土地占有制。这是一种农业所有制和集体管理的融合形式。它是对英国统治的一种替代方案，但是因为它限制了土地扩张，所以最终劳动力被归成群组，前往苏格兰寻找工作。Yager, 2002; Gannon, 2015。
52. Moore, 2017a.
53. U. Phillips, 1929.

54. Naylor, 2016.
55. *Al Jazeera*, 2016.
56. Sherwood and Huber, 2010; Pal and Eltahir, 2016.
57. Inani, 2015.
58. Bromwich, 2016. 从长远看，洪水发生的频度和剧烈程度与相对小幅的气候变化有紧密关系(Knox, 1993)。

2. 廉价的货币

题记：Francisco de Quevedo y Villegas, quoted in Felloni and Laura, 2014, 12 (两位作者的译文); Felipe Guamán Poma de Ayala,quoted in Dussel, 2014, 43.

1. Harrisse, 1888. 哥伦布因迎娶豪门女子而拥有了大量的财富。可是因为执迷于横跨大西洋，他把财富消耗殆尽，到了1484年还欠下一笔债务(Mohawk, 1992, 26)。
2. 琴图廖内家族也投资过明矾开采。明矾是羊毛加工过程中重要的材料。
3. Catz, 1993, 22–23.
4. Boyle, 2008, 54–55.
5. Kicza, 1992.
6. Nader, 2002, 402.
7. Thomas, 2013, 48.
8. McCarthy, 1915; Sued–Badillo, 1992.
9. Majid, 2009, 31; Kaplan, 2010; Thomas, 2013, 48.
10. McCarthy, 1915.
11. 尼尔在2015年所写著作的第一章中很好地总结了金钱的发展历史。
12. Ibid., 16.
13. Braudel, 1977, 64–65.
14. 想了解未来利率和战争的发展趋势，参见：Hills, Thomas, and Dimsdale, 2010。
15. Moore, 2015.
16. Arrighi, 1994; Arrighi and Silver, 1999.
17. Headrick, 1988; Stone, 1999.
18. Shaikh, 2011, 45.
19. Day, 1978, 12.
20. Wei, Fang, and Su, 2014.
21. Atwell, 2002, 97.
22. McNally, 2014.
23. Atwell, 2002, 97.
24. Weatherford, 2009, 126.
25. Wallerstein 1974.
26. Patterson, 1972, 230. For England, see M. Allen, 2001.
27. Ehrenberg, 1985; Häberlein, 2012; Steinmetz, 2016.
28. Nef, 1941.
29. Vilar and White, 1976.
30. Day, 1978, 47; Ruggiero, 2015. 西北欧商品交易速度有了巨大提升，其明显之处在于白银远离威尼斯和但泽(今格丹斯克)并流向了安特卫普。参见：Munro, 2003, 11。随着银条供应的增长以及交易速度的上升，货币的价格也随之下降。在1480~1520年的时间里，安特卫普的利率可能降了一半；意大利的利率也下降了，只不过降幅不大，大约为20%(Homer and Sylla, 1996, 142; 同时参见：Koenigsberger and Mosse, 1968, 50)。

31. Blanchard, 2001, 110 - 11.
32. Holborn, 1982, 72.
33. Agricola (1556), 1950, 8.
34. Westoby, 1989, 56. See also Birrell, 1987.
35. Blickle, 1981.
36. Ibid., 198 - 99.
37. Münzer, 1524, quoted in Marx, 2000, 68.
38. Braudel, 1972, 339, 388 - 89.
39. Epstein, 1996.
40. Lopez, 1964.
41. Braudel, 1972, 339.
42. Coles, 1957, 18.
43. Heers, 1961; Dotson and Agosto, 1998, 11.
44. Coles, 1957, 19.
45. 为了掌握公共财政状况，复式记账法很有必要。圣乔治奥国家银行最早的账簿始于1340年，其记账格式便是如此。虽然这一体系也在古朝鲜独立形成(O. Miller, 2007)，还汲取了中东地区早已确立的记账方法(Zaid, 2004)，但这仍算是一个很重要的技术，因为它具有现代财务的特点。会计成了财务中必要的终极执行人，这绝非偶然(经济学家们则相当于从会计那里获取过的高薪水的剧本作者)。
46. Felloni and Laura, 2014, 65.
47. Spence, 1870.
48. Epstein, 1996, 281.
49. Epstein, 2001, xi.
50. 可参见：Gleeson-White, 2012。博兰在2009年的著作里用更枯燥的术语解释了为什么在弗格森2009年的著作里没有提到圣乔治奥国家银行。
51. Neal, 2015, 50 - 51.
52. Lopez, 1964; Abu-Lughod, 1989; Epstein, 1996, 273.
53. Lopez, 1964.
54. Thomas, 2013, 48.
55. Elliott, 1963, ch. 3.
56. Bagnall, 1999.
57. Parker, 1996; Eltis, 1998.
58. Tilly, 1992, 79.
59. Parker, 1976.
60. Hart, Brandon and Goossens, 2008; Tallett 2010, 169 - 73.
61. Tallett, 2010, 170.
62. Black, 1991, 30; Tallett, 2010, 169.

63. Dauverd, 2014, 60.
64. Ibid., 61.
65. Barrera–Osorio, 2010.
66. Suárez de Figueroa (1617), 1914, 20, quoted in Elliott, 1992, 96.
67. Lynch, 1964, 61–62.
68. Tallett, 2010, 175.
69. Palmer, 1974, 561. 西班牙并非个案：在大革命前夕，法国的战争费用和债务总额占了国家财政预算的75% (Michael Duy, 1980, 7)。同时参见：P. Anderson, 1975,32–33。
70. Elliott, 1963, 90.
71. P. Anderson, 1975, 70. 在票面上的营收是增长了3倍，书中提及实际营收增长2倍是考虑价格通胀的因素计算出来的。
72. Franklin, 1950, 69.
73. P. Anderson, 1975, 33.
74. Langley, 2002.
75. Fernow, 1911; Westermann, 1996; Moore, 2007, ch. 2.
76. Von der Heydt–Coca, 2005.
77. Ibid., 286.
78. Studnicki–Gizbert and Schecter, 2010, 96. See also Moore, 2010d.
79. Bakewell, 1987, 242; Moore, 2007.
80. Moore, 2007; Studnicki–Gizbert and Schecter, 2010, 96.
81. Moore, 2010d.
82. Flynn and Giráldez, 1995, 2002.
83. Flynn and Giráldez, 2002.
84. Flynn and Giráldez, 1995, 205. See also Flynn, 1984.
85. Gotzek et al. 2015.
86. Schumpeter, 1961, 138.
87. Braudel, 1984, 604.
88. Arrighi and Moore, 2001, 61.
89. Ruth Hall et al., 2015.
90. Bennett, Govan and Satterfeld, 2015.
91. Cahan, Marboe and Roedel, 2016.
92. Hildyard, 2016. 随着"小额信贷"的崛起，它将攫取资本的基础(尤其是发展中国家)延伸到了女性群体 (Keating, Rasmussen and Rishi, 2010; Roy, 2010)。
93. Varoufakis, 2016.
94. Harvey, 2005.
95. IMF, 2015.
96. IMF, 2014.
97. Apostolopoulou and Adams, 2015.
98. EU, 2017.

3. 廉价的劳动

1. Columbus, quoted in Koning, 1976, 82.
2. Epstein(2001) 也受此困扰。
3. W. Phillips, 2013.
4. Stevens–Arroyo, 1993.
5. Maxwell, 1975, 53.
6. 请注意，这可能被认为是维护资本主义生态理论知识的起源，比起福柯的《雷达》(*radar*)一书中对知识的生物政治学记载要早很多。参见第4章。
7. Zorrilla, 2006, 253–254. 笔者的翻译。
8. Resé ndez, 2016.
9. Roper and Brockington, 1984.
10. Quirk, 1954; Roper and Brockington, 1984; Parise, 2008.
11. Mies, 1986, 77. See also Moore, 2015.
12. M. Davis, 2004, 13.
13. Seabrook, 2003.
14. De Ste. Croix, 1981; O. Patterson, 1982.
15. Applebaum, 1992; Boissonnade and Power, 2011.
16. Cicero (45 bce), 1933; D. Arnold, 1996.
17. Moore, 2003b.
18. 很偶然的是，这也是现代食物银行的谱系图。
19. Mumford (1934), 2010.
20. Wickham, 2008, 10.
21. Dohrn–van Rossum, 1996, 283.
22. Thompson, 1967, 63.
23. Price, 1992, 64, 60.
24. Nguyen, 1992.
25. Kinsbruner, 2005, 142.
26. Spinden, 1920.
27. G. Jones, 1989.
28. Thompson, 1967, 90–91.
29. Alatas, 1977; Schwartz, 1978; Tinker, 1993.
30. F. R. Godfrey, quoted in Select Committee of the Legislative Council on the Aborigines, 1859, 71; Nanni, 2011, 12.
31. Dredge, 1839–43, quoted in Nanni, 2011, 23.
32. See also in for nineteenth–century California, Hurtado, 1988, ch2.
33. Sahlins, 1972, 24; Harris, 1978. 另参见：Minge–Klevana et al., 1980; Fischer–Kowalski et al., 2010。时间管理的原则并不总是有效。故意拖延和盗用时间的行为依然是劳动者们抵抗雇佣者的方式。参见：J. C. Scott, 1985。
34. Pew Research Center, 2010.
35. Reséndez, 2016.
36. Moore, 2010d.

37. Paul–Majumder and Begum, 2000.
38. Mintz, 1985, 47.
39. Linebaugh and Rediker, 2000; Hart, 1991; J. C. Scott, 1985.
40. Stein, 1984; Renda, 2001; Macdonald, 2010; Santiago–Valles, 2005.
41. Marx, 1967b, 133.
42. Marx, 1976, 638.
43. Marx, 1973a, 13。.
44. 2016年9月,这次虚假冲突的悲剧再一次浮出水面。冲突围绕北达科他州接入管道的预期完成时间。此管道全长近1200英里(约1900公里),用于从北达科他州向伊利诺伊州南部输送原油。美国劳工联合会–产业工会联合会(简称"劳联–产联")是美国重要的劳工联盟。即使苏族部落及其联盟组织大力反抗联邦政府侵犯其土地,危及其水的供应,劳联–产联依然呼吁联邦政府确保管道铺设顺利完成。但是苏族部落有工人运动组织的支持,尤其受到联盟国家护士联合组织的支持。该组织声称,此管道铺设项目对"大众健康造成持久的威胁"(Registered Nurse Response Network, 2016)。关于劳动、生态以及原住民社会运动政治的趋同性所预示的发展趋势,詹姆斯·奥康纳早在30年前(1988年)就已经略有涉及。随着资本主义将现金交易延伸到社会生态再生产的主要领域,不仅人类及非人类的生存状态受到威胁,而且,反对资本主义斗争的新形势也随之建立。
45.USBC, 1990, 132 (http://www2.census.gov/prod2/decennial/documents/00165897ch14.pdf).
46. Johnson, 2013.
47. Solar, 2012.
48. Calculated from Atkin, 1992, 17–18.
49. Page and Walker, 1991, 294.
50. Friedmann, 1978, 546.
51. Wolf, 1982.
52. Page and Walker, 1991, 308.
53. Sinclair, 1906, 412–13.
54. 围绕世界不同发展前景的冲突涉及全世界所有国家。2003年Silver描绘了全世界范围内工人停工的变化,意义重大。
55. Robert Hall, 1989.
56. Hornborg, 2006.
57. Beckert, 2014, 192.
58. Aptheker, 1943.
59. Genovese, 1992; Tomich, 1990; Wish 1937; Reis, 1993.
60. Linebaugh and Rediker, 2000.
61. 尽管低估20世纪20年代苏俄共产主义者非凡的思想创造力的做法是愚蠢的。
62. Lenin, 1965, 152. See also Bailes, 1977.
63. Fitzgerald, 2003, 157–83. 2008年,Kagarlitsky有力地反驳了以下看法:苏维埃的发展模式孕育于"共产主义"的意识形态和地理环境之中,与资本主义的发展和变迁不同。苏维埃工业化过程及农业产业化过程极度依赖主要资本主义国家的进口和贷款(Nove, 1992)。

64. Josephson, 2013, 74. 对于自然，约瑟夫森(及他人)极力强调苏维埃与资本主义观点的区别所在。其结论与我们的观点有所不同。
65. Dunn, 2017, 57.
66. Lichtenstein, 2002, 234.
67. Silver, 2003, 68–69.
68. M. Davis, 1986.
69. Burawoy, 1983.
70. Sonn, 1997, 参见：in Silver, 2003, 64。
71. Butollo and Ten Brink, 2012.
72. ILO, 2014.
73. Mies, 1986; Werlhof, 1988; Federici, 2004; Moore, 2015; Habermann, 2016.

4. 廉价的关怀

1. O' Connell, 2004.
2. Catz, 1993, 33.
3. 虽然有了她继承而来的贵族身份的支持，哥伦布还是未能筹够资金来进行他的跨大西洋航行之旅。他还得等热那亚方面的关系来资助这个航行计划。
4. Barreto, 1992; O' Connell, 2004及其他学者都对哥伦布和佩雷斯特雷罗的关系发表了大量评论性文章，但彼此的结论大相径庭。
5. Columbus, 2003, 111.
6. Michele de Cuneo, in Morison, 1963, 212, quoted in Keller, 1994, 59.
7. Ibid.
8. 可参看第2章关于自然和科学的讨论。
9. Berna et al., 2012; Bowman et al., 2009. see also Balée, 2006. 历史生态学领域是热衷于分析性别问题的领域之一。
10. Zamora, 1990. For an extended discussion, see Trexler, 1995.
11. Trexler, 1995, 1.
12. Sigal, 2000, ch. 4.
13. Stoler, 2010, 47. See also Lugones, 2007.
14. Voss, 2008, 196.
15. Mies, 1986; Dunaway, 2015.
16. McClintock , 1995提供了此处概要。
17. Federici, 2004, 8.
18. J. W. Scott, 1999.
19. 本部分标题选取自Bayly, 2004, 49，并在此做了进一步阐述。
20. Seccombe, 1992; Coontz and Henderson, 2016.
21. 需要明确的是，我们并非想重现辉格党的父权制历史。玛莎·豪厄尔(Martha Howell, 2010)的著作提醒我们，尽管资本主义的许多基础形成于1300年到1600年，但通过阅读直接而有意识地了解这一段引向我们的现代世界的历史，有助于缩小我们和前人的世界的差异。
22. 更多内容参见：WorldValuesSurvey.org。

23. Alesina, Giuliano and Nunn, 2013.
24. Breasted, 1919, 424.
25. La Vega, 1688, 378.
26. Donkin and Wenner-Gren Foundation for Anthropological Research, 1979, 5.
27. A. Clark, 1919.
28. Amussen, 1988, ch. 1.
29. Gouge, 1622, 1.
30. Federici, 2004; Mies, 1986. see also Ariel Salleh' s important work(e.g., Salleh, 1997).
31. Foucault, 1973, 1979, 1980, 2008.
32. Segato, 2014.
33. Federici, 2004, 15-16.
34. Raworth, 2014.see also Merchant, 1980; Federici, 2004.
35. Locke, 2003, 101.
36. Gold, 1984; Prince, 1988; Rose, 1993; Berger, 2008.
37. Belsey, 2013.
38. Corri, 1983.
39. Belsey, 2013.
40. Belsey(2013)表示不赞同这一说法，虽然可以肯定安德鲁斯确实是一位勤劳而且成功的农场主。
41. Postle, 2002, 16.
42. Rose, 1993.
43. Corri, 1983.
44. Stoneman, 2015.
45. Boserup, 1970, 34.
46. McKeon, 1995.see also Snell, 1987。McKeon 指出，snell的数据全部来自英格兰南部。
47. Platter, 1937, 181-82, quoted in Amussen, 1988, 48.
48. Erickson, 2005.
49. Idid.，5。
50. Carlos, Maguire, and Neal, 2006.
51. Eisenstein, 1979.
52. Hill, 1989.
53. Rae, 1895; Marçal, 2015.
54. A. Smith (1759), 1976, 240-41.
55. D. Smith, 1993.
56. Bloch, 1978.
57. Connell, 1990, 511，提到这种普通公民的观念如何一直存续在自由主义理论中。
58. see，e.g. Barbin, 1980; Herdt, 1994.
59. Sudarkasa, 1986; Mamdani, 1996.
60. Oyěwùmí , 1997, 78.
61. Ibid., 124-25。
62. 还需注意的是，有白人定居者各州在创造了女性这一范畴之后，有时也给予她们投票权，这个做法比宗主国早了数十年(Connell, 1990, 521)。

63. Morgan, 1997. See also K. Hall, 1996a.
64. Atkins (1735), 1970, 50, quoted in Morgan, 1997, 188。
65. Morgan, 2004.
66. Van Kirk, 1983.
67. Ulrich, 1991; Folbre, 2006.
68. Lutz, 2002.
69. Stoler, 1989.
70. Connell, 1995做了概述；Strasser和Tinsman(2010)对拉丁美洲研究做了很好的文献总结。
71. Stotsky et al., 2016, 39.
72. Inglehart and Norris, 2003.
73. Bhattacharya, 2006.
74. Safri and Graham, 2010.
75. 美国国家营养监测局, 2012; 计划委员会, 2012。
76. Hirway and Jose, 2011.
77. F. Arnold et al., 2009.
78. Cowan, 1983; Bittman, Rice and Wajcman, 2004. Kenyon (2010) 指出了时间使用调查问卷法在了解对占用女性时间的进一步苛刻要求方面的局限性，这从另一个侧面反映了资本主义生态对大驯化的影响。
79. S. Offer and Schneider, 2011.
80. Tsing, 2015, 66; Wright, 2006.
81. Standing, 2016.
82. Yeates, 2005; ILO, 2015; Maybud, 2015.
83. Glenn, 1992.
84. Rudrappa, 2015.
85. Dalla Costa and James, 1973, 40.
86. Yeates, 2009.
87. A. Davis, 1983, 373.
88. Piven, 1990.
89. Wakeman, 1868, 29.
90. Mink, 1990, 93.
91. Orren, 1991.
92. Rolf, 2016.
93. Rosen, 2000; Fraser, 2012; Goldberg, 2014. 参见：Schlozman, Burns and Verba, 1999对工会的独特作用的论述。
94. Glenn, 2010.
95. Falquet, 2006.
96. Segato, 2014. 这些攻击可以在文化干预的幌子下实现系统化，类似于在非洲持续许久的政治迫害。Federici, 2008.

5. 廉价的食物

1. Mariana–Costantini and Ligabue, 1992.
2. Columbus, 2003, 139.
3. Ibid., 232–33.
4. Ratekin, 1954.
5. Solow, 1987, 718.
6. Braudel, 1981, 256.
7. Braudel, 1977, 11–12.
8. 可以肯定的是，人类粮食系统的范围远远超出了“文明植物”，扩展至放牧、火耕、渔民社区和游牧。
9. Patel and McMichael, 2009; Bruins and Bu, 2006.
10. Maddison, 2007, 43.
11. 英国农业革命的优秀调查报告包括 Thirsk, 1987和Overton, 1996。
12. 根据 G. Clark(2002)的推测。第一次现代农业革命的发源地不是英格兰而是荷兰，英格兰人从荷兰人那里学会了资本主义农业。但是英格兰的人口和规模越来越大，加上煤炭的大量使用，使得农业革命成为一个有价值的讨论话题。
13. Ormrod, 2003, 213–18; 基于R. Davis, 1954, 302 的计算。
14. Ormrod, 2003, 214.
15. Overton, 1996, 197.
16. R. Davis, 1954. See also Moore, 2010c; Broadberry, Campbell and van Leeuwen, 2011.
17. G. Clark, Huberman and Lindert, 1995.
18. R. Allen, 2000, 20.
19. Hufton, 1983, 304.
20. Lipsett–Rivera, 1990; Arroyo Abad, Davies and van Zanden, 2012.
21. Abel, 1980, 197–198.
22. Charlesworth, 1983.
23. Mantoux, 1961, 141–142; Slicher van Bath and Ordish, 1963, 319; R. Jackson, 1985.
24. Hobsbawm and Rude, 1969, 27.
25. G. Clark, 2007, 67–68.
26. Moore, 2010c.
27. Pomeranz, 2002, 442.
28. Hufton, 1971.
29. Colwill, 1989, 67.
30. Slaughter, 1986; Wallerstein, 1989; Bayly, 2004.
31. Lenin, 1987, 229.
32. Engel, 1997.
33. M. Davis, 2001. See also Bohstedt, 2016.
34. Charles Trevelyan, quated in Ranelagh, 1999, 117.
35. Trevelyan, quated in Handy, 2009, 332.
36. M. Davis, 2001.

37. Ibid., 302.
38. Ibid., 303.
39. Wolf, 1982, 258.
40. Lovell, 2012, 20.
41. Fortune, 1852, 357.
42. Brockway, 1979a, 26–29.
43. Brockway, 1979b.
44. A. Offer, 1991.
45. Erisman et al., 2008.
46. Galloway et al., 2004.
47. Manning, 2004.
48. Alcantara, 1973, 25.
49. 农业活动咨询委员会, 1951, 4, 在Brinkmann, 2009, 5中引用。
50. Gaud, 1968.
51. Dubin and Brennan, 2009, 21.
52. 统计总局, 1955, 13–16.
53. Patel, 2013.
54. Ibid.
55. 依据 Cochrane, 1979, 128; EPI, 2012, 2013, 2014计算。
56. Moore, 2010c.
57. 依据 Fuglie and Wang, 2012, 2; Grantham, 2011计算。
58. 参见: FAOSTAT database at www.fao.org/faostat/en/#home。
59. Rosset, 2000.
60. Specter, 2014.
61. Tiwana et al., 2009.
62. Kumar and Kumar, 2016, 3.
63. Wiggins and Keats, 2015.
64. V. Miller et al., 2016.
65. Patel, 2007, ch 3.
66. McMichael, 2009.
67. Patel et al., 2014, 22.
68. Weis, 2013, 1–2.
69. Ibid., 126.
70. Cronon, 1991.
71. PennState Extension, 2015.
72. EPA, 2012.
73. Gerber et al., 2013.
74. Olson–Sawyer, 2013.
75. Burbach and Flynn, 1980; Moody, 1988; Rachleff, 1993.
76. Bello, 2009, 39–53.
77. Robinson, 2013.

78. Giles, 2017.
79. Patel et al., 2014.
80. Araghi, 2013.
81. Herrero et al., 2017.
82. IPCC, 2007, 36; 2014.
83. Moore, 2015, 252.
84. Fuglie, MacDonald and Ball, 2007; Matuschke, Mishra and Qaim, 2007.
85. Gurian-Sherman, 2009.
86. Lobell and Field, 2007.
87. Peng et al., 2004; Cerri et al., 2007; Kucharik and Serbin 2008; Lobell, Schlenker and Costa-Roberts, 2011; National Research Council, 2011; Challinor et al., 2014; Shindell, 2016.
88. Braconier, Nicoletti and Westmore, 2014.

6. 廉价的能源

题记：Columbus, 2003, 161.
1. Bowman et al., 2009.
2. Berna et al., 2012.
3. Herodotus, 1945, 311, referenced in Heizer, 1963, 188.
4. Mcglone and Wilmshurst, 1999.
5. Teng, 1927.
6. 人类继续按可持续的原则利用着森林资源。当人类社会有足够的自治能力和有一个帮助人类能够从偶发的灾难中恢复过来的基地时，他们可以一起成功地管理共有资源(Thirsk, 1964)。例如，21世纪开采森林资源的平民能够比企业和国家政府更好地管理森资源(Chhatre and Agrawal, 2009)。
7. Cronon, 1983, 51.
8. Dull et al., 2010.
9. Parker, 2014.
10. S. Lewis and Maslin, 2015.
11. Birrell, 1987.
12. Linebaugh, 2008, 6, 306.
13. Ibid., 55.
14. P. Lewis, 1811, 186, quoted in ibid., 8.
15. Elvin, 2004, 20.
16. 这个争论已经有1个多世纪了。参见：Luxemburg (1913), 2003; Wallerstein, 1974; Bunker, 1985。
17. Leach, 1987, 64; Nathan and Kelkar, 1997; Gylfason and Zoega, 2002.
18. Huber, 2009; Abramsky, 2010.
19. World Economic Forum, 2012, 3.
20. Westra, 1998.
21. Gerretson, 1953, 1.
22. Andriesse, 1988.

23. Smil, 2010, 83; R. Allen, 2013; Oram, 2013. Wrigley (1990, 59) 并不看好泥炭的能量密度，认为其在相同重量情况下，能量只有煤炭的1/2。
24. Van Dam, 2001.
25. De Vries and van der Woude, 1997, 38.
26. Van Dam, 2001.
27. Davids, 2008.
28. Brenner, 1976.
29. Brenner, 2001.
30. Zeeuw, 1978; De Vries and van der Woude, 1997, 182.
31. Smil, 2010, 83.
32. De Vries and van der Woude, 1997; van Dam, 2001.
33. De Vries and van der Woude, 1997, 199–200.
34. Wallerstein, 1974, 121–22.
35. Topolski, 1962; Moore 2010b.
36. Davids, 2008, 239, 408–9.
37. Van der Woude, 2003.
38. De Vries and van der Woude, 1997, 37.
39. Van der Woude, 2003.
40. Unger, 1984, 245–46.
41. Van der Woude, 2003, 75.
42. Van Zanden, 1993, 172, cited in Davids, 2008, 18.
43. De Vries and van der Woude, 1997, ch. 12.
44. Ibid., 631.
45. Nef, 1934; De Vries and van der Woude, 1997, 37–40.
46. Nef, 1964是早期工业化的典型描述。也可参见：Moore, 2016, 78–115; 2017a。
47. Solinus, Collectanea rerum memorabilium (Polyhistor) 22, quoted in Freese, 2003, 15.
48. Malanima, 2009, 61.
49. Braudel, 1981, 369.
50. Wrigley, 1990, 59.
51. De Vries and van der Woude, 1997, 631.
52. R. Allen, 2009, 105.
53. Ibid., especially 156–81.
54. Ibid., 217–37.
55. Fremdling, 2005.
56. Von Tunzelmann, 1981.
57. Bonneuil and Fressoz, 2016, 108–9.
58. Smil, 1999.
59. Foster and Clark, 2009.
60. A. Offer, 1991.
61. Erisman et al., 2008.
62. Foster, 1999; Finlay, 2002, 120.

63. Beckman, Borchers and Jones, 2013, 14.
64. Erisman et al., 2008, 637.
65. Wills, 1972; Patel 2013.
66. Weis, 2013, 72.
67. Woods et al., 2010.
68. Gnutzmann and Spiewanowski, 2016.
69. Friedmann, 1993.
70. Marx, 1976, 638.
71. Chiluwa, 2015; Doherty et al., 2003.
72. Andrews, 2008.
73. Zinn, 2003.
74. Watts, 2004.
75. Mitchell, 2009.
76. Painter, 2014.
77. Huber, 2013.
78. Kander, Malanima and Warde, 2013, 260–64; Painter, 2014.
79. 在1950~1973年，世界石油产量增加了7.79%，全球GDP增长了4.9%(依据 Maddison, 2007, 380; EPI, 2010, 2计算)。
80. Prashad, 2012 tells the story compellingly.
81. Mitchell, 2011, 184.
82. Shah of Iran, quoted in D. Smith, 1973, in Prashad, 2012, 57.
83. K. Phillips, 2009, 15.
84. Panitch and Gindin, 2012.
85. N. Klein, 2007.
86. Baffes et al., 2008, 60; IMF, 2008, 95; Bina, 1990; FTI Consulting, 2016; Chapman, 2014.
87. DARA and the Climate Vulnerable Forum, 2012.
88. IEA, 2008, 3.
89. Parenti, 2016.
90. Srnicek and, 2017.
91. Larry Lohmann关于这个问题的研究是不可或缺的。Lohmann在2008年出版的著作是此研究领域非常不错的入门书籍。
92. IEA, 2016.
93. 在刚果民主共和国的维龙加国家公园，为保护山地大猩猩，人们主要与当地的木炭业做斗争。木炭生产商通过屠杀大猩猩使国家公园倒闭，从而获得其中的木材资源(Emmanuel DeMerode, personal commanication)。
94. Revette, 2016.
95. International Rivers Network, 2011.
96. Benchimol and Peres, 2015.

7. 廉价的生命

1. Columbus, 2003, 114.

2. 参见：Diamond, 2005。
3. Gramsci, 1978. See also S. Hall, 1996.
4. Hannaford, 1996.
5. Grosfoguel and Mielants, 2006.
6. B. Anderson, 2006, 149.
7. Anonymous, 1893, 128.
8. Graetz (1894), 1967, 612. See also Hannaford, 1996, 113–15.
9. Haensch et al., 2010.请注意，这与Cohn(2002)和Cantor(2002)的假设相矛盾，该假设认为包括炭疽等一系列不同的病原体造成了黑死病。
10. Aberth, 2005, 21–22.
11. Goldstone, 2011, 2.
12. Cohn, 2007a, 20.
13. Cahill, 1994, 339.
14. Katzew, 2004, 190–92.
15. Martínez, 2011.
16. Linné, 1806, 375–76.
17. Deans-Smith, 2005.
18. Montaño, 2011, 23.
19. Cavanagh, 2013.
20. 用园艺作为驯服野蛮的表达方式并不完全是欧洲现象(Drayton, 2000)。这种改善与国家地位交织在一起(Helgerson, 1992)。
21. Canny, 2001, 120.
22. Ibid., 148–51.
23. Wily, 2012.
24. Montano, 2011, 2.
25. John Davies，致Salisbury伯爵, 1610, 引自 E. Wood, 2003, 81–82。
26. 边疆观念有助于解决关于爱尔兰到底是殖民地还是帝国的争论，是英国的一部分还是大西洋的一部分的争论。把爱尔兰作为边疆来理解，就是把它理解为一个在这些范畴之间不断变化的地方，不是转型而是不断变化。
27. 1993年，在一篇题为《哥伦布在爱尔兰》的文章中，米兰·拉伊(Milan Rai)描述了占领者使用多种暴力方式，设法征服爱尔兰人，烧毁庄稼，这是艾塞克斯伯爵在1599年用来对抗奥康纳的策略——“目的是”，正如一位当代人所评论的那样，“让全郡立即燃起大火”(Falls, 1950, 240)——造成大量公共森林被毁，这种做法差不多在300年后的美国印第安战争中才再次出现。把火当成武器来毁坏雇工的生计，想法设法让他们把劳动力卖给资本家是一种在殖民地通过试验形成的做法，然后这些雇工就被带到其他地方。英国政府对于这种倒卖雇工的现象给予奖励，花大价钱慷慨购买反叛者的人头。在美洲大陆，许多在战争中对抗爱尔兰人的退伍军人都发现这是个好差事。有些人把学到的经验教训和农作物一同带回国。很明显爱尔兰人爱吃土豆，土豆在爱尔兰作为主食首次是在1606年被提及。奥利弗·克伦威尔下令，联邦军故意破坏爱尔兰的农场——但是土豆长在地下。乔治·库克上校，当时是韦克斯福德总督，在1652年3月请求突袭，“在搜索了所有的树林和泥沼之后，我们发现了大量的谷物，并把它烧掉了，也烧掉了所有能够找到的房屋和谷仓；在所有的房屋里都能找到大量的谷物。我们一连4天破坏和烧毁，在这段时间里，我们不需要给马匹和人员提供补给，尽管我们每天清晨都烧毁我们的营房，整天持续燃烧。若每天没有肥美的羊肉、牛肉、猪肉或者其他美食作为晚餐，士兵会"磨洋工"。在这些地区的敌人主要依靠这个村庄提供补给。我相信我们已经摧毁了能够供给几千人伙食的粮食，直到明年收获季节"（引自Ellis, 1988, 37）。库克很早就移民到新英格兰，并且于1646年担任马萨诸塞州议会的发言人。他从"新大陆"回来了，"新大陆"本身就是一个边疆，在横跨大西洋旅行的过程中，欧洲和美洲的殖民地人民的命运相互影响。

28. Scarth, 2010; Moloney, 2011; Neocleous, 2014.
29. Armitage, 2004, 609.
30. Locke, Second Treatise, §27, 引用同上., 609.
31. Pitts, 2010; Hinshelwood, 2013.
32. Foucault, 2008.
33. Resnick, 1992.
34. Santiago-Valles's (2005) 对18世纪和19世纪奴隶起义的全球调查在这里特别有帮助。
35. Stein, 1984.
36. Renda, 2001.
37. 1/3的国旗都包含某种宗教意象(Theodorou, 2014).
38. See,e.g, B. Anderson 2006; Montaño, 2011.
39. Nairn, 1977, 340.
40. B. Anderson, 2006, 149–50.
41. Foucault, 1980, especially 15–50.
42. Mosse, 1988, 8–12.
43. Appadurai, 1988.
44. See Patel, 2007, ch. 4, for more on Cheyne.
45. Mantena, 2010.
46. Mamdani, 2012, 30.
47. Mamdani, 2012.
48. David, 2002.
49. Halperin, 2013; McMichael, 2017.
50. Hardoon, Ayele, and Fuentes-Nieva, 2016.
51. Patel and McMichael, 2004.
52. M. Davis, 2015.
53. Kino-nda-niimi Collective, 2014.
54. Coulthard, 2014.
55. Webber, 2017.

结 论

1. Wackernagel and Rees, 1996; Wackernagel and Silverstein, 2000; Wackernagel et al., 2002.
2. Ehrlich and Ehrlich, 1990, 38.
3. Wackernagel and Rees, 1996, 113.
4. De Schutter, 2010.

5. Sayre, 2008, 132. See also Moore, 2015.
6. Gramsci, 1978.
7. 尽管如此，某些“农民之路”(La via Compesina)运动组织的成员早已背叛了这些原则，比如印度农民联盟在穆扎法讷格尔(Muzaffarnagar)反穆斯林骚乱中的行为——布拉斯(Brass)在1995年就已暗示，并于2013年证实了这一点。
8. La Via Campesina, 2009.
9. 有30多条诉求，详见：https://policy.m4bl.org/downloads/ at the time of writing。
10. McRuer, 2006; L. Davis, 2016.
11. Lucashenko, 1996; Quijano, 2000; Barker, 2006; Grey and Patel, 2014.
12. Foster, 2013.
13. Barkin and Lemus, 2016.
14. N. Klein, 2014, 405.
15. Coulthard, 2014.
16. Nelson, 2009, 300.
17. Movement for Black Lives, n.d.
18. Potter, 2013.
19. Walia, 2014.
20. Kino-nda-niimi Collective, 2014.
21. Biidewe’ anikwetok, 2014.
22. Dodds, 2011.
23. E.g., Srnicek and Williams, 2015.
24. Hudson and Cöukos, 2005.
25. Latimer, Dowden, and Muise, 2005.
26. Timmermann and Félix, 2015.
27. See, eg, Horning, Gerhard and Michailow 1995 for new notions of time.

参考文献

Abel, Wilhelm. 1980. *Agricultural Fluctuations in Europe: From the Thirteenth to the Twentieth Centuries.* London: Methuen.

Aberth, John. 2005. *The Black Death, 1348–1350: The Great Mortality of 1348–1350; a Brief History with Documents.* New York: Palgrave Macmillan.

Abramsky, Kolya. 2010. *Sparking a Worldwide Energy Revolution: Social Struggles in the Transition to a Post-petrol World.* Edinburgh: AK Press.

Abulafia, David. 2008. *The Discovery of Mankind: Atlantic Encounters in the Age of Columbus.* New Haven, CT: Yale University Press.

Abu-Lughod, Janet L. 1989. *Before European Hegemony: The World System A.D. 1250–1350.* New York: Oxford University Press.

Advisory Committee for Agricultural Activities. 1951. "The World Food Problem, Agriculture, and the Rockefeller Foundation." June 21. Rockefeller Foundation Records, Administration, Program and Policy, RG 3.1, series 908, box 14, folder 144. Rockefeller Archive Center, New York. Available at http://rockefeller100.org/items/show/3780.

Agricola, Georgius. (1556) 1950. *De re metallica.* Translated by Herbert Hoover and Lou Henry Hoover. New York: Dover.

Alatas, Syed Hussein. 1977. *The Myth of the Lazy Native: A Study of the Image of the Malays, Filipinos and Javanese from the 16th to the 20th Century and Its Function in the Ideology of Colonial Capitalism.* Abingdon, Oxford: Frank Cass.

Alcantara, Cynthia Hewitt de. 1973. "The 'Green Revolution' as History: The Mexican Experience." *Development and Change* 4, no. 2: 25–44.

Aldrete, Gregory S. 2013. "Riots." In *The Cambridge Companion to Ancient Rome*, edited by Paul Erdkamp, 425–40. Cambridge: Cambridge University Press.

Alesina, Alberto, Paola Giuliano, and Nathan Nunn. 2013. "On the Origins of Gender Roles: Women and the Plough." *Quarterly Journal of Economics* 128, no. 2: 469–530.

Al Jazeera. 2016. "Heatwave Continues to Bake Parts of the Middle East." August 28. www.aljazeera.com/news/2016/08/heatwave-continues-bake-parts-middle-east-160828091709175.html.

Allen, Martin. 2001. "The Volume of the English Currency, 1158–470." *Economic History Review* 54, no. 4: 595–611.

Allen, Robert C. 2000. "Economic Structure and Agricultural Productivity in Europe, 1300–1800." *European Review of Economic History* 4, no. 1: 1–25.

———. 2009. *The British Industrial Revolution in Global Perspective*. Cambridge: Cambridge University Press.

———. 2013. "Anthropocenic Poetics: Ethics and Aesthetics in a New Geological Age." In "Energy Transitions in History: Global Cases of Continuity and Change," edited by Richard W. Unger. Special issue of *Rachel Carson Center Perspectives* 2013, no. 2: 11–15.

Altieri, Miguel. 1999. "Applying Agroecology to Enhance the Productivity of Peasant Farming Systems in Latin America." *Environment, Development and Sustainability* 1: 197–217.

Altvater, Elmar. 2007. "The Social and Natural Environment of Fossil Capitalism." *Socialist Register* 2007: 37.

Amrine, Frederick. 2010. "The Unconscious of Nature: Analyzing Disenchantment in *Faust I*." *Goethe Yearbook* 17, no. 1: 117–32.

Amussen, Susan Dwyer. 1988. *An Ordered Society: Gender and Class in Early Modern England*. Oxford: Basil Blackwell.

Anderson, Benedict. 2006. *Imagined Communities: Reflections on the Origin and Spread of Nationalism*. Rev. ed. London: Verso.

Anderson, Perry. 1975. *Lineages of the Absolutist State*. London: New Left Books.

Andrews, Thomas G. 2008. *Killing for Coal: America's Deadliest Labor War*. Cambridge, MA: Harvard University Press.

Andriesse, J. P. 1988. *Nature and Management of Tropical Peat Soils*. Rome: Food and Agricultural Organization of the United Nations.

Anonymous. 1893. "Israel." *Quarterly Review*, vol. 176, 106–39. London: John Murray.

Apostolopoulou, Evangelia, and William M. Adams. 2015. "Neoliberal Capitalism and Conservation in the Post-crisis Era: The Dialectics of 'Green' and 'Un-green' Grabbing in Greece and the UK." *Antipode* 47, no. 1: 15–35.

Appadurai, Arjun. 1988. "How to Make a National Cuisine: Cookbooks in Contemporary India." *Comparative Studies in Society and History* 30, no. 1: 3–24.

Applebaum, Herbert A. 1992. *The Concept of Work: Ancient, Medieval, and Modern*. Albany: State University of New York Press.

Aptheker, Herbert. 1943. *American Negro Slave Revolts*. New York: Columbia University Press.

Araghi, Farshad. 2013. "The End of Cheap Ecology and the Future of 'Cheap Capital.'" Paper presented at the Annual Meeting of the Political Economy of World-Systems Section of the American Sociological Association, University of California, Riverside, April 11–13.

Armitage, David. 2004. "John Locke, Carolina, and the *Two Treatises of Government*." *Political Theory* 32, no. 5: 602–27.

Arnold, David. 1996. *The Problem of Nature: Environment, Culture and European Expansion*. Oxford: Blackwell.

Arnold, Fred, Sulabha Parasuraman, P. Arokiasamy, and Monica Kothari. 2009. *Nutrition in India*. National Family Health Survey (NFHS-3), India, 2005–6. Mumbai: International Institute for Population Sciences. http://rchiips.org/nfhs/nutrition_report_for_website_18sep09.pdf.

Arrighi, Giovanni. 1994. *The Long Twentieth Century. Money, Power and the Origins of Our Times*. London: Verso.

Arrighi, Giovanni, and Jason W. Moore. 2001. "Capitalist Development in World Historical Perspective." In *Phases of Capitalist Development: Booms, Crises and Globalizations*, edited by Robert Albritton, Makoto Itoh, Richard Westra, and Alan Zuege, 56–75. London: Palgrave Macmillan.

Arrighi, Giovanni, and Beverly J. Silver. 1999. *Chaos and Governance in the Modern World System*. Minneapolis: University of Minnesota Press.

Arroyo Abad, Leticia, Elwyn Davies, and Jan Luiten van Zanden. 2012. "Between Conquest and Independence: Real Wages and Demographic Change in Spanish America, 1530–1820." *Explorations in Economic History* 49, no. 2: 149–66.

Atkin, M. 1992. *The International Grain Trade*. Cambridge: Woodhead.

Atkins, John. (1735) 1970. *A Voyage to Guinea, Brazil, and the West Indies in His Majesty's Ships, the Swallow and Weymouth*. London: Cass.

Atwell, William S. 2002. "Time, Money, and the Weather: Ming China and the 'Great Depression' of the Mid-Fifteenth Century." *Journal of Asian Studies* 61, no. 1: 83–113.

Bacon, Francis. 1861. *The Philosophical Works of Francis Bacon*. Edited by James Spedding, Robert Leslie Ellis, and Douglas Denon Heath. Vol. 4. London: Longman.

Baffes, John, Donald Mitchell, Elliot Riordan, Shane Streifel, Hans Timmer, and William Shaw. 2008. *Global Economic Prospects 2009: Commodities at the Crossroads*. Global Economic Prospects and the Developing Countries. Washington DC: World Bank. http://documents.worldbank.org/curated/en/586421468176682557/Global-economic-prospects-2009-commodities-at-the-crossroads.

Bagnall, Nigel. 1999. *The Punic Wars: Rome, Carthage, and the Struggle for the Mediterranean*. London: Pimlico.

Bailes, Kendall E. 1977. "Alexei Gastev and the Soviet Controversy over Taylorism, 1918–24." *Soviet Studies* 29, no. 3: 373–94.

Bakewell, Peter J. 1987. "Mining." In *Colonial Spanish America*, edited by Leslie Bethell, 203–49. Cambridge: Cambridge University Press.

Balée, William. 2006. "The Research Program of Historical Ecology." *Annual Review of Anthropology* 35, no. 1: 75–98.

Bales, Kevin, Zoe Trodd, and Alex Kent Williamson. 2009. *Modern Slavery: The Secret World of 27 Million People*. Oxford: Oneworld.

Barbin, Herculine. 1980. *Herculine Barbin: Being the Recently Discovered Memoirs of a Nineteenth-Century French Hermaphrodite*. Translated by Richard McDougall. New York: Pantheon.

Barker, Joanne. 2006. "Gender, Sovereignty, and the Discourse of Rights in Native Women's Activism." *Meridians: Feminism, Race, Transnationalism* 7, no. 1: 127–61.

Barkin, David, and Blanca Lemus. 2016. "Third World Alternatives for Building Post-capitalist Worlds." *Review of Radical Political Economics* 48, no. 4: 569–76.

Barnhill, David Landis. 2005. "Buddhism." In *The Encyclopedia of Religion and Nature*, edited by Bron Raymond Taylor, 236–39. London: Thoemmes Continuum.

Barnosky, Anthony D., Elizabeth A. Hadly, Jordi Bascompte, Eric L. Berlow, James H. Brown, Mikael Fortelius, Wayne M. Getz, et al. 2012. "Approaching a State Shift in Earth's Biosphere." *Nature* 486, no. 7401: 52–58.

Barnosky, A.D., P.L. Koch, R.S. Feranec, S.L. Wing, and A.B. Shabel. 2004. "Assessing the Causes of Late Pleistocene Extinctions on the Continents." *Science* 306, no. 5693: 70–75.

Barrera-Osorio, Antonio. 2010. *Experiencing Nature: The Spanish American Empire and the Early Scientific Revolution.* Austin: University of Texas Press.

Barreto, Mascarenhas. 1992. *The Portuguese Columbus, Secret Agent of King John II.* New York: St. Martin's.

Bayly, C.A. 2004. *The Birth of the Modern World, 1780–1914: Global Connections and Comparisons.* Malden, MA: Blackwell.

Beckert, Sven. 2014. *Empire of Cotton: A Global History.* New York: Knopf.

Beckman, Jayson, Allison Borchers, and Carol A. Jones. 2013. *Agriculture's Supply and Demand for Energy and Energy Products.* Washington DC: United States Department of Agriculture Economic Research Service.

Behar, Ruth. 1987. "The Visions of a Guachichil Witch in 1599: A Window on the Subjugation of Mexico's Hunter-Gatherers." *Ethnohistory* 34, no. 2: 115–38.

Bello, Walden F. 2009. *The Food Wars.* London: Verso.

Belser, Patrick. 2005. *Forced Labour and Human Trafficking: Estimating the Profits.* Geneva: International Labor Organization. http://digitalcommons.ilr.cornell.edu/forcedlabor/17/.

Belsey, Hugh. 2013. "Andrews, Robert (1725–1806)." In *Oxford Dictionary of National Biography,* edited by Lawrence Goldman. Oxford: Oxford University Press. www.oxforddnb.com/view/article/95074.

Benchimol, Maíra, and Carlos A. Peres. 2015. "Predicting Local Extinctions of Amazonian Vertebrates in Forest Islands Created by a Mega Dam." *Biological Conservation* 187: 61–72.

Bennett, Nathan James, Hugh Govan, and Terre Satterfield. 2015. "Ocean Grabbing." *Marine Policy* 57: 61–68.

Berger, John. 2008. *Ways of Seeing.* London: Penguin.

Berna, Francesco, Paul Goldberg, Liora Kolska Horwitz, James Brink, Sharon Holt, Marion Bamford, and Michael Chazan. 2012. "Microstratigraphic Evidence of In Situ Fire in the Acheulean Strata of Wonderwerk

Cave, Northern Cape Province, South Africa." *Proceedings of the National Academy of Sciences* 109, no. 20: E1215–E1220.

Bhattacharya, Prabir C. 2006. "Economic Development, Gender Inequality, and Demographic Outcomes: Evidence from India." *Population and Development Review* 32, no. 2: 263–92.

Bianchi, Suzanne M., Liana C. Sayer, Melissa A. Milkie, and John P. Robinson. 2012. "Housework: Who Did, Does or Will Do It, and How Much Does It Matter?" *Social Forces* 91, no. 1: 55–63.

Biidewe'anikwetok. 2014. "Reclaiming Ourselves One Name at a Time." In *The Winter We Danced: Voices from the Past, the Future, and the Idle No More Movement,* edited by the Kino-nda-niimi Collective, 163–66. Winnipeg: ARP.

Billig, Michael. 1995. *Banal Nationalism.* London: Sage.

Bina, Cyrus. 1990. "Limits of OPEC Pricing: OPEC Profits and the Nature of Global Oil Accumulation." *OPEC Review* 14, no. 1: 55–73.

Biro, Andrew. 2005. *Denaturalizing Ecological Politics: Alienation from Nature from Rousseau to the Frankfurt School and Beyond.* Toronto: University of Toronto Press.

Birrell, Jean. 1987. "Common Rights in the Medieval Forest: Disputes and Conflicts in the Thirteenth Century." *Past and Present* 117: 22–49.

Bittman, Michael, James Mahmud Rice, and Judy Wajcman. 2004. "Appliances and Their Impact: The Ownership of Domestic Technology and Time Spent on Household Work." *British Journal of Sociology* 55, no. 3: 401–23.

Black, Jeremy. 1991. *A Military Revolution? Military Change and European Society, 1550–1800.* London: Macmillan.

Blanchard, Ian. 2001. "International Capital Markets and Their Users, 1450–1750." In *Early Modern Capitalism: Economic and Social Change in Europe, 1400–1800,* edited by Maarten Prak, 107–24. London: Routledge.

Bleichmar, Daniela. 2009. "A Visible and Useful Empire: Visual Culture and Colonial Natural History in the Eighteenth-Century Spanish World." In *Science in the Spanish and Portuguese Empires, 1500–1800,* edited by Bleichmar, Paula De Vos, Kristin Huffine, and Kevin Sheehan, 290–310. Stanford, CA: Stanford University Press.

Blickle, Peter. 1981. *The Revolution of 1525: The German Peasants' War from a New Perspective.* Translated by Thomas A. Brady and H.C. Erik Midelfort. Baltimore: Johns Hopkins University Press.

Bloch, Ruth H. 1978. "Untangling the Roots of Modern Sex Roles: A Survey of Four Centuries of Change." *Signs* 4, no. 2: 237–52.

Bohstedt, John. 2016. "Food Riots and the Politics of Provisions from Early Modern Europe and China to the Food Crisis of 2008." *Journal of Peasant Studies* 43, no. 5: 1035–67.

Bois, Guy. 1984. *The Crisis of Feudalism: Economy and Society in Eastern Normandy, c. 1300–1550.* Cambridge: Cambridge University Press.

Boissonnade, Prosper, and Eileen Power. 2011. *Life and Work in Medieval Europe.* Abingdon, Oxford: Routledge.

Boland, Vincent. 2009. "The World's First Modern, Public Bank." *Financial Times,* April 17. www.ft.com/content/6851f286–288d-11de-8dbf-00144feabdc0.

Bonneuil, Christophe, and Jean-Baptiste Fressoz. 2016. *The Shock of the Anthropocene: The Earth, History and Us.* London: Verso.

Borras, Saturnino M., Jr., Jennifer C. Franco, Ryan Isakson, Les Levidow, and Pietje Vervest. 2014. "Towards Understanding the Politics of Flex Crops and Commodities: Implications for Research and Policy Advocacy." Amsterdam: Transnational Institute.

Boserup, Ester. 1970. *Woman's Role in Economic Development.* London: Allen and Unwin.

Bowman, D.M., J.K. Balch, P. Artaxo, W.J. Bond, J.M. Carlson, M.A. Cochrane, C.M. D'Antonio, et al. 2009. "Fire in the Earth System." *Science* 324, no. 5926: 481–84.

Boxer, C.R. 1975. *Women in Iberian Expansion Overseas, 1415–1815: Some Facts, Fancies and Personalities.* New York: Oxford University Press.

Boyle, David. 2008. *Toward the Setting Sun: Columbus, Cabot, Vespucci, and the Race for America.* New York: Walker.

Braconier, Henrik, Giuseppe Nicoletti, and Ben Westmore. 2014. "Policy Challenges for the Next 50 Years." OECD Economic Policy Paper No. 9, Organization for Economic Cooperation and Development, Paris. www.oecd-ilibrary.org/economics/policy-challenges-for-the-next-50-years_5jz18gs5fckf-en.

Brass, Tom. 1995. *New Farmers' Movements in India.* Ilford, London: Frank Cass.

Braudel, Fernand. 1953. "Qu'est-ce que le XVIe siècle?" *Annales: Économies, Sociétés, Civilisations* 8, no. 1: 69–73.

———. 1972. *The Mediterranean and the Mediterranean World in the Age of Philip II.* Translated by Siân Reynolds. Vol. 1. London: Collins.

———. 1977. *Afterthoughts on Material Civilization and Capitalism.* Translated by Patricia Ranum. Baltimore: Johns Hopkins University Press.

———. 1981. *The Structures of Everyday Life: The Limits of the Possible.* Translated and revised by Siân Reynolds. London: Collins.

———. 1984. *The Perspective of the World.* Translated by by Siân Reynolds. Vol. 3 of *Civilization and Capitalism, 15th–18th Century.* New York: Harper and Row.

Breasted, James Henry. 1919. "The Origins of Civilization." *Scientific Monthly,* October, 289–578.

Brenner, Robert. 1976. "Agrarian Class Structure and Economic Development in Pre-industrial Europe." *Past and Present* 70: 30–75.

———. 1993. *Merchants and Revolution: Commercial Change, Political Conflict, and London's Overseas Traders, 1550–1653.* Princeton, NJ: Princeton University Press.

———. 2001. "The Low Countries in the Transition to Capitalism." *Journal of Agrarian Change* 1, no. 2: 169–241.

Brinkmann, Mankel. 2009. "Fighting World Hunger on a Global Scale: The Rockefeller Foundation and the Green Revolution in Mexico." www.rockarch.org/publications/resrep/brinkmann.pdf.

Broadberry, S. N., B. M. S. Campbell, Alexander Klein, Mark Overton, and Bas van Leeuwen. 2010. "English Economic Growth, 1270–1700." CAGE Online Working Paper Series 2010, no. 21, Department of Economics, University of Warwick, Coventry, UK.

Broadberry, Stephen, Bruce Campbell, and Bas van Leeuwen. 2011. "English Medieval Population: Reconciling Time Series and Cross Sectional Evidence." www.basvanleeuwen.net/bestanden/medievalpopulation7.pdf.

Broadberry, Stephen, and Bishnupriya Gupta. 2006. "The Early Modern Great Divergence: Wages, Prices and Economic Development in Europe and Asia, 1500–1800." *Economic History Review* 59, no. 1: 2–31.

Brockway, Lucile H. 1979a. *Science and Colonial Expansion: The Role of the British Royal Botanic Gardens.* New York: Academic.

———. 1979b. "Science and Colonial Expansion: The Role of the British Royal Botanic Gardens." *American Ethnologist* 6, no. 3: 449–65.

Bromwich, Jonah Engel. 2016. "Flooding in the South Looks a Lot like Climate Change." *New York Times,* August 16. www.nytimes.com/2016/08/17/us/climate-change-louisiana.html.

Brotton, Jerry. 1997. *Trading Territories: Mapping the Early Modern World.* Ithaca, NY: Cornell University Press.

Brown, E.H. Phelps, and Sheila V. Hopkins. 1956. "Seven Centuries of the Prices of Consumables, Compared with Builders' Wage-Rates." *Economica* 23, no. 92: 296–314.

Bruins, Hendrik J., and Fengxian Bu. 2006. "Food Security in China and Contingency Planning: The Significance of Grain Reserves." *Journal of Contingencies and Crisis Management* 14, no. 3: 114–24.

Bulbeck, David, Anthony Reid, Tan Lay Cheng, and Wu Yiqi. 1998. *Southeast Asian Exports since the 14th Century: Cloves, Pepper, Coffee, and Sugar.* Singapore: Institute of Southeast Asian Studies.

Bull, J. W., and M. Maron. 2016. "How Humans Drive Speciation as Well as Extinction." *Proceedings of the Royal Society B: Biological Sciences* 283, no. 1833.

Bunge, Jacob. 2015. "How to Satisfy the World's Surging Appetite for Meat." *Wall Street Journal,* December 4. www.wsj.com/articles/how-to-satisfy-the-worlds-surging-appetite-for-meat-1449238059.

Bunker, Stephen G. 1985. *Underdeveloping the Amazon: Extraction, Unequal Exchange, and the Failure of the Modern State.* Chicago: University of Chicago Press.

Büntgen, Ulf, Willy Tegel, Kurt Nicolussi, Michael McCormick, David Frank, Valerie Trouet, Jed O. Kaplan, et al. 2011. "2500 Years of European Climate Variability and Human Susceptibility." *Science* 331, no. 6017: 578–82.

Burawoy, Michael. 1983. "Between the Labor Process and the State: The Changing Face of Factory Regimes under Advanced Capitalism." *American Sociological Review* 48, no. 5: 587–605.

Burbach, Roger, and Patricia Flynn. 1980. *Agribusiness in the Americas.* New York: Monthly Review Press.

Burkett, Paul, and John Bellamy Foster. 2006. "Metabolism, Energy, and Entropy in Marx's Critique of Political Economy: Beyond the Podolinsky Myth." *Theory and Society* 35, no. 1: 109–56.

Butollo, Florian, and Tobias ten Brink. 2012. "Challenging the Atomization of Discontent." *Critical Asian Studies* 44, no. 3: 419–40.

Buzan, Barry, Ole Wæver, and Jaap de Wilde. 1998. *Security: A New Framework for Analysis.* Boulder, CO: Lynne Rienner.

Cadamosto [Alvise da Ca' da Mosto]. (1455) 1937. *The Voyages of Cadamosto and Other Documents on Western Africa in the Second Half of the Fifteenth Century.* Translated and edited by G.R. Crone. London: Hakluyt Society.

Cahan, Bruce B., Irmgard Marboe, and Henning Roedel. 2016. "Outer Frontiers of Banking: Financing Space Explorers and Safeguarding Terrestrial Finance." *New Space* 4, no. 4: 253–68.

Cahill, David. 1994. "Colour by Numbers: Racial and Ethnic Categories in the Viceroyalty of Peru, 1532–1824." *Journal of Latin American Studies* 26, no. 2: 325–46.

Campbell, Bruce. 2010. "Nature as Historical Protagonist: Environment and Society in Pre-industrial England." *Economic History Review* 63, no. 2: 281–314.

Campbell, Chris, and Michael Niblett, eds. 2016. *The Caribbean: Aesthetics, World-Ecology, Politics.* Liverpool: Liverpool University Press.

Canny, Nicholas P. 2001. *Making Ireland British, 1580–1650.* Oxford: Oxford University Press.

Cantor, Norman F. 2002. *In the Wake of the Plague: The Black Death and the World It Made.* New York: HarperCollins.

Carlos, Ann M., Karen Maguire, and Larry Neal. 2006. "Financial Acumen, Women Speculators, and the Royal African Company during the South Sea Bubble." *Accounting, Business and Financial History* 16, no. 2: 219–43.

Carney, Judith Ann. 2001. *Black Rice: The African Origins of Rice Cultivation in the Americas.* Cambridge, MA: Harvard University Press.

Carrington, Damian. 2016. "The Anthropocene Epoch: Scientists Declare Dawn of Human-Influenced Age." *Guardian,* August 29. www.theguardian.com/environment/2016/aug/29/declare-anthropocene-epoch-experts-urge-geological-congress-human-impact-earth.

Catz, Rebecca. 1993. *Christopher Columbus and the Portuguese, 1476–1498.* Westport, CT: Greenwood.

Cavanagh, Edward. 2013. "Kingdom or Colony? English or British? Early Modern Ireland and the Colonialism Question." *Journal of Colonialism and Colonial History* 14, no. 2.

Ceballos, Gerardo, Paul R. Ehrlich, Anthony D. Barnosky, Andrés García, Robert M. Pringle, and Todd M. Palmer. 2015. "Accelerated Modern Human–Induced Species Losses: Entering the Sixth Mass Extinction." *Science Advances* 1, no. 5.

Cerri, Carlos Eduardo P., Gerd Sparovek, Martial Bernoux, William E. Easterling, Jerry M. Melillo, and Carlos Clemente Cerri. 2007. "Tropical Agriculture and Global Warming: Impacts and Mitigation Options." *Scientia Agricola* 64: 83–99.

Challinor, A.J., J. Watson, D.B. Lobell, S.M. Howden, D.R. Smith, and N. Chhetri. 2014. "A Meta-analysis of Crop Yield under Climate Change and Adaptation." *Nature Climate Change* 4, no. 4: 287–91.

Channell, Rob, and Mark V. Lomolino. 2000. "Trajectories to Extinction: Spatial Dynamics of the Contraction of Geographical Ranges." *Journal of Biogeography* 27, no. 1: 169–79.

Chapman, Ian. 2014. "The End of Peak Oil? Why This Topic Is Still Relevant despite Recent Denials." *Energy Policy* 64: 93–101.

Charlesworth, Andrew. 1983. *An Atlas of Rural Protest in Britain, 1548–1900*. London: Croom Helm.

Chaudhuri, K.N. 1985. *Trade and Civilisation in the Indian Ocean: An Economic History from the Rise of Islam to 1750*. Cambridge: Cambridge University Press.

Chew, Sing C. 2001. *World Ecological Degradation: Accumulation, Urbanization, and Deforestation, 3000 B.C.–A.D. 2000*. Walnut Creek, CA: AltaMira.

Cheyne, George. 1733. *The English Malady; or, A Treatise of Nervous Diseases of All Kinds*.... London: G. Strahan.

Chhatre, Ashwini, and Arun Agrawal. 2009. "Trade-Offs and Synergies between Carbon Storage and Livelihood Benefits from Forest Commons." *Proceedings of the National Academy of Sciences* 106, no. 42: 17667–70.

Chiluwa, Innocent. 2015. "'Occupy Nigeria 2012': A Critical Analysis of Facebook Posts in the Fuel Subsidy Removal Protests." *Clina* 1, no. 1: 47–69.

Cicero, Marcus Tullius. (45 BCE) 1933. *De natura deorum; Academica*. Translated by H. Rackham. Vol. 19 of *Cicero in Twenty-Eight Volumes*. London: William Heinemann.

City of London. 2016. *Total Tax Contribution of UK Financial Services*. 9th ed. London: City of London Corporation.

Clark, Alice Shaw. 1919. *Working Life of Women in the Seventeenth Century*. London: G. Routledge and Sons.

Clark, Gregory. 2002. "The Agricultural Revolution and the Industrial Revolution: England, 1500–1912." Unpublished manuscript. Department of Economics, University of California, Davis. http://faculty.econ.ucdavis.edu/faculty/gclark/papers/prod2002.pdf.

———. 2007. *A Farewell to Alms: A Brief Economic History of the World.* Princeton, NJ: Princeton University Press.

Clark, Gregory, Michael Huberman, and Peter H. Lindert. 1995. "A British Food Puzzle, 1770–1850." *Economic History Review* 48, no. 2: 215–37.

Cline, Sarah. 2015. "Guadalupe and the Castas: : The Power of a Singular Colonial Mexican Painting." *Mexican Studies / Estudios Mexicanos* 31, no. 2: 218–47.

Cobarrubias, Sebastián, and John Pickles. 2009. "Spacing Movements: The Turn to Cartographies and Mapping Practices in Contemporary Social Movements." In *The Spatial Turn: Interdisciplinary Perspectives,* edited by Barney Warf and Santa Arias, 36–58. London: Routledge.

Cochrane, Willard W. 1979. *The Development of American Agriculture: A Historical Analysis.* Minneapolis: University of Minnesota Press.

Cohn, Samuel K., Jr. 2002. "The Black Death: End of a Paradigm." *American Historical Review* 107, no. 3: 703–38.

———. 2006. *Lust for Liberty: The Politics of Social Revolt in Medieval Europe, 1200–1425—Italy, France, and Flanders.* Cambridge, MA: Harvard University Press.

———. 2007a. "The Black Death and the Burning of Jews." *Past and Present* 196: 3–36.

———. 2007b. "Popular Insurrection and the Black Death: A Comparative View." *Past and Present* 195, suppl. 2: 188–204.

Coles, Paul. 1957. "The Crisis of Renaissance Society Genoa, 1488–1507." *Past and Present* 11: 17–47.

Columbus, Christopher. 2003. "Journal of the First Voyage of Columbus." In *The Northmen, Columbus and Cabot, 985–1503,* edited by Julius E. Olson and Edward Gaylord Bourne, 85–258. Original Narratives of Early American History. New York: Charles Scribner's Sons, 1906. Available at www.gutenberg.org/files/18571/18571-h/18571-h.htm.

Colwill, Elizabeth. 1989. "Just Another *Citoyenne?* Marie-Antoinette on Trial, 1790–1793." *History Workshop* 28, no. 1: 63–87.

Connell, R.W. 1990. "The State, Gender, and Sexual Politics." *Theory and Society* 19, no. 5: 507–44.

———. 1995. *Masculinities*. Berkeley: University of California Press.

Coontz, Stephanie, and Peta Henderson, eds. 2016. *Women's Work, Men's Property: The Origins of Gender and Class*. London: Verso.

Corri, Adrienne. 1983. "Gainsborough's Early Career: New Documents and Two Portraits." *Burlington Magazine* 125, no. 961: 210–16.

Coulthard, Glen Sean. 2014. *Red Skin, White Masks: Rejecting the Colonial Politics of Recognition*. Minneapolis: Minnesota University Press.

Cowan, Ruth Schwartz. 1983. *More Work for Mother: The Ironies of Household Technology from the Open Hearth to the Microwave*. New York: Basic.

Cronon, William. 1983. *Changes in the Land: Indians, Colonists, and the Ecology of New England*. New York: W. W. Norton.

———. 1991. *Nature's Metropolis: Chicago and the Great West*. New York: W. W. Norton.

———. 1995. *Uncommon Ground: Toward Reinventing Nature*. New York: W. W. Norton.

Crumley, Carole. 1994. "The Ecology of Conquest." In *Historical Ecology: Cultural Knowledge and Changing Landscape*, edited by Crumley, 183–201. Santa Fe: School of American Research Press.

Dalla Costa, Mariarosa, and Selma James. 1973. *Power of Women and the Subversion of the Community*. 2nd ed. Bristol: Falling Wall.

Daly, Mary. 1990. *Gyn/ecology: The Metaethics of Radical Feminism*. Boston: Beacon.

Dann, Graham M. S., and A. V. Seaton. 2001. "Slavery, Contested Heritage and Thanatourism." *International Journal of Hospitality and Tourism Administration* 2, nos. 3–4: 1–29.

DARA and the Climate Vulnerable Forum. 2012. *Climate Vulnerability Monitor: A Guide to the Cold Calculus of a Hot Planet*. 2nd ed. Madrid: Estudios Gráficos Europeos.

Dauverd, Céline. 2014. *Imperial Ambition in the Early Modern Mediterranean: Genoese Merchants and the Spanish Crown*. Cambridge: Cambridge University Press.

David, Saul. 2002. *The Indian Mutiny: 1857*. London: Viking.

Davids, Karel. 2008. *The Rise and Decline of Dutch Technological Leadership: Technology, Economy and Culture in the Netherlands, 1350–1800*. Vol. 1. Leiden: Brill.

Davis, Angela Y. 1983. *Women, Race and Class*. New York: Vintage.

Davis, Lennard J. 2016. *The Disability Studies Reader.* 5th ed. New York: Routledge.

Davis, Mike. 1986. *Prisoners of the American Dream: Politics and Economy in the History of the US Working Class.* London: Verso.

———. 2001. *Late Victorian Holocausts: El Niño Famines and the Making of the Third World.* London: Verso.

———. 2004. "The Urbanization of Empire: Megacities and the Laws of Chaos." *Social Text* 22, no. 4: 9–15.

———. 2015. "Marx's Lost Theory: The Politics of Nationalism in 1848." *New Left Review* 93: 45–66.

Davis, Ralph. 1954. "English Foreign Trade, 1660–1700." *Economic History Review* 7, no. 2: 150–66.

Day, John. 1978. "The Great Bullion Famine of the Fifteenth Century." *Past and Present* 79: 3–54.

Deans-Smith, Susan. 2005. "Creating the Colonial Subject: Casta Paintings, Collectors, and Critics in Eighteenth-Century Mexico and Spain." *Colonial Latin American Review* 14, no. 2: 169–204.

Decker, Ethan H., Scott Elliott, Felisa A. Smith, Donald R. Blake, and F. Sherwood Rowland. 2000. "Energy and Material Flow through the Urban Ecosystem." *Annual Review of Energy and the Environment* 25, no. 1: 685–740.

Delle, James A., Stephen A. Mrozowski, and Robert Paynter. 2000. *Lines That Divide: Historical Archaeologies of Race, Class, and Gender.* Knoxville: University of Tennessee Press.

Descartes, René. 1985. *Philosophical Writings of Descartes.* Translated by John Cottingham, Robert Stroothoff, and Dugald Murdoch. Vol. 1. Cambridge: Cambridge University Press.

De Schutter, Olivier. 2010. "Agro-ecology and the Right to Food: Report Submitted by the Special Rapporteur on the Right to Food, Olivier De Schutter, to the Sixteenth Session of the Human Rights Council." Edited by the General Assembly. New York: United Nations. http://www2.ohchr.org/english/issues/food/docs/A-HRC-16-49.pdf.

De Ste. Croix, G.E.M. 1981. *The Class Struggle in the Ancient Greek World: From the Archaic Age to the Arab Conquests.* London: Duckworth.

De Vries, Jan. 1993. "Between Purchasing Power and the World of Goods: Understanding the Household Economy in Early Modern Europe." In

Consumption and the World of Goods, edited by John Brewer and Roy Porter, 85–132. London: Routledge.

De Vries, Jan, and Ad van der Woude. 1997. *The First Modern Economy: Success, Failure, and Perseverance of the Dutch Economy, 1500–1815*. Cambridge: Cambridge University Press.

DeWitte, Sharon N. 2015. "Setting the Stage for Medieval Plague: Pre–Black Death Trends in Survival and Mortality." *American Journal of Physical Anthropology* 158, no. 3: 441–51.

Diamond, Jared M. 2005. *Guns, Germs, and Steel: The Fates of Human Societies*. New York: W. W. Norton.

Dirección General de Estadística, ed. 1955. *Tercer censo agrícola ganadero y ejidal, 1950*. Mexico City: Dirección General de Estadística.

Disney, Anthony R. 2009. *A History of Portugal and the Portuguese Empire*. Vol 2. Cambridge: Cambridge University Press.

Dodds, Joseph. 2011. *Psychoanalysis and Ecology at the Edge of Chaos: Complexity Theory, Deleuze|Guattari and Psychoanalysis for a Climate in Crisis*. London: Routledge.

Doherty, Brian, Matthew Paterson, Alexandra Plows, and Derek Wall. 2003. "Explaining the Fuel Protests." *British Journal of Politics and International Relations* 5, no. 1: 1–23.

Dohrn-van Rossum, Gerhard. 1996. *History of the Hour: Clocks and Modern Temporal Orders*. Chicago: University of Chicago Press.

Donkin, R. A., and Wenner-Gren Foundation for Anthropological Research. 1979. *Agricultural Terracing in the Aboriginal New World*. Tucson: University of Arizona Press.

Dotson, John, and Aldo Agosto. 1998. Introduction to *Christopher Columbus and His Family: The Genoese and Ligurian Documents*, edited by Dotson and Agosto, translated by Dotson, 5–26. Los Angeles: UCLA Center for Medieval and Renaissance Studies / Repertorium Columbianum.

Drayton, Richard Harry. 2000. *Nature's Government: Science, Imperial Britain, and the "Improvement" of the World*. New Haven, CT: Yale University Press.

Dredge, James. 1839–43. "Diary: 1 Sept. 1839–8 Oct. 1843." State Library of Victoria, Australia.

Dribe, Martin, Mats Olsson, and Patrick Svensson. 2015. "Famines in the Nordic Countries, AD 536–1875." Lund Papers in Economic History: General Issues 138. Department of Economic History, Lund University.

Dubin, H.J., and John P. Brennan. 2009. "Fighting a 'Shifty Enemy': The International Collaboration to Contain Wheat Rusts." In *Millions Fed: Proven Successes in Agricultural Development,* edited by David J. Spielman and Rajul Pandya-Lorch, 19–24. Washington DC: International Food Policy Research Institute.

Duffy, Michael. 1980. *The Military Revolution and the State, 1500–1800.* Exeter: University of Exeter Press.

Duffy, Mignon. 2005. "Reproducing Labor Inequalities: Challenges for Feminists Conceptualizing Care at the Intersections of Gender, Race, and Class." *Gender and Society* 19, no. 1: 66–82.

Dull, Robert A., Richard J. Nevle, William I. Woods, Dennis K. Bird, Shiri Avnery, and William M. Denevan. 2010. "The Columbian Encounter and the Little Ice Age: Abrupt Land Use Change, Fire, and Greenhouse Forcing." *Annals of the Association of American Geographers* 100, no. 4: 755–71.

Dunbar-Ortiz, Roxanne. 2014. *An Indigenous Peoples' History of the United States, ReVisioning American History.* Boston: Beacon Press.

Dunaway, Wilma A. 2015. "The Double Register of History: Situating the Forgotten Woman and Her Household in Capitalist Commodity Chains." *Journal of World-Systems Research* 7, no. 1: 2–29.

Dunkley, Claudia S. 2014. *Global Warming: How Does It Relate to Poultry?* Athens: University of Georgia Extension Service. http://extension.uga.edu/publications/detail.cfm?number=B1382.

Dunn, Rob. 2017. *Never Out of Season.* New York: Little, Brown.

Dussel, Enrique. 2014. "Anti-Cartesian Meditations: On the Origin of the Philosophical Anti-discourse of Modernity." *Journal for Cultural and Religious Theory* 13, no. 1: 11–53. www.jcrt.org/archives/13.1/dussel.pdf. Translation by George Ciccariello-Maher of "Meditaciones anti-cartesianas: Sobre el origen del anti-discurso filosófico de la Modernidad." *Tabula Rasa* 9 (2008): 153–98. www.revistatabularasa.org/numero-9/09dussel.pdf.

Dwyer, Rachel E. 2013. "The Care Economy? Gender, Economic Restructuring, and Job Polarization in the U.S. Labor Market." *American Sociological Review* 78, no. 3: 390–416.

Edwards, Mark A. 2009. "Nationalization, De-nationalization, Re-nationalization: Some Historical and Comparative Perspective." *Pace Law Review* 30: 124–53.

Ehrenberg, Richard. 1985. *Capital and Finance in the Age of the Renaissance: A Study of the Fuggers and Their Connections.* Fairfield, NJ: A. M. Kelley.

Ehrlich, Paul R., and Anne H. Ehrlich. 1990. *The Population Explosion.* New York: Simon and Schuster.

Eisenstein, Zillah R. 1979. *Capitalist Patriarchy and the Case for Socialist Feminism.* New York: Monthly Review Press.

Elliott, John Huxtable. 1963. *Imperial Spain, 1469–1716.* New York: St. Martin's.

———. 1984. "Spain and America in the Sixteenth and Seventeenth Centuries." In *Colonial Latin America,* 287–340. Vol. 1 of *The Cambridge History of Latin America,* edited by Leslie Bethell. Cambridge: Cambridge University Press.

———. 1992. *The Old World and the New: 1492–1650.* Cambridge: Cambridge University Press.

Ellis, Peter Berresford. 1988. *Hell or Connaught! The Cromwellian Colonisation of Ireland, 1652–1660.* Belfast: Blackstaff.

Eltis, David. 1998. *The Military Revolution in Sixteenth-Century Europe.* Vol. 3. London: I. B. Tauris.

Elvin, Mark. 2004. *The Retreat of the Elephants: An Environmental History of China.* New Haven, CT: Yale University Press.

Engel, Barbara Alpern. 1997. "Not by Bread Alone: Subsistence Riots in Russia during World War I." *Journal of Modern History* 69, no. 4: 696–721.

EPA (United States Environmental Protection Agency). 2012. "Poultry Production Phases." http://infohouse.p2ric.org/ref/02/01244/www.epa.gov/agriculture/ag101/poultryphases.html.

EPI (Earth Policy Institute). 2010. "World on the Edge—Energy Data—Oil." www.earth-policy.org/datacenter/pdf/book_wote_energy_oil.pdf.

———. 2012. "Wheat Production, Area, and Yield in India, 1960–2011." September 27. Excel file. Available at www.earth-policy.org/data_center/C24.

———. 2013. "World Average Corn, Wheat, and Rice Yields, 1960–2012." January 17. Excel file. Available at www.earth-policy.org/data_center/C24.

———. 2014. "Fertilizer Consumption and Grain Production for the World, 1950–2013." January 8. Excel file. Available at www.earth-policy.org/data_center/C24.

Epstein, Steven. 1996. *Genoa and the Genoese, 958–1528.* Chapel Hill: University of North Carolina Press.

———. 2001. *Speaking of Slavery: Color, Ethnicity, and Human Bondage in Italy.* Ithaca, NY: Cornell University Press.

Erdkamp, Paul, ed. 2013. *The Cambridge Companion to Ancient Rome.* Cambridge: Cambridge University Press.

Erickson, Amy Louise. 2005. "Coverture and Capitalism." *History Workshop Journal* 59, no. 1: 1–16.

Erisman, Jan Willem, Mark A. Sutton, James Galloway, Zbigniew Klimont, and Wilfried Winiwarter. 2008. "How a Century of Ammonia Synthesis Changed the World." *Nature Geoscience* 1, no. 10: 636–39.

Ervin, R. Bethene, and Cynthia L. Ogden. 2013. *Consumption of Added Sugars among U.S. Adults, 2005–2010.* NCHS Data Brief 122. Hyattsville, MD: National Center for Health Statistics.

EU (European Union). 2017. *Labour Market and Labour Force Survey (LFS) Statistics.* Brussels: European Union.

Evans, Terry. 2014. "Global Poultry Trends 2014: Poultry Set to Become No. 1 Meat in Asia." *Poultry Site,* last modified September 2. www.thepoultrysite.com/articles/3230/global-poultry-trends-2014-poultry-set-to-become-no1-meat-in-asia/.

Fagan, Brian. 2008. *The Great Warming: Climate Change and the Rise and Fall of Civilizations.* New York: Bloomsbury.

Falls, Cyril. 1950. *Elizabeth's Irish Wars.* London: n.p.

Falquet, Jules. 2006. "Hommes en armes et femmes 'de service': Tendences néolibérales dans l'évolution de la division sexuelle et internationale du travail." *Cahiers du genre* 40: 15–37.

Fanon, Frantz. 2016. "The Fact of Blackness." In *Postcolonial Studies: An Anthology,* edited by Pramod K. Nayar, 15–32. Malden, MA: John Wiley and Sons.

Fantone, Laura. 2007. "Precarious Changes: Gender and Generational Politics in Contemporary Italy." *Feminist Review* 87: 5–20.

Federici, Silvia. 2004. *Caliban and the Witch.* New York: Autonomedia.

———. 2008. " Witch-Hunting, Globalization, and Feminist Solidarity in Africa Today." *Journal of International Women's Studies* 10, no. 1: 21–35.

Felloni, Giuseppe, and Guido Laura. 2014. *Genova e la storia della finanza: Dodici primati? / Genoa and the History of Finance: Twelve Firsts?* Translated by Marina Felloni and Authumn Wiltshire. www.giuseppefelloni.it/rassegnastampa/GenovaFinanza12primati.pdf.

Ferguson, Niall. 2009. *The Ascent of Money: A Financial History of the World.* London: Penguin.

Fernández-Armesto, Felipe. 1982. *The Canary Islands after the Conquest: The Making of a Colonial Society in the Early Sixteenth Century.* Oxford: Oxford University Press.

Fernow, Brian E. 1911. *A Brief History of Forestry in Europe, the United States and Other Countries: A Course of Lectures Delivered before the Yale Forest School.* 3rd ed. Toronto: University of Toronto Press.

Fine, Ben. 2001. *Social Capital versus Social Theory: Political Economy and Social Science at the Turn of the Millennium.* London: Routledge.

Finlay, Mark R. 2002. Review of *Enriching the Earth: Fritz Haber, Carl Bosch, and the Transformation of World Food Production,* by Vaclav Smil. *British Journal for the History of Science* 35, no. 1: 97–123.

Fischer-Kowalski, Marina, Simron J. Singh, Lisa Ringhofer, Clemens M. Grünbühel, Christian Lauk, and Alexander Remesch. 2010. "Sociometabolic Regimes in Indigenous Communities and the Crucial Role of Working Time: A Comparison of Case Studies." Social Ecology Working Paper 121, Institute of Social Ecology, IFF—Faculty for Interdisciplinary Studies, Klagenfurt University, Vienna. https://is.muni.cz/el/1423/jaro2013/HEN633/um/Fischer-Kowalski_et_al_Sociometabolic_regimes.pdf.

Fitzgerald, Deborah Kay. 2003. *Every Farm a Factory: The Industrial Ideal in American Agriculture.* New Haven, CT: Yale University Press.

Flynn, Dennis O. 1984. "Use and Misuse of the Quantity Theory of Money in Early Modern Historiography." In *Münzprägung, Geldumlauf und Wechselkurse / Minting, Monetary Circulation and Exchange Rates: Akten der C7-Section des 8th International Economic History Congress Budapest 1982,* edited by Eddy van Cauwenberghe and Franz Irsigler, 383–419. Trier: Trierer Historische Forchungen.

Flynn, Dennis O., and Arturo Giráldez. 1995. "Born with a 'Silver Spoon': The Origin of World Trade in 1571." *Journal of World History* 6, no. 2: 201–21.

———. 2002. "Cycles of Silver: Global Economic Unity through the Mid-Eighteenth Century." *Journal of World History* 13, no. 2: 391–427.

Folbre, Nancy. 2006. "Measuring Care: Gender, Empowerment, and the Care Economy." *Journal of Human Development* 7, no. 2: 183–99.

Fortune, Robert. 1852. *A Journey to the Tea Countries of China.* London: John Murray.

Foster, John Bellamy. 1999. "Marx's Theory of Metabolic Rift: Classical Foundations for Environmental Sociology." *American Journal of Sociology* 105, no. 2: 366–405.

———. 2013. "James Hansen and the Climate-Change Exit Strategy." *Monthly Review* 64, no. 9: 1–19.

Foucault, Michel. 1973. *The Order of Things: An Archaeology of the Human Sciences.* New York: Vintage.

———. 1979. *Discipline and Punish: The Birth of the Prison.* Translated by Alan Sheridan. New York: Vintage.

———. 1980. *The History of Sexuality.* Translated by Robert Hurley. Vol. 1, *An Introduction.* New York: Vintage.

———. 2003. *Society Must Be Defended: Lectures at the Collège de France, 1975–1976.* Edited by Mauro Bertani and Alessandro Fontana. Translated by David Macey. London: Macmillan.

———. 2008. *The Birth of Biopolitics: Lectures at the Collège de France, 1978–1979.* Edited by Michel Senellart. Translated by Graham Burchell. Basingstoke: Palgrave Macmillan.

Frader, Laura Levine. 2004. "Gender and Labor in World History." In *A Companion to Gender History,* edited by Teresa A. Meade and Merry E. Wiesner, 26–50. Malden, MA: Wiley-Blackwell.

Franklin, Benjamin. 1950. Letter to Jean-Baptiste Leroy, November 13, 1789. In *The Writings of Benjamin Franklin.* Edited by Albert Henry Smyth. Vol. 10, *1789–1790.* New York: Macmillan.

Fraser, Nancy. 2012. "Feminism, Capitalism, and the Cunning of History: An Introduction." Working paper FMSHWP-2012-17. Paris: Fondation Maison des sciences de l'homme. https://halshs.archives-ouvertes.fr/halshs-00725055/document.

Freese, Barbara. 2003. *Coal: A Human History.* New York: Basic.

Fremdling, Rainer. 2005. "Industrialization and Scientific and Technological Progress." In *History of Humanity: Scientific and Cultural Development.* Vol. 4, *The Nineteenth Century,* edited by Peter Mathias and Nikolaï Todorov, 80–94. London: UNESCO/Routledge.

Friedmann, Harriet. 1978. "World Market, State, and Family Farm: Social Bases of Household Production in the Era of Wage Labor." *Comparative Studies in Society and History* 20, no. 4: 545–86.

———. 1993. "The Political Economy of Food: A Global Crisis." *New Left Review* I/197: 29–57.

Fry, Matthew. 2013. "Cement, Carbon Dioxide, and the 'Necessity' Narrative: A Case Study of Mexico." *Geoforum* 49: 127–38.

FTI Consulting. 2016. *Oil Price Drivers: Bottom of the Barrel?* www.fticonsulting.com/~/media/Files/emea--files/insights/reports/fti-oil-price-drivers-report.pdf.

Fuglie, Keith O., James M. MacDonald, and Eldon Ball. 2007. "Productivity Growth in US Agriculture." Washington DC: US Department of Agriculture. www.ers.usda.gov/webdocs/publications/42924/11854_eb9_1_.pdf.

Fuglie, K.O., and S.L. Wang. 2012. "New Evidence Points to Robust but Uneven Productivity Growth in Global Agriculture." *Amber Waves* 10, no. 3: 1–6.

Galbraith, James K., and J. Travis Hale. 2014. "The Evolution of Economic Inequality in the United States, 1969–2012: Evidence from Data on Inter-industrial Earnings and Inter-regional Incomes." *World Economic Review* 3: 1–19.

Gale, Fred, Bryan Lohmar, and Francis Tuan. 2005. *China's New Farm Subsidies.* United States Department of Agriculture WRS-05-01. www.ers.usda.gov/webdocs/publications/wrs0501/30113_wrs0501_002.pdf.

Galloway, J.N., F.J. Dentener, D.G. Capone, E.W. Boyer, R.W. Howarth, S.P. Seitzinger, G.P. Asner, et al. 2004. "Nitrogen Cycles: Past, Present, and Future." *Biogeochemistry* 70, no. 2: 153–226.

Gannon, Clodagh O'Malley. 2015. "Exploring the Links between Communality, the Metabolic Relationship, and Ecological Sustainability: A Case Study of a North-west of Ireland Community (c. 1930s–50s)." PhD thesis, Department of Sociology, National University of Ireland Maynooth. http://eprints.maynoothuniversity.ie/6324/.

Garrett, Rebecca, and Liza Kim Jackson. 2015. "Art, Labour and Precarity in the Age of Veneer Politics." *Alternate Routes: A Journal of Critical Social Research* 27: 279.

Gaud, W.S. 1968. "The Green Revolution: Accomplishments and Apprehensions." Address to the Society of International Development, Washington DC, March 8. www.agbioworld.org/biotech-info/topics/borlaug/borlaug-green.html.

Genovese, Eugene D. 1992. *From Rebellion to Revolution: Afro-American Slave Revolts in the Making of the Modern World.* Baton Rouge: Louisiana State University Press.

Gerber, P.J., H. Steinfeld, B. Henderson, A. Mottet, C. Opio, J. Dijkman, A. Falcucci, and G. Tempio. 2013. *Tackling Climate Change through Livestock: A Global Assessment of Emissions and Mitigation Opportunities.* Rome: Food and Agriculture Organization of the United Nations.

Gerretson, F.C. 1953. *History of the Royal Dutch.* Vol. 1. Leiden: Brill.

Giles, Chris. 2017. "Why Davos 2017 Matters: 10 Things to Watch For." *Financial Times,* January 16. www.ft.com/content/576fb394-dbcd-11e6-86ac-f253db7791c6.

Glacken, Clarence J. 1967. *Traces on the Rhodian Shore: Nature and Culture in Western Thought from Ancient Times to the End of the Eighteenth Century.* Berkeley: University of California Press.

Gleeson-White, Jane. 2012. *Double Entry: How the Merchants of Venice Created Modern Finance.* London: Allen and Unwin.

Glenn, Evelyn Nakano. 1992. "From Servitude to Service Work: Historical Continuities in the Racial Division of Paid Reproductive Labor." *Signs* 18, no. 1: 1–43.

———. 2010. *Forced to Care: Coercion and Caregiving in America.* Cambridge, MA: Harvard University Press.

Gnutzmann, Hinnerk, and Piotr Śpiewanowski. 2016. "Fertilizer Fuels Food Prices: Identification through the Oil-Gas Spread." Last revised September 1. Social Science Research Network.

Gold, Mick. 1984. "A History of Nature." In *Geography Matters,* edited by Doreen Massey and John Allen, 12–33. Cambridge: Cambridge University Press.

Goldberg, Harmony. 2014. "Our Day Has Finally Come: Domestic Worker Organizing in New York City." PhD dissertation, Graduate Faculty in Anthropology, City University of New York. http://academicworks.cuny.edu/gc_etds/422/.

Goldstone, Nancy Bazelon. 2011. *Joanna: The Notorious Queen of Naples, Jerusalem and Sicily.* London: Phoenix.

Goodfriend, Glenn A., R.A.D. Cameron, and L.M. Cook. 1994. "Fossil Evidence of Recent Human Impact on the Land Snail Fauna of Madeira." *Journal of Biogeography* 21, no. 3: 309–20.

Gotzek, D., H.J. Axen, A.V. Suarez, S. Helms Cahan, and D. Shoemaker. 2015. "Global Invasion History of the Tropical Fire Ant: A Stowaway on the First Global Trade Routes." *Molecular Ecology* 24, no. 2: 374–88.

Gouge, William. 1622. *Of Domesticall Duties, Eight Treatises, Etc.* London: John Haviland, for William Bladen.

Graetz, Heinrich. (1894) 1967. *History of the Jews.* Edited and in part translated by Bella Löwy. Vol. 3. Philadelphia: Jewish Publication Society of America.

Gramsci, Antonio. 1978. *Selections from Political Writings (1921–1926).* Edited and translated by Quintin Hoare. New York: International.

Grantham, J. 2011. "Days of Abundant Resources and Falling Prices Are Over Forever." *GMO Quarterly Newsletter,* April, 1–18.

Grey, Sam, and Raj Patel. 2014. "Food Sovereignty as Decolonization: Some Contributions from Indigenous Movements to Food System and Development Politics." *Agriculture and Human Values* 32, no. 3: 431–44.

Grosfoguel, Ramón, and Eric Mielants. 2006. "The Long-Durée Entanglement between Islamophobia and Racism in the Modern / Colonial Capitalist / Patriarchal World-System: An Introduction." *Human Architecture: Journal of the Sociology of Self-Knowledge* 5, no. 1: article 2. http://scholarworks.umb.edu/humanarchitecture/vol5/iss1/2.

Grove, Richard. 1995. *Green Imperialism: Colonial Expansion, Tropical Island Edens, and the Origins of Environmentalism, 1600–1860.* Cambridge: Cambridge University Press.

Gunaratne, Shelton A. 2001. "Paper, Printing and the Printing Press: A Horizontally Integrative Macrohistory Analysis." *International Communication Gazette* 63, no. 6: 459–79.

Gurian-Sherman, Doug. 2009. "Failure to Yield: Evaluating the Performance of Genetically Engineered Crops." Cambridge, MA: Union of Concerned Scientists. www.ucsusa.org/sites/default/files/legacy/assets/documents/food_and_agriculture/failure-to-yield.pdf.

Gylfason, Thorvaldur, and Gylfi Zoega. 2002. *Inequality and Economic Growth: Do Natural Resources Matter?* Munich: Center for Economic Studies and Ifo Institute for Economic Research.

Häberlein, Mark. 2012. *The Fuggers of Augsburg: Pursuing Wealth and Honor in Renaissance Germany.* Charlottesville: University of Virginia Press.

Habermann, Friederike. 2016. *Ecommony: UmCARE zum Miteinander.* Sulzbach: Ulrike Helmer.

Haensch, S., R. Bianucci, M. Signoli, M. Rajerison, M. Schultz, S. Kacki, M. Vermunt, D.A. Weston, D. Hurst, M. Achtman, E. Carniel, and B. Bramanti. 2010. "Distinct Clones of *Yersinia pestis* Caused the Black Death." *PLOS Pathogens* 6, no. 10: e1001134.

Hall, Kim F. 1996. "Culinary Spaces, Colonial Spaces: The Gendering of Sugar in the Seventeenth Century." In *Feminist Readings of Early Modern Culture: Emerging Subjects,* edited by Valerie Traub, M. Lindsay Kaplan, and Dympna Callaghan, 168–90. Cambridge: Cambridge University Press.

Hall, Robert G. 1989. "Tyranny, Work and Politics: The 1818 Strike Wave in the English Cotton District." *International Review of Social History* 34, no. 3: 433–70.

Hall, Ruth, Marc Edelman, Saturnino M. Borras, Ian Scoones, Ben White, and Wendy Wolford. 2015. "Resistance, Acquiescence or Incorporation? An Introduction to Land Grabbing and Political Reactions 'From Below.'" *Journal of Peasant Studies* 42, nos. 3–4: 467–88.

Hall, Stuart. 1996. "Race, Articulation and Societies Structured in Dominance." In *Black British Cultural Studies,* edited by Houston A. Baker, Manthia Diawara, and Ruth H. Lindeborg, 16–60. Chicago: University of Chicago Press.

Halperin, Sandra. 2013. *Re-envisioning Global Development: A Horizontal Perspective.* London: Routledge.

Handy, Jim. 2009. "'Almost Idiotic Wretchedness': A Long History of Blaming Peasants." *Journal of Peasant Studies* 36, no. 2: 325–44.

Hannaford, Ivan. 1996. *Race: The History of an Idea in the West.* Washington DC: Woodrow Wilson Center Press; Baltimore: John Hopkins University Press.

Hansen, James E., and Makiko Sato. 2012. "Paleoclimate Implications for Human-Made Climate Change." In *Climate Change: Inferences from Paleoclimate and Regional Aspects,* edited by André Berger, Fedor Mesinger, and Djordje Šijački, 21–47. New York: Springer.

Harding, Sandra G. 1991. *Whose Science? Whose Knowledge? Thinking from Women's Lives.* Ithaca, NY: Cornell University Press.

Hardoon, Deborah, Sophia Ayele, and Ricardo Fuentes-Nieva. 2016. "An Economy for the 1%." Oxford: Oxfam GB. Available at www.oxfam.org/en/research/economy-1.

Harris, David R. 1978. "Adaptation to a Tropical Rain-Forest Environment: Aboriginal Subsistence in Northeastern Queensland." In *Human Behavior and Adaptation,* edited by N. Blurton Jones and V. Reynolds, 113–34. London: Taylor and Francis.

Harrison, Peter. 1992. "Descartes on Animals." *Philosophical Quarterly* 42, no. 167: 219–27.

Harrisse, Henry. 1888. *Christopher Columbus and the Bank of Saint George (Ufficio di San Giorgio in Genoa): Two Letters Addressed to Samuel L. M. Barlow, Esquire.* New York: privately printed.

Hart, Gillian. 1991. "Engendering Everyday Resistance: Gender, Patronage and Production Politics in Rural Malaysia." *Journal of Peasant Studies* 19, no. 1: 93–121.

Harvey, David. 1993. "From Space to Place and Back Again: Reflections on the Condition of Postmodernity." In *Mapping the Futures: Local Cultures, Global Change,* edited by John Bird, Barry Curtis, Tim Putnam, and Lisa Tickner, 3–29. London: Routledge.

———. 2005. *A Brief History of Neoliberalism.* Oxford: Oxford University Press.

Headrick, Daniel R. 1988. *The Tentacles of Progress: Technology Transfer in the Age of Imperialism, 1850–1940.* New York: Oxford University Press.

Heers, Jacques. 1961. *Gênes au XVᵉ siècle: Activité économique et problèmes sociaux.* Paris: SEVPEN.

Heizer, Robert F. 1963. "Domestic Fuel in Primitive Society." *Journal of the Royal Anthropological Institute of Great Britain and Ireland* 93, no. 2: 186–94.

Helgerson, Richard. 1992. *Forms of Nationhood: The Elizabethan Writing of England.* Chicago: University of Chicago Press.

Herdt, Gilbert. 1994. *Third Sex, Third Gender: Beyond Sexual Dimorphism in Culture and History.* New York: Zone.

Herlihy, David, and Christiane Klapisch-Zuber. 1985. *Tuscans and Their Families: A Study of the Florentine Catasto of 1427.* New Haven, CT: Yale University Press.

Herodotus. 1945. *The History of Herodotus.* Translated by G. Rawlinson. Vol. 1. Everymans Library. London: Dent.

Herrero, Mario, Philip K. Thornton, Brendan Power, Jessica R. Bogard, Roseline Remans, Steffen Fritz, James S. Gerber, et al. 2017. "Farming and the Geography of Nutrient Production for Human Use: A Transdisciplinary Analysis." *Lancet Planetary Health* 1, no. 1: e33–e42.

Hewitt de Alcántara, Cynthia. 1973. "The 'Green Revolution' as History: The Mexican Experience." *Development and Change* 4, no. 2: 25–44.

Hildyard, Nicholas. 2016. *Licensed Larceny: Infrastructure, Financial Extraction and the Global South.* Manchester: Manchester University Press.

Hill, Bridget. 1989. *Women, Work and Sexual Politics in Eighteenth-Century England.* Oxford: Basil Blackwell.

Hills, Sally, Ryland Thomas, and Nicholas Dimsdale. 2010. "The UK Recession in Context—What Do Three Centuries of Data Tell Us?" *Bank of England Quarterly Bulletin,* Q4, 277–91.

Hilton, R.H. 1951. "Y eut-il une crise générale de la féodalité?" *Annales: Histoire, Sciences Sociales* 6, no. 1: 23–30.

———. 2003. *Bond Men Made Free: Medieval Peasant Movements and the English Rising of 1381.* London: Routledge.

Hinshelwood, Brad. 2013. "The Carolinian Context of John Locke's Theory of Slavery." *Political Theory* 41, no. 4: 562–90.

Hirway, Indira, and Sunny Jose. 2011. "Understanding Women's Work Using Time-Use Statistics: The Case of India." *Feminist Economics* 17, no. 4: 67–92.

Hobsbawm, E.J., and G. Rude. 1969. *Captain Swing.* London: Lawrence and Wishart.

Hoffmann, Richard. 2014. *An Environmental History of Medieval Europe.* Cambridge: Cambridge University Press.

Holborn, Hajo. 1982. *A History of Modern Germany.* Vol. 1, *The Reformation.* Princeton, NJ: Princeton University Press.

Holt-Giménez, Eric, and Raj Patel. 2009. *Food Rebellions! Crisis and the Hunger for Justice.* Oxford: Fahamu.

Homer, Sidney, and Richard Eugene Sylla. 1996. *A History of Interest Rates.* New Brunswick, NJ: Rutgers University Press.

Honeyman, Katrina, and Jordan Goodman. 1991. "Women's Work, Gender Conflict, and Labour Markets in Europe, 1500–1900." *Economic History Review* 44, no. 4: 608–28.

Hornborg, Alf. 2006. "Footprints in the Cotton Fields: The Industrial Revolution as Time-Space Appropriation and Environmental Load Displacement." *Ecological Economics* 59, no. 1: 74–81.

Hörning, Karl H., Anette Gerhard, and Matthias Michailow. 1995. *Time Pioneers: Flexible Working Time and New Lifestyles.* Translated by Anthony Williams. Cambridge: Polity.

Howell, Martha C. 2010. *Commerce before Capitalism in Europe, 1300–1600*. Cambridge: Cambridge University Press.

Huber, Matthew T. 2009. "Energizing Historical Materialism: Fossil Fuels, Space and the Capitalist Mode of Production." *Geoforum* 40, no. 1: 105–15.

———. 2013. *Lifeblood: Oil, Freedom, and the Forces of Capital*. Minneapolis: University of Minnesota Press.

Hudson, Kenneth, and Andrea Coukos. 2005. "The Dark Side of the Protestant Ethic: A Comparative Analysis of Welfare Reform." *Sociological Theory* 23, no. 1: 1–24.

Hufton, Olwen. 1971. "Women in Revolution, 1789–1796." *Past and Present* 53: 90–108.

———. 1983. "Social Conflict and the Grain Supply in Eighteenth-Century France." *Journal of Interdisciplinary History* 14, no. 2: 303–31.

Hurtado, Albert L. 1988. *Indian Survival on the California Frontier*. New Haven, CT: Yale University Press.

IEA (International Energy Agency). 2008. *Energy Technology Perspectives*. Paris: International Energy Agency.

———. 2016. *Medium-Term Renewable Energy Market Report 2016: Market Analysis and Forecasts to 2021*. Paris: International Energy Agency.

ILO (International Labour Office). 2014. *Profits and Poverty: The Economics of Forced Labour*. Geneva: International Labour Office. www.ilo.org/wcmsp5/groups/public/---ed_norm/---declaration/documents/publication/wcms_243391.pdf.

———. 2015. *World Employment and Social Outlook: Trends 2015*. Geneva: International Labour Office. www.ilo.org/wcmsp5/groups/public/---dgreports/---dcomm/---publ/documents/publication/wcms_337069.pdf.

IMF (International Monetary Fund). 2008. *World Economic Outlook, October 2008: Financial Stress, Downturns, and Recoveries*. Washington DC: International Monetary Fund.

———. 2014. *Global Financial Stability Report, April 2014: Moving from Liquidity- to Growth-Driven Markets*. Washington DC: International Monetary Fund.

———. 2015. *Greece: An Update of IMF Staff's Preliminary Public Debt Sustainability Analysis*. Washington DC: International Monetary Fund.

Inani, Rohit. 2015. "More Than 2,300 People Have Now Died in India's Heat Wave." *Time,* June 2. http://time.com/3904590/india-heatwave-monsoon-delayed-weather-climate-change/.

Inglehart, Ronald, and Pippa Norris. 2003. *Rising Tide: Gender Equality and Cultural Change around the World.* Cambridge: Cambridge University Press.

Ingold, Tim. 1993. "The Temporality of the Landscape." *World Archaeology* 25, no. 2: 152–74.

International Rivers Network. 2011. "Wrong Climate for Big Dams: Fact Sheet—Destroying Rivers Will Worsen Climate Crisis." www.internationalrivers.org/resources/wrong-climate-for-big-dams-fact-sheet-3373.

IPCC (Intergovernmental Panel on Climate Change). 2007. *Climate Change 2007: Synthesis Report.* Geneva: Intergovernmental Panel on Climate Change. www.ipcc.ch/pdf/assessment-report/ar4/syr/ar4_syr_full_report.pdf.

———. 2014. *Climate Change 2014: Mitigation of Climate Change.* Geneva: Intergovernmental Panel on Climate Change. www.ipcc.ch/report/ar5/wg3/.

Jackson, J. B. C. 1997. "Reefs since Columbus." *Coral Reefs* 16, no. 1: S23–S32.

Jackson, R. V. 1985. "Growth and Deceleration in English Agriculture, 1660–1790." *Economic History Review* 38, no. 3: 333–51.

Jameson, Fredric. 1998. *The Cultural Turn: Selected Writings on the Postmodern, 1983–1998.* London: Verso.

Johnson, Walter. 2013. *River of Dark Dreams.* Cambridge, MA: Harvard University Press.

Jones, Grant D. 1989. *Maya Resistance to Spanish Rule: Time and History on a Colonial Frontier.* Albuquerque: University of New Mexico Press.

Jones, W. R. 1971. "The Image of the Barbarian in Medieval Europe." *Comparative Studies in Society and History* 13, no. 4: 376–407.

Jordan, William Chester. 1997. *The Great Famine: Northern Europe in the Early Fourteenth Century.* Princeton, NJ: Princeton University Press.

Josephson, Paul R. 2013. *An Environmental History of Russia.* Cambridge: Cambridge University Press.

Jowett, Benjamin. 1914. *The Dialogues of Plato.* Vol. 4. New York: Hearst's International Libary.

Kagarlitsky, Boris. 2008. *Empire of the Periphery: Russia and the World System.* London: Pluto.

Kaimowitz, David, and Joyotee Smith. 2001. "Soybean Technology and the Loss of Natural Vegetation in Brazil and Bolivia." In *Agricultural Technologies and Tropical Deforestation,* edited by Arild Angelsen and David Kaimowitz, 195–212. Wallingford, Oxford: CABI.

Kain, Roger J. P., and Elizabeth Baigent. 1992. *The Cadastral Map in the Service of the State: A History of Property Mapping.* Chicago: University of Chicago Press.

Kander, Astrid, Paolo Malanima, and Paul Warde. 2013. *Power to the People: Energy in Europe over the Last Five Centuries.* Princeton, NJ: Princeton University Press.

Kaplan, Mitchell. 2010. "Columbus' Forgotten Patron." *Daily Beast,* October 11. www.thedailybeast.com/articles/2010/10/11/columbus-forgotten-patron.html.

Katzew, Ilona. 2004. *Casta Painting: Images of Race in Eighteenth-Century Mexico.* New Haven, CT: Yale University Press.

Keating, Christine, Claire Rasmussen, and Pooja Rishi. 2010. "The Rationality of Empowerment: Microcredit, Accumulation by Dispossession, and the Gendered Economy." *Signs* 36, no. 1: 153–76.

Keller, Catherine. 1994. "The Breast, the Apocalypse, and the Colonial Journey." *Journal of Feminist Studies in Religion* 10, no. 1: 53–72.

Kenyon, Susan. 2010. "What Do We Mean by Multitasking? Exploring the Need for Methodological Clarification in Time Use Research." *Electronic International Journal of Time Use Research* 7, no. 1: 42–60.

Kicza, John E. 1992. "Patterns in Early Spanish Overseas Expansion." *William and Mary Quarterly* 49, no. 2: 229–53.

Kino-nda-niimi Collective, ed. 2014. *The Winter We Danced: Voices from the Past, the Future, and the Idle No More Movement.* Winnipeg: ARP.

Kinsbruner, Jay. 2005. *The Colonial Spanish-American City: Urban Life in the Age of Atlantic Capitalism.* Austin: University of Texas Press.

Klein, Herbert. 2004. "The Atlantic Slave Trade to 1650." In *Tropical Babylons: Sugar and the Making of the Atlantic World, 1450–1680,* edited by Stuart B. Schwartz, 201–36. Chapel Hill: University of North Carolina.

Klein, Naomi. 2007. *The Shock Doctrine: The Rise of Disaster Capitalism.* New York: Metropolitan Books / Henry Holt.

———. 2014. *This Changes Everything: Capitalism vs. the Climate.* New York: Simon and Schuster.

Knox, James C. 1993. "Large Increases in Flood Magnitude in Response to Modest Changes in Climate." *Nature* 361, no. 6411: 430–32.

Koenigsberger, H. G., and George L. Mosse. 1968. *Europe in the Sixteenth Century.* New York: Holt, Rinehart and Winston.

Koning, Hans. 1976. *Columbus: His Enterprise.* New York: Monthly Review Press.

Kucharik, Christopher J., and Shawn P. Serbin. 2008. "Impacts of Recent Climate Change on Wisconsin Corn and Soybean Yield Trends." *Environmental Research Letters* 3, no. 3: 1–10.

Kumar, Avneesh, and Anuj Kumar. 2016. "Black Face of Green Revolution in Malwa Region of Punjab." *Biological Insights* 1: 3–4.

La Berge, Leigh Claire. 2014. "The Rules of Abstraction Methods and Discourses of Finance." *Radical History Review* 118: 93–112.

LaDuke, Winona. 1994. "Traditional Ecological Knowledge and Enviromental Futures." *Colorado Journal of International Environmental Law and Policy* 5: 127–48.

Lamb, Hubert H. 2002. *Climate, History and the Modern World.* London: Routledge.

Langley, Paul. 2002. *World Financial Orders: An Historical International Political Economy.* New York: Routledge.

Lappé, Frances Moore, Jennifer Clapp, Molly Anderson, Robin Broad, Ellen Messer, Thomas Pogge, and Timothy Wise. 2013. "How We Count Hunger Matters." *Ethics and International Affairs* 27, no. 3: 251–59.

Latimer, Jeff, Craig Dowden, and Danielle Muise. 2005. "The Effectiveness of Restorative Justice Practices: A Meta-analysis." *Prison Journal* 85, no. 2: 127–44.

La Vega, Garcilasso de. 1688. *The Royal Commentaries of Peru, in Two Parts....* Translated by Paul Rycaut. London: Miles Flesher.

La Via Campesina. 2009. "Via Campesina Campaign to End Violence against Women." https://viacampesina.org/en/index.php/main-issues-mainmenu-27/women-mainmenu-39/643-via-campesina-campaign-to-end-violence-against-women.

Leach, Gerald. 1987. *Household Energy in South Asia.* London: Elsevier Applied Science.

Le Grange, Lesley. 2012. "*Ubuntu, Ukama* and the Healing of Nature, Self and Society." *Educational Philosophy and Theory* 44: 56–67.

Lenin, Vladimir I. 1965. "The Taylor System—Man's Enslavement by the Machine." In *Collected Works*. Vol. 20, *December 1913–August 1914*, 152–54. London: Lawrence and Wishart.

———. 1987. *Essential Works of Lenin: "What Is to Be Done?" and Other Writings*. Edited by Henry M. Christman. New York: Dover.

Levine, David. 2001. *At the Dawn of Modernity: Biology, Culture, and Material Life in Europe after the Year 1000*. Berkeley: University of California Press.

Levins, Richard, and Richard C. Lewontin. 1985. *The Dialectical Biologist*. Cambridge, MA: Harvard University Press.

Lewis, Percival. 1811. *Historical Inquiries concerning Forests and Forest Laws with Topological Remarks upon the Ancient and Modern State of New Forest*. London: T. Payne.

Lewis, Simon L., and Mark A. Maslin. 2015. "Defining the Anthropocene." *Nature* 519, no. 7542: 171–80.

Li, Xia, Weihua Li, Hong Wang, Jie Cao, Kenji Maehashi, Liquan Huang, Alexander A. Bachmanov, Danielle R. Reed, Véronique Legrand-Defretin, and Gary K. Beauchamp. 2005. "Pseudogenization of a Sweet-Receptor Gene Accounts for Cats' Indifference toward Sugar." *PLoS Genetics* 1, no. 1: e3.

Lichtenstein, Nelson. 2002. *State of the Union: A Century of American Labor*. Princeton, NJ: Princeton University Press.

Lieberman, Victor. 2009. *Mainland Mirrors: Europe, Japan, China, South Asia, and the Islands*. Vol. 2 of *Strange Parallels: Southeast Asia in Global Context, c. 800–1830*. Cambridge. Cambridge University Press.

Linebaugh, Peter. 2008. *The Magna Carta Manifesto: Liberties and Commons for All*. Berkeley: University of California Press.

Linebaugh, Peter, and Marcus Rediker. 2000. *The Many-Headed Hydra: Sailors, Slaves, Commoners, and the Hidden History of the Revolutionary Atlantic*. Boston: Beacon.

Linné, Carl von [Linnaeus]. 1806. *A General System of Nature....* Translated and edited by William Turton. Vol. 1. London: Lackington, Allen.

Lipsett-Rivera, Sonya. 1990. "Puebla's Eighteenth-Century Agrarian Decline: A New Perspective." *Hispanic American Historical Review* 70, no. 3: 463–81.

Liu, Yi-Ping, Gui-Sheng Wu, Yong-Gang Yao, Yong-Wang Miao, Gordon Luikart, Mumtaz Baig, Albano Beja-Pereira, Zhao-Li Ding, Malliya

Gounder Palanichamy, and Ya-Ping Zhang. 2006. "Multiple Maternal Origins of Chickens: Out of the Asian Jungles." *Molecular Phylogenetics and Evolution* 38, no. 1: 12–19.

Livingston, James. 2016. *No More Work: Why Full Employment Is a Bad Idea.* Chapel Hill: University of North Carolina Press.

Lo, Jung-Pang. 1955. "The Emergence of China as a Sea Power during the Late Sung and Early Yüan Periods." *Far Eastern Quarterly* 14, no. 4: 489–503.

Lobell, David, and Christopher B. Field. 2007. "Global Scale Climate-Crop Yield Relationships and the Impacts of Recent Warming." *Environmental Research Letters* 2, no. 1: 014002.

Lobell, David B., Wolfram Schlenker, and Justin Costa-Roberts. 2011. "Climate Trends and Global Crop Production since 1980." *Science* 333, no. 6042: 616–20.

Locke, John. 1997. *Political Essays.* Edited by Mark Goldie. Cambridge: Cambridge University Press.

———. 2003. *Two Treatises of Government and A Letter concerning Toleration.* Edited by Ian Shapiro. New Haven, CT: Yale University Press.

Lohmann, Larry. 2008. "Carbon Trading, Climate Justice and the Production of Ignorance: Ten Examples." *Development* 51, no. 3: 359–65.

Lopez, Robert Sabatino. 1964. "Market Expansion: The Case of Genoa." *Journal of Economic History* 24, no. 4: 445–64.

Louys, Julien, Darren Curnoe, and Haowen Tong. 2007. "Characteristics of Pleistocene Megafauna Extinctions in Southeast Asia." *Palaeogeography, Palaeoclimatology, Palaeoecology* 243, no. 1: 152–73.

Lovell, Julia. 2012. *The Opium War: Drugs, Dreams and the Making of China.* London: Picador.

Lucashenko, Melissa. 1996. "Violence against Indigenous Women: Public and Private Dimensions." *Violence against Women* 2, no. 4: 378–90.

Lugones, Maria. 2007. "Heterosexualism and the Colonial/Modern Gender System." *Hypatia* 22, no. 1: 186–209.

Lustick, Ian. 1985. *State-Building Failure in British Ireland and French Algeria.* Berkeley: Institute of International Studies, University of California, Berkeley.

Lutz, Helma. 2002. "At Your Service Madam! The Globalization of Domestic Service." *Feminist Review* 70: 89–104.

Luxemburg, Rosa. (1913) 2003. *The Accumulation of Capital.* Translated by Agnes Schwarzschild. London: Routledge.

Lynch, John. 1964. *Spain under the Habsburgs.* Vol. 2. Oxford: Blackwell.

Macdonald, Isabel. 2010. "France's Debt of Dishonour to Haiti." *Guardian,* August 16. www.theguardian.com/commentisfree/cifamerica/2010/aug/16/haiti-france.

Maddison, Angus. 2007. *Contours of the World Economy, 1–2030 AD: Essays in Macro-economic History.* Oxford: Oxford University Press.

Majid, Anouar. 2009. *We Are All Moors: Ending Centuries of Crusades against Muslims and Other Minorities.* Minneapolis: University of Minnesota Press.

Malanima, Paolo. 2009. *Pre-modern European Economy: One Thousand Years (10th–19th Centuries).* Leiden: Brill.

Malthus, Thomas Robert. 1798. *An Essay on the Principle of Population, as It Affects the Future Improvement of Society, with Remarks on the Speculations of Mr. Godwin, M. Condorcet, and Other Writers.* London: J. Johnson.

Mamdani, Mahmood. 1996. *Citizen and Subject: Contemporary Africa and the Legacy of Late Colonialism.* Princeton, NJ: Princeton University Press.

———. 2012. *Define and Rule: Native as Political Identity.* Cambridge, MA: Harvard University Press.

Manning, Richard. 2004. "The Oil We Eat: Following the Food Chain Back to Iraq." *Harpers,* February.

Mantena, Karuna. 2010. *Alibis of Empire: Henry Maine and the Ends of Liberal Imperialism.* Princeton, NJ: Princeton University Press.

Mantoux, Paul. 1961. *The Industrial Revolution in the Eighteenth Century: An Outline of the Beginnings of the Modern Factory System in England.* Rev. ed. New York: Macmillan.

Marçal, Katrine. 2015. *Who Cooked Adam Smith's Dinner? A Story about Women and Economics.* Translated by Saskia Vogel. London: Portobello.

Mariana-Costantini, Alda, and Giancarlo Ligabue. 1992. "Did Columbus Also Open the Exploration of the Modern Diet?" *Nutrition Reviews* 50, no. 11: 313–19.

Martínez, María Elena. 2011. *Genealogical Fictions: Limpieza de sangre, Religion, and Gender in Colonial Mexico.* Stanford, CA: Stanford University Press.

Martinez-Alier, Joan. 2014. "The Environmentalism of the Poor." *Geoforum* 54: 239–41.

Marx, Karl. 1967a. *Capital: A Critique of Political Economy.* Edited by F. Engels. Vol. 3, *Process of Capitalist Production as a Whole.* New York: International.

———. 1967b. *Capital: A Critique of Political Economy.* Edited by F. Engels. Vol. 2, *Process of Circulation of Capital.* New York: International.

———. 1973a. "Critique of the Gotha Programme." In *Marx/Engels Selected Works,* vol. 3, 13–30. Moscow: International.

———. 1973b. *Grundrisse.* Translated by Martin Nicolaus. London: Penguin / New Left.

———. 1976. *Capital: A Critique of Political Economy.* Translated by Ben Fowkes. London: Pelican.

———. 2000. "On the Jewish Question." In *Karl Marx: Selected Writings,* edited by David McLellan, 46–74. New York: Oxford University Press.

Matuschke, Ira, Ritesh R. Mishra, and Matin Qaim. 2007. "Adoption and Impact of Hybrid Wheat in India." *World Development* 35, no. 8: 1422–35.

Maxwell, John Francis. 1975. *Slavery and the Catholic Church: The History of Catholic Teaching concerning the Moral Legitimacy of the Institution of Slavery.* Chichester: Barry Rose.

Maybud, Susan. 2015. "Women and the Future of Work—Taking Care of the Caregivers." ILO's Work in Progress. Geneva: International Labour Office. www.ilo.org/wcmsp5/groups/public/---ed_protect/---protrav/---travail/documents/publication/wcms_351297.pdf.

Mayhew, N.J. 2013. "Prices in England, 1170–1750." *Past and Present* 219, no. 1: 3–39.

McCarthy, Charles H. 1915. "Columbus and the Santa Hermandad in 1492." *Catholic Historical Review* 1, no. 1: 38–50.

McClintock, Anne. 1995. *Imperial Leather: Race, Gender and Sexuality in the Colonial Context.* London: Routledge.

Mcglone, Matt S., and Janet M. Wilmshurst. 1999. "A Holocene Record of Climate, Vegetation Change and Peat Bog Development, East Otago, South Island, New Zealand." *Journal of Quaternary Science* 14, no. 3: 239–54.

McKeon, Michael. 1995. "Historicizing Patriarchy: The Emergence of Gender Difference in England, 1660–1760." *Eighteenth-Century Studies* 28, no. 3: 295–322.

McMichael, Philip. 1998. "Global Food Politics." *Monthly Review* 50, no. 3: 97.

———. 2000. "World-Systems Analysis, Globalization, and Incorporated Comparison." *Journal of World-Systems Research* 6, no. 3: 668–90.

———. 2009. "A Food Regime Analysis of the 'World Food Crisis.'" *Agriculture and Human Values* 26, no. 4: 281–95.

———. 2017. *Development and Social Change: A Global Perspective.* 6th ed. Los Angeles: Sage.

McNally, David. 2014. "The Blood of the Commonwealth." *Historical Materialism* 22, no. 2: 3–32.

McNeill, William Hardy. 1976. *Plagues and Peoples.* Garden City, NY: Anchor.

McRuer, Robert. 2006. *Crip Theory: Cultural Signs of Queerness and Disability.* New York: New York University Press; London: Eurospan.

McWhorter, L. 2005. "Where Do White People Come From? A Foucaultian Critique of Whiteness Studies." *Philosophy and Social Criticism* 31, nos. 5–6: 533–56.

Meade, J. E. 1952. "External Economies and Diseconomies in a Competitive Situation." *Economic Journal* 62, no. 245: 54–67.

Meade, Teresa A., and Merry E. Wiesner. 2004. *A Companion to Gender History.* Malden, MA: Wiley-Blackwell.

Melillo, Edward Dallam. 2015. *Strangers on Familiar Soil: Rediscovering the Chile-California Connection.* New Haven, CT: Yale University Press.

Merchant, Carolyn. 1980. *The Death of Nature: Women, Ecology, and the Scientific Revolution.* San Francisco: Harper and Row.

———. 1987. "The Theoretical Structure of Ecological Revolutions." *Environmental Review* 11, no. 4: 265–74.

———. 2006. "The Scientific Revolution and the Death of Nature." *Isis* 97, no. 3: 513–33.

———. 2008. "Secrets of Nature: The Bacon Debates Revisited." *Journal of the History of Ideas* 69, no. 1: 147–62.

———. 2013. "Francis Bacon and the 'Vexations of Art': Experimentation as Intervention." *British Journal for the History of Science* 46, no. 4: 551–99.

Mielants, Eric. 2002. "Europe and China Compared." *Review (Fernand Braudel Center)* 25, no. 4: 401–49.

———. 2008. *The Origins of Capitalism and the "Rise of the West."* Philadelphia: Temple University Press.

Mies, Maria. 1986. *Patriarchy and Accumulation on a World Scale: Women in the International Division of Labour.* London: Zed.

Miller, Owen. 2007. "The Myonjujon Documents: Accounting Methods and Merchants' Organisations in Nineteenth Century Korea." *Sungkyun Journal of East Asian Studies* 7, no. 1: 87–114.

Miller, Victoria, Salim Yusuf, Clara K. Chow, Mahshid Dehghan, Daniel J. Corsi, Karen Lock, Barry Popkin, et al. 2016. "Availability, Affordability, and Consumption of Fruits and Vegetables in 18 Countries across Income Levels: Findings from the Prospective Urban Rural Epidemiology (PURE) Study." *Lancet Global Health* 4, no. 10: e695–e703.

Minge-Klevana, Wanda, Kwame Arhin, P. T. W. Baxter, T. Carlstein, Charles J. Erasmus, Michael P. Freedman, Allen Johnson, et al. 1980. "Does Labor Time Decrease with Industrialization? A Survey of Time-Allocation Studies [and Comments and Reply]." *Current Anthropology* 21, no. 3: 279–98.

Mink, Gwendolyn. 1990. "The Lady and the Tramp: Gender, Race, and the Origins of the American Welfare State." In *Women, the State, and Welfare,* edited by Linda Gordon, 92–111. Madison: University of Wisconsin.

Mintz, Sidney Wilfred. 1985. *Sweetness and Power: The Place of Sugar in Modern History.* New York: Penguin.

Mitchell, Timothy. 2011. *Carbon Democracy: Political Power in the Age of Oil.* London: Verso.

Modest, Wayne. 2012. "We Have Always Been Modern: Museums, Collections, and Modernity in the Caribbean." *Museum Anthropology* 35, no. 1: 85–96.

Mohawk, John. 1992. "Discovering Columbus: The Way Here." In *Confronting Columbus: An Anthology,* edited by John Yewell, Chris Dodge, and Jan DeSirey, 15–29. Jefferson, NC: McFarland.

Moloney, Pat. 2011. "Hobbes, Savagery, and International Anarchy." *American Political Science Review* 105, no. 1: 189–204.

Monbiot, George. 2012. "We Were Wrong on Peak Oil: There's Enough to Fry Us All." *Guardian,* July 2. www.theguardian.com/commentisfree/2012/jul/02/peak-oil-we-we-wrong.

Montaño, John Patrick. 2011. *The Roots of English Colonialism in Ireland.* Cambridge: Cambridge University Press.

Moody, Kim. 1988. *An Injury to All: The Decline of American Unionism.* London: Verso.

Moore, Jason W. 2003a. "*The Modern World-System* as Environmental History? Ecology and the Rise of Capitalism." *Theory and Society* 32, no. 3: 307–77.

———. 2003b. "Nature and the Transition from Feudalism to Capitalism." *Review (Fernand Braudel Center)* 26, no. 2: 97–172.

———. 2007. "Ecology and the Rise of Capitalism." PhD dissertation, Department of Geography, University of California, Berkeley.

———. 2009. "Madeira, Sugar, and the Conquest of Nature in the 'First' Sixteenth Century, Part I: From 'Island of Timber' to Sugar Revolution, 1420–1506." *Review (Fernand Braudel Center)* 32, no. 4: 345–90.

———. 2010a. "'Amsterdam Is Standing on Norway,' Part I: The Alchemy of Capital, Empire and Nature in the Diaspora of Silver, 1545–1648." *Journal of Agrarian Change* 10, no. 1: 33–68.

———. 2010b. "'Amsterdam Is Standing on Norway,' Part II: The Global North Atlantic in the Ecological Revolution of the Long Seventeenth Century." *Journal of Agrarian Change* 10, no. 2: 188–227.

———. 2010c. "The End of the Road? Agricultural Revolutions in the Capitalist World-Ecology, 1450–2010." *Journal of Agrarian Change* 10, no. 3: 389–413.

———. 2010d. "'This Lofty Mountain of Silver Could Conquer the Whole World': Potosí and the Political Ecology of Underdevelopment, 1545–1800." *Journal of Philosophical Economics* 4, no. 1: 58–103.

———. 2010e. "Madeira, Sugar, and the Conquest of Nature in the 'First' Sixteenth Century, Part II: From Local Crisis to Commodity Frontier, 1506–1530." *Review (Fernand Braudel Center)* 33, no. 1: 1–24.

———. 2011. "Transcending the Metabolic Rift: A Theory of Crises in the Capitalist World-Ecology." *Journal of Peasant Studies* 38, no. 1: 1–46.

———. 2014. "The End of Cheap Nature, or How I Learned to Stop Worrying about 'the' Environment and Love the Crisis of Capitalism." In *Structures of the World Political Economy and the Future of Global Conflict and Cooperation,* edited by Christopher Chase-Dunn and Christian Suter, 285–314. Berlin: Lit.

———. 2015. *Capitalism in the Web of Life: Ecology and the Accumulation of Capital.* London: Verso.

———, ed. 2016. *Anthropocene or Capitalocene? Nature, History, and the Crisis of Capitalism.* Oakland, CA: PM Press.

———. 2017a. "The Capitalocene, Part I: On the Nature and Origins of Our Ecological Crisis." *Journal of Peasant Studies* 44, no. 3: 594–630.

———. 2017b. "The Capitalocene, Part II: Accumulation by Appropriation and the Centrality of Unpaid Work/Energy." *Journal of Peasant Studies* (in press).

Moore, Jason, Sharae Deckard, Michael Niblett, and Diana C. Gildea, eds. 2017. *Capitalism's Ecologies: Culture, Power, and Crisis in the 21st Century*. Oakland, CA: PM Press.

Morgan, Jennifer L. 1997. "'Some Could Suckle over Their Shoulder': Male Travelers, Female Bodies, and the Gendering of Racial Ideology, 1500–1770." *William and Mary Quarterly* 54, no. 1: 167–92.

———. 2004. *Laboring Women: Reproduction and Gender in New World Slavery*. Philadelphia: University of Pennsylvania Press.

Morison, Samuel Eliot, ed. and trans. 1963. *Journals and Other Documents on the Life and Voyages of Christopher Columbus*. New York: Heritage.

Moshenberg, Daniel. 2015. Interview by Rebecca McInroy, Tom Philpott, Raj Patel. "Prison Food," episode of *The Secret Ingredient* (podcast). August 14. http://thesecretingredient.org/prison-food-daniel-moshenberg/.

Mosse, George L. 1988. *Nationalism and Sexuality: Middle-Class Morality and Sexual Norms in Modern Europe*. Madison: University of Wisconsin Press.

Movement for Black Lives. n.d. "Reparations." https://policy.m4bl.org/reparations/.

Mumford, Lewis. 1934. *The Golden Day: A Study in American Literature and Culture*. New York: W. W. Norton.

———. (1934) 2010. *Technics and Civilization*. Chicago: University of Chicago Press.

Munro, John H. 2003. "The Monetary Origins of the 'Price Revolution': South German Silver Mining, Merchant-Banking, and Venetian Commerce, 1470–1540." Working paper no. 8, Department of Economics, University of Toronto.

Münzer, Thomas. 1524. *Hochverursachte Schutzrede und Antwort wider das geistlose, sanftlebende Fleisch zu Wittenberg, welches mit verkehrter Weise durch den Diebstahl der heiligen Schrift die erbärmliche Christenheit also ganz jämmerlich besudelt hat*. Nuremburg: Hieronymus Höltzel.

Murali, Atluri. 1995. "Whose Trees? Forest Practices and Local Communities in Andhra, 1600–1922." In *Nature, Culture, Imperialism: Essays on Envi-*

ronmental History of South Asia, edited by David Arnold and Ramachandra Guha, 50–86. New Delhi: Oxford University Press.

Nader, Helen. 2002. "Desperate Men, Questionable Acts: The Moral Dilemma of Italian Merchants in the Spanish Slave Trade." *Sixteenth Century Journal* 33, no. 2: 401–22.

Nairn, I.A., P.R. Shane, J.W. Cole, G.J. Leonard, S. Self, and N. Pearson. 2004. "Rhyolite Magma Processes of the ~AD 1315 Kaharoa Eruption Episode, Tarawera Volcano, New Zealand." *Journal of Volcanology and Geothermal Research* 131, nos. 3–4: 265–94.

Nairn, Tom. 1977. *The Break-up of Britain: Crisis and Neo-nationalism.* London: New Left.

Nanni, Giordano. 2011. "Time, Empire and Resistance in Settler-Colonial Victoria." *Time and Society* 20, no. 1: 5–33.

Nathan, Dev, and Govind Kelkar. 1997. "Wood Energy: The Role of Women's Unvalued Labor." *Gender, Technology and Development* 1, no. 2: 205–24.

National Nutrition Monitoring Bureau. 2012. *Diet and Nutritional Status of Rural Population, Prevalence of Hypertension and Diabetes among Adults and Infant and Young Child Feeding Practices—Report of Third Repeat Survey.* Hyderabad: National Institute of Nutrition, Indian Council of Medical Research.

National Research Council. 2011. "Warming World: Impacts by Degree." New York: National Research Council. http://dels.nas.edu/resources/static-assets/materials-based-on-reports/booklets/warming_world_final.pdf.

Naylor, Hugh. 2016. "An Epic Middle East Heat Wave Could Be Global Warming's Hellish Curtain-Raiser." *Washington Post,* August 10. www.washingtonpost.com/world/middle_east/an-epic-middle-east-heat-wave-could-be-global-warmings-hellish-curtain-raiser/2016/08/09/c8c717d4-5992-11e6-8b48-0cb344221131_story.html.

Neal, Larry. 2015. *A Concise History of International Finance: From Babylon to Bernanke.* Cambridge: Cambridge University Press.

Nef, John U. 1934. "The Progress of Technology and the Growth of Large Scale Industry in Great Britain, 1540–1640." *Economic History Review* 5, no. 1: 3–24.

———. 1941. "Silver Production in Central Europe, 1450–1618." *Journal of Political Economy* 49, no. 4: 575–91.

———. 1964. *The Conquest of the Material World: Essays on the Coming of Industrialism.* New York: Meridian.

Nelson, Diane M. 2009. *Reckoning: The Ends of War in Guatemala.* Durham, NC: Duke University Press.

Neocleous, Mark. 2014. *War Power, Police Power.* Edinburgh: Edinburgh University Press.

Nguyen, Dan Thu. 1992. "The Spatialization of Metric Time: The Conquest of Land and Labour in Europe and the United States." *Time and Society* 1, no. 1: 29–50.

Nietzsche, Friedrich. 2001. *The Gay Science: With a Prelude in German Rhymes and an Appendix of Songs.* Edited by Bernard Williams. Translated by Josefine Nauckhoff and Adrian Del Caro. Cambridge: Cambridge University Press.

Nove, Alec. 1992. *An Economic History of the USSR, 1917–1991.* 3rd ed. London: Penguin.

O'Connell, Sanjida. 2004. *Sugar: The Grass That Changed the World.* London: Virgin.

O'Connor, James. 1988. "Capitalism, Nature, Socialism: A Theoretical Introduction." *Capitalism Nature Socialism* 1, no. 1: 11–38.

Offer, Avner. 1991. *The First World War: An Agrarian Interpretation.* Oxford: Clarendon.

Offer, Shira, and Barbara Schneider. 2011. "Revisiting the Gender Gap in Time-Use Patterns." *American Sociological Review* 76, no. 6: 809–33.

Ohlmeyer, Jane. 2016. "Conquest, Civilization, Colonization." In *The Princeton History of Modern Ireland,* edited by Richard Bourke and Ian McBride, 21–47. Princeton, NJ: Princeton University Press.

Olson-Sawyer, Kai. 2013. "Meat's Large Water Footprint: Why Raising Livestock and Poultry for Meat Is So Resource-Intensive." Food Tank, December 16. http://foodtank.com/news/2013/12/why-meat-eats-resources.

Oram, Richard. 2013. "Arrested Development? Energy Crises, Fuel Supplies, and the Slow March to Modernity in Scotland, 1450–1850." In *Energy Transitions in History: Global Cases of Continuity and Change,* edited by Richard W. Unger, 17–24. Munich: Rachel Carson Centre.

Ormrod, David. 2003. *The Rise of Commercial Empires: England and the Netherlands in the Age of Mercantilism, 1650–1770.* Cambridge: Cambridge University Press.

Orren, Karen. 1991. *Belated Feudalism: Labor, the Law, and Liberal Development in the United States.* Cambridge: Cambridge University Press.

Overton, Mark. 1996. *The Agricultural Revolution.* Cambridge: Cambridge University Press.

Oxfam America. 2015. *Lives on the Line: The Human Cost of Cheap Chicken.* Washington DC: Oxfam America. www.oxfamamerica.org/static/media/files/Lives_on_the_Line_Full_Report_Final.pdf.

Oyěwùmí, Oyèrónkẹ́. 1997. *The Invention of Women: Making an African Sense of Western Gender Discourses.* Minneapolis: University of Minnesota Press.

Page, Brian, and Richard Walker. 1991. "From Settlement to Fordism: The Agro-industrial Revolution in the American Midwest." *Economic Geography* 67, no. 4: 281–315.

Painter, David S. 2014. "Oil and Geopolitics: The Oil Crises of the 1970s and the Cold War." *Historical Social Research* 39, no. 4: 186–208.

Pal, Jeremy S., and Elfatih A.B. Eltahir. 2016. "Future Temperature in Southwest Asia Projected to Exceed a Threshold for Human Adaptability." *Nature Climate Change* 6, no. 2: 197–200.

Palmer, G. 1974. "The Emergence of Modern Finance in Europe, 1500–1750." In *The Fontana Economic History of Europe,* edited by Carlo M. Cipolla. Vol. 2, *The Sixteenth and Seventeenth Centuries,* 527–94. London: Collins/Fontana.

Panitch, Leo, and Sam Gindin. 2012. *The Making of Global Capitalism.* London: Verso.

Parenti, Christian. 2016. "Environment-Making in the Capitalocene." In *Anthropocene or Capitalocene? Nature, History, and the Crisis of Capitalism,* edited by Jason W. Moore, 166–84. Oakland, CA: PM Press.

Parise, Agustín. 2008. "The Valladolid Controversy Revisited: Looking Back at the Sixteenth-Century Debate on Native Americans While Facing the Current Status of Human Embryos." *Journal of Civil Law Studies* 1, no. 1: article 7.

Parker, Geoffrey. 1976. "The 'Military Revolution,' 1560–1660—a Myth?" *Journal of Modern History* 48, no. 2: 196–214.

———. 1996. *The Military Revolution: Military Innovation and the Rise of the West, 1500–1800.* Cambridge: Cambridge University Press.

———. 2014. *Global Crisis: War, Climate Change and Catastrophe in the Seventeenth Century.* New Haven, CT: Yale University Press.

Patel, Raj. 2007. *Stuffed and Starved: Markets, Power and the Hidden Battle for the World Food System*. London: Portobello.

———. 2013. "The Long Green Revolution." *Journal of Peasant Studies* 40, no. 1: 1–63.

Patel, Raj, Rachel Bezner Kerr, Lizzie Shumba, and Laifolo Dakishoni. 2014. "Cook, Eat, Man, Woman: Understanding the New Alliance for Food Security and Nutrition, Nutritionism, and Its Alternatives from Malawi." *Journal of Peasant Studies* 42, no. 1: 21–44.

Patel, Raj, and Philip McMichael. 2004. "Third Worldism and the Lineages of Global Fascism: The Regrouping of the Global South in the Neoliberal Era." *Third World Quarterly* 25, no. 1: 231–54.

———. 2009. "A Political Economy of the Food Riot." *Review (Fernand Braudel Center)* 32, no. 1: 9–35.

Patterson, Clair C. 1972. "Silver Stocks and Losses in Ancient and Medieval Times." *Economic History Review* 25, no. 2: 205–33.

Patterson, Orlando. 1982. *Slavery and Social Death: A Comparative Study*. Cambridge, MA: Harvard University Press.

Paul, Diane. 1981. "'In the Interests of Civilization': Marxist Views of Race and Culture in the Nineteenth Century." *Journal of the History of Ideas* 42, no. 1: 115–38.

Paul-Majumder, Pratima, and Anwara Begum. 2000. "The Gender Imbalances in the Export Oriented Garment Industry in Bangladesh." Policy Research Report on Gender and Development Working Paper Series No. 12, Development Research Group / Poverty Reduction and Economic Management Network, World Bank, Washington DC. Available at www.atria.nl/epublications/2000/Gender_Imbalances.pdf.

Payne, Chris S. 2016. "Changes in the Value and Division of Unpaid Care Work in the UK: 2000 to 2015." November 10. London: Office for National Statistics. www.ons.gov.uk/economy/nationalaccounts/satelliteaccounts/articles/changesinthevalueanddivisionofunpaidcareworkintheuk/2000to2015.

Pearson, M.N. 1987. *The Portuguese in India*. Cambridge: Cambridge University Press.

Peet, Richard, and Michael Watts. 2004. *Liberation Ecologies: Environment, Development, Social Movements*. 2nd ed. London: Routledge.

Peng, Shaobing, Jianliang Huang, John E. Sheehy, Rebecca C. Laza, Romeo M. Visperas, Xuhua Zhong, Grace S. Centeno, Gurdev S. Khush, and Kenneth G. Cassman. 2004. "Rice Yields Decline with Higher Night Temperature from Global Warming." *Proceedings of the National Academy of Sciences of the United States of America* 101, no. 27: 9971–75.

PennState Extension. 2015. "Modern Meat Chicken Industry." http://extension.psu.edu/animals/poultry/topics/general-educational-material/the-chicken/modern-meat-chicken-industry.

Pew Research Center. 2010. "Global Indicators Database." www.pewglobal.org/database/.

Phillips, Kevin. 2009. *Bad Money: Reckless Finance, Failed Politics, and the Global Crisis of American Capitalism.* New York: Penguin.

Phillips, Ulrich Bonnell. 1929. *Life and Labor in the Old South.* New York: Little, Brown.

Phillips, William D., Jr. 2004. "Sugar in Iberia." In *Tropical Babylons: Sugar and the Making of the Atlantic World, 1450–1680,* edited by Stuart B. Schwartz, 27–41. Chapel Hill: University of North Carolina Press.

———. 2013. *Slavery in Medieval and Early Modern Iberia.* Philadelphia: University of Pennsylvania Press.

Pigou, A.C. 1920. *The Economics of Welfare.* London: Macmillan.

Piketty, Thomas. 2014. *Capital in the Twenty-First Century.* Translated by Arthur Goldhammer. Cambridge, MA: Belknap Press of Harvard University Press.

Pitts, Jennifer. 2010. "Political Theory of Empire and Imperialism." *Annual Review of Political Science* 13: 211–35.

Piven, Frances Fox. 1990. "Ideology and the State: Women, Power, and the Welfare State." In *Women, the State, and Welfare,* edited by Linda Gordon, 250–64. Madison: University of Wisconsin Press.

Planning Commission. 2012. *India Human Development Report 2011: Towards Social Inclusion.* Oxford: Oxford University Press for the Government of India.

Platter, Thomas. 1937. *Thomas Platter's Travels in England, 1599.* Translated by Clare Williams. London: Cape.

Plumwood, Val. 1993. *Feminism and the Mastery of Nature.* London: Routledge.

Pollin, Robert. 1996. "Contemporary Economic Stagnation in World Historical Perspective." *New Left Review* I/219: 109–18.

Pomeranz, Kenneth. 2000. *The Great Divergence: China, Europe, and the Making of the Modern World Economy.* Princeton, NJ: Princeton University Press.

———. 2002. "Political Economy and Ecology on the Eve of Industrialization: Europe, China, and the Global Conjuncture." *American Historical Review* 107, no. 2: 425–46.

Postle, Martin. 2002. *Thomas Gainsborough.* Princeton, NJ: Princeton University Press.

Potter, Will. 2013. *Green Is the New Red: An Insider's Account of a Social Movement under Siege.* San Francisco: City Lights.

Prashad, Vijay. 2012. *The Poorer Nations: A Possible History of the Global South.* London: Verso.

Price, Brian. 1992. "Frank and Lillian Gilbreth and the Motion Study Controversy, 1907–1930." In *A Mental Revolution: Scientific Management since Taylor,* edited by Daniel Nelson, 58–76. Columbus: Ohio State University Press.

Prince, Hugh C. 1988. "Art and Agrarian Change, 1710–1815." In *The Iconography of Landscape,* edited by D. Cosgrove and S.J. Daniels, 98–118. Cambridge: Cambridge University Press.

Quaglia, Lucia, and Sebastián Royo. 2015. "Banks and the Political Economy of the Sovereign Debt Crisis in Italy and Spain." *Review of International Political Economy* 22, no. 3: 485–507.

Quijano, Aníbal. 2000. "Coloniality of Power and Eurocentrism in Latin America." *International Sociology* 15, no. 2: 215–32.

Quirk, Robert E. 1954. "Some Notes on a Controversial Controversy: Juan Ginés de Supúlveda [*sic*] and Natural Servitude." *Hispanic American Historical Review* 34, no. 3: 357–64.

Rachleff, Peter J. 1993. *Hard-Pressed in the Heartland: The Hormel Strike and the Future of the Labor Movement.* Boston: South End.

Rae, John M.A. 1895. *Life of Adam Smith.* London: Macmillan.

Rai, Milan. 1993. "Columbus in Ireland." *Race and Class* 34, no. 4: 25–34.

Ramsey, L.F. 1920. "Levada-Walking in Madeira." *Living Age,* 8th ser., vol. 20: 656–63.

Ranelagh, John O'Beirne. 1999. *A Short History of Ireland.* 2nd ed. Cambridge: Cambridge University Press.

Ratekin, Mervyn. 1954. "The Early Sugar Industry in Española." *Hispanic American Historical Review* 34, no. 1: 1–19.

Raworth, Kate. 2014. "Must the Anthropocene Be a Manthropocene?" *Guardian,* October 20. www.theguardian.com/commentisfree/2014/oct/20/anthropocene-working-group-science-gender-bias.

Registered Nurse Response Network. 2016. "Registered Nurse Response Network Sends Nurse Volunteers on Second Deployment to Standing Rock." Press release, November 7. www.nationalnursesunited.org/press/entry/registered-nurse-response-network-sends-nurse-volunteers-on-2nd-deployment/.

Reis, João José. 1993. *Slave Rebellion in Brazil: The Muslim Uprising of 1835 in Bahia.* Translated by Arthur Brakel. Baltimore: Johns Hopkins University Press.

Renda, Mary A. 2001. *Taking Haiti: Military Occupation and the Culture of U.S. Imperialism, 1915–1940.* Chapel Hill: University of North Carolina Press.

Reséndez, Andrés. 2016. *The Other Slavery: The Uncovered Story of Indian Enslavement in America.* Boston: Houghton Mifflin Harcourt.

Resnick, David. 1992. "John Locke and Liberal Nationalism." *History of European Ideas* 15, nos. 4–6: 511–17.

Revette, Anna C. 2016. "This Time It's Different: Lithium Extraction, Cultural Politics and Development in Bolivia." *Third World Quarterly* 38, no. 1: 149–68.

Rivera-Batiz, L. Francisco. 1999. "Undocumented Workers in the Labor Market: An Analysis of the Earnings of Legal and Illegal Mexican Immigrants in the United States." *Journal of Population Economics* 12, no. 1: 91–116.

Roberts, Neil. 1989. *The Holocene: An Environmental History.* Oxford: Basil Blackwell.

Robinson, Jo. 2013. "Breeding the Nutrition Out of Our Food." *New York Times,* May 26. www.nytimes.com/2013/05/26/opinion/sunday/breeding-the-nutrition-out-of-our-food.html.

Rolf, David. 2016. "Life on the Homecare Front." *Generations* 40, no. 1: 82–87.

Roper, John Herbert, and Lolita G. Brockington. 1984. "Slave Revolt, Slave Debate: A Comparison." *Phylon* 45, no. 2: 98–110.

Rose, Gillian. 1993. *Feminism and Geography: The Limits of Geographical Knowledge.* Cambridge: Polity.

Rosen, Ruth. 2000. *The World Split Open: How the Modern Women's Movement Changed America.* New York: Viking.

Ross, Eric B. 2000. *The Malthus Factor: Poverty, Politics and Population in Capitalist Development.* Sturminster Newton, Dorset: Corner House.

Rosset, Peter. 2000. "Lessons from the Green Revolution." Food First / Institute for Food and Development Policy. Available at https://web.archive.org/web/20080211181547/www.foodfirst.org/media/opeds/2000/4-greenrev.html.

Rosset, Peter M., and Maria Elena Martínez-Torres. 2012. "Rural Social Movements and Agroecology: Context, Theory, and Process." *Ecology and Society* 17, no. 3.

Roy, Ananya. 2010. *Poverty Capital: Microfinance and the Making of Development.* London: Routledge.

Ruddiman, William F. 2005. *Plows, Plagues, and Petroleum: How Humans Took Control of Climate.* Princeton, NJ: Princeton University Press.

Ruddiman, W. F., D. Q. Fuller, J. E. Kutzbach, P. C. Tzedakis, J. O. Kaplan, E. C. Ellis, S. J. Vavrus, et al. 2016. "Late Holocene Climate: Natural or Anthropogenic?" *Reviews of Geophysics* 54, no. 1: 93–118.

Rudrappa, Sharmila. 2015. *Discounted Life: The Price of Global Surrogacy in India.* New York: New York University Press.

Ruggiero, Guido. 2015. *The Renaissance in Italy: A Social and Cultural History of the Rinascimento.* New York: Cambridge University Press.

Ruiz, Teofilo F. 1994. *Crisis and Continuity: Land and Town in Late Medieval Castile.* Philadelphia: University of Pennsylvania Press.

Safri, Maliha, and Julie Graham. 2010. "The Global Household: Toward a Feminist Postcapitalist International Political Economy." *Signs* 36, no. 1: 99–125.

Sahlins, Marshall David. 1972. *Stone Age Economics.* Chicago: Aldine-Atherton.

Salleh, Ariel. 1997. *Ecofeminism as Politics: Nature, Marx, and the Postmodern.* London: Zed.

———. 2010. "From Metabolic Rift to 'Metabolic Value': Reflections on Environmental Sociology and the Alternative Globalization Movement." *Organization and Environment* 23, no. 2: 205–19.

Santiago-Valles, Kelvin. 2005. "World-Historical Ties among 'Spontaneous' Slave Rebellions in the Atlantic." *Review (Fernand Braudel Center)* 28, no. 1: 51–83.

Sayre, Nathan F. 2008. "The Genesis, History, and Limits of Carrying Capacity." *Annals of the Association of American Geographers* 98, no. 1: 120–34.

Scarth, David Todd. 2010. "Sovereignty, Property, and Indigeneity: The Relationship between Aboriginal North America and the Modern State in Historical and Geographical Context." PhD thesis, University of Sussex. http://sro.sussex.ac.uk/45251/.

Schlozman, Kay Lehman, Nancy Burns, and Sidney Verba. 1999. "'What Happened at Work Today?': A Multistage Model of Gender, Employment, and Political Participation." *Journal of Politics* 61, no. 1: 29–53.

Schneider, Mindi, and Philip McMichael. 2010. "Deepening, and Repairing, the Metabolic Rift." *Journal of Peasant Studies* 37, no. 3: 461–84.

Schumpeter, Joseph Alois. 1961. *The Theory of Economic Development: An Inquiry into Profits, Capital, Credit, Interest, and the Business Cycle.* Translated by Redvers Opie. Oxford: Oxford University Press.

———. 1976. *Capitalism, Socialism and Democracy.* 5th ed. London: Allen and Unwin.

Schwartz, Stuart B. 1978. "Indian Labor and New World Plantations: European Demands and Indian Responses in Northeastern Brazil." *American Historical Review* 83, no. 1: 43–79.

———. 1985. *Sugar Plantations in the Formation of Brazilian Society: Bahia, 1550–1835.* Cambridge: Cambridge University Press.

———. 2004. "A Commonwealth within Itself: The Early Brazilian Sugar Industry, 1550–1670." In *Tropical Babylons: Sugar and the Making of the Atlantic World, 1450–1680,* edited by Schwartz, 158–200. Chapel Hill: University of North Carolina Press.

Scott, James C. 1985. *Weapons of the Weak: Everyday Forms of Peasant Resistance.* New Haven, CT: Yale University Press.

Scott, Joan Wallach. 1999. *Gender and the Politics of History.* Rev. ed. New York: Columbia University Press.

Seabrook, Jeremy. 2003. "The Language of Labouring Reveals Its Tortured Roots." *Guardian,* January 14. www.theguardian.com/commentisfree/2013/jan/14/language-labouring-reveals-tortured-roots1.

Seabury, Seth A., Ethan Scherer, Paul O'Leary, Al Ozonoff, and Leslie Boden. 2014. "Using Linked Federal and State Data to Study the Adequacy of Workers' Compensation Benefits." *American Journal of Industrial Medicine* 57, no. 10: 1165–73.

Seccombe, Wally. 1992. *A Millennium of Family Change: Feudalism to Capitalism in Northwestern Europe.* London: Verso.

Segato, Rita Laura. 2014. "Las nuevas formas de la guerra y el cuerpo de las mujeres." *Sociedade e Estado* 29: 341–71.

Select Committee of the Legislative Council on the Aborigines. 1859. *Report of the Select Committee of the Legislative Council on the Aborigines.* Melbourne: Government Printer.

Shaikh, Anwar. 2011. "The First Great Depression of the 21st Century." *Socialist Register* 47: 44–63.

Sheiham, Aubrey, and W. Philip T. James. 2014. "A New Understanding of the Relationship between Sugars, Dental Caries and Fluoride Use: Implications for Limits on Sugars Consumption." *Public Health Nutrition* 17, no. 10: 2176–84.

Sherwood, Steven C., and Matthew Huber. 2010. "An Adaptability Limit to Climate Change Due to Heat Stress." *Proceedings of the National Academy of Sciences* 107, no. 21: 9552–55.

Shindell, Drew T. 2016. "Crop Yield Changes Induced by Emissions of Individual Climate-Altering Pollutants." *Earth's Future* 4, no. 8: 373–80.

Sigal, Peter Herman. 2000. *From Moon Goddesses to Virgins: The Colonization of Yucatecan Maya Sexual Desire.* Austin: University of Texas Press.

Silver, Beverly J. 2003. *Forces of Labor: Workers' Movements and Globalization since 1870.* Cambridge: Cambridge University Press.

Simpson, J. A., and E. S. C. Weiner, eds. 1989. *The Oxford English Dictionary.* 2nd ed. 20 vols. Oxford: Clarendon.

Sinclair, Upton. 1906. *The Jungle.* New York: Doubleday, Page.

Slaughter, Thomas P. 1986. *The Whiskey Rebellion: Frontier Epilogue to the American Revolution.* Oxford: Oxford University Press.

Slicher van Bath, Bernard Hendrik, and O. Ordish. 1963. *The Agrarian History of Western Europe, A.D. 500–1850.* London: Arnold.

Smil, Vaclav. 1999. "Detonator of the Population Explosion." *Nature* 400, no. 6743: 415.

———. 2010. *Energy Transitions: History, Requirements, Prospects.* Santa Barbara, CA: Praeger.

Smith, Adam. (1759) 1976. *The Theory of Moral Sentiments.* Oxford: Clarendon.

Smith, Daniel Scott. 1993. "The Curious History of Theorizing about the History of the Western Nuclear Family." *Social Science History* 17, no. 3: 325–53.

Smith, William D. 1973. "New Rises Are Feared; Price Quadruples for Iranian Crude Oil at Auction." *New York Times,* December 12, 1.

Snell, Keith D.M. 1987. *Annals of the Labouring Poor: Social Change and Agrarian England, 1660–1900.* Cambridge: Cambridge University Press.

Soble, Alan. 1995. "In Defense of Bacon." *Philosophy of the Social Sciences* 25, no. 2: 192–215.

Sohn-Rethel, Alfred. 1978. *Intellectual and Manual Labour: A Critique of Epistemology.* Atlantic Highlands, NJ: Humanities.

Solar, Peter M. 2012. "The Triumph of Cotton in Europe." https://pdfs.semanticscholar.org/5550/0d2a0b8483b53f798f537b0370b031675of7.pdf.

Solow, Barbara L. 1987. "Capitalism and Slavery in the Exceedingly Long Run." *Journal of Interdisciplinary History* 17, no. 4: 711–37.

Sonn, Hochul. 1997. "The 'Late Blooming' of the South Korean Labor Movement." *Monthly Review* 49, no. 3: 117–29.

Specter, Michael. 2014. "Seeds of Doubt: An Activist's Controversial Crusade against Genetically Modified Crops." *New Yorker,* August 25.

Spence, O.M. 1870. "The Bank of St. George, Genoa." *Harper's New Monthly Magazine,* vol. 42, 392–400.

Spinden, Herbert J. 1920. "Central American Calendars and the Gregorian Day." *Proceedings of the National Academy of Sciences* 6, no. 2: 56–59.

Spínola, H., A. Brehm, F. Williams, J. Jesus, and D. Middleton. 2002. "Distribution of HLA Alleles in Portugal and Cabo Verde: Relationships with the Slave Trade Route." *Annals of Human Genetics* 66, no. 4: 285–96.

Srnicek, Nick. 2017. *Platform Capitalism.* Malden, MA: Polity.

Srnicek, Nick, and Alex Williams. 2015. *Inventing the Future: Postcapitalism and a World without Work.* Brooklyn: Verso.

Standing, Guy. 2016. *The Precariat: The New Dangerous Class.* Rev. ed. New York: Bloomsbury Academic.

Stavig, Ward. 2000. "Ambiguous Visions: Nature, Law, and Culture in Indigenous-Spanish Land Relations in Colonial Peru." *Hispanic American Historical Review* 80, no. 1: 77–111.

Stedman, John Gabriel. 1796. *Narrative of a Five Years' Expedition against the Revolted Negroes of Surinam in Guyana on the Wild Coast of South America; from the Year 1772 to 1777.* Vol. 2. London: J. Johnson.

Stein, Robert L. 1984. "From Saint Domingue to Haiti, 1804–1825." *Journal of Caribbean History* 19, no. 2: 189–226.

Steinmetz, Greg. 2016. *The Richest Man Who Ever Lived: The Life and Times of Jacob Fugger.* New York: Simon and Schuster.

Stevens-Arroyo, Anthony M. 1993. "The Inter-Atlantic Paradigm: The Failure of Spanish Medieval Colonization of the Canary and Caribbean Islands." *Comparative Studies in Society and History* 35, no. 3: 515–43.

Stoler, Ann L. 1989. "Making Empire Respectable: The Politics of Race and Sexual Morality in 20th-Century Colonial Cultures." *American Ethnologist* 16, no. 4: 634–60.

———. 2010. *Carnal Knowledge and Imperial Power: Race and the Intimate in Colonial Rule.* Berkeley: University of California Press.

Stone, Irving. 1999. *The Global Export of Capital from Great Britain, 1865–1914: A Statistical Survey.* Basingstoke: Macmillan.

Stoneman, Adam. 2015. "The New Conspicuous Consumption." *Jacobin,* June 8.

Stotsky, Janet G., Sakina Shibuya, Lisa Kolovich, and Suhaib Kebhaj. 2016. "Trends in Gender Equality and Women's Advancement." IMF Working Paper. Washington DC: International Monetary Fund.

Strasser, Ulrike, and Heidi Tinsman. 2010. "It's a Man's World? World History Meets the History of Masculinity, in Latin American Studies, for Instance." *Journal of World History* 21, no. 1: 75–96.

Studnicki-Gizbert, Daviken, and David Schecter. 2010. "The Environmental Dynamics of a Colonial Fuel-Rush: Silver Mining and Deforestation in New Spain, 1522 to 1810." *Environmental History* 15, no. 1: 94–119.

Suárez de Figueroa, Cristóbal. (1617) 1914. *El passagero.* Madrid: Sociedad de Bibliófilos Españoles.

Sudarkasa, Niara. 1986. "'The Status of Women' in Indigenous African Societies." *Feminist Studies* 12, no. 1: 91–103.

Sued-Badillo, Jalil. 1992. "Christopher Columbus and the Enslavement of the Amerindians in the Caribbean." *Monthly Review* 44, no. 3: 71–103.

Tallett, Frank. 2010. *War and Society in Early Modern Europe: 1495–1715.* London: Routledge.

Tanumihardjo, Sherry A., Cheryl Anderson, Martha Kaufer-Horwitz, Lars Bode, Nancy J. Emenaker, Andrea M. Haqq, Jessie A. Satia, Heidi J. Silver, and Diane D. Stadler. 2007. "Poverty, Obesity, and Malnutrition: An International Perspective Recognizing the Paradox." *Journal of the American Dietetic Association* 107, no. 11: 1966–72.

Taylor, Andrew. 2004. *The World of Gerard Mercator: The Mapmaker Who Revolutionized Geography.* New York: Walker.

Teng, Shu-Chun. 1927. "The Early History of Forestry in China." *Journal of Forestry* 25, no. 5: 564–70.

Teschke, Benno Gerhard. 1999. "The Making of the Westphalian State System: Social Property Relations, Geopolitics and the Myth of 1648." PhD thesis, London School of Economics and Political Science. http://etheses.lse.ac.uk/1555/.

't Hart, Marjolein, Pepijn Brandon, and Thomas Goossens. 2008. "The Commercialization of Warfare as a Strategy for Hegemonial Powers: The Dutch Case Compared." Paper presented at the Second European Congress of World and Global History, Dresden, July 3–5.

Theodorou, Angelina E. 2014. "64 Countries Have Religious Symbols on Their National Flags." November 25. Pew Research Center. www.pewresearch.org/fact-tank/2014/11/25/64-countries-have-religious-symbols-on-their-national-flags/.

Thirsk, Joan. 1964. "The Common Fields." *Past and Present* 29: 3–25.

———. 1987. *Agricultural Regions and Agrarian History in England, 1500–1750*. London: Macmillan.

Thomas, Hugh. 1997. *The Slave Trade: The Story of the Atlantic Slave Trade, 1440–1870*. New York: Simon and Schuster.

———. 2013. *Rivers of Gold: The Rise of the Spanish Empire, from Columbus to Magellan*. New York: Random House.

Thompson, Edward P. 1967. "Time, Work-Discipline, and Industrial Capitalism." *Past and Present* 38: 56–97.

Tilly, Charles. 1992. *Coercion, Capital, and European States, AD 990–1992*. Oxford: Blackwell.

Timmermann, Cristian, and Georges F. Félix. 2015. "Agroecology as a Vehicle for Contributive Justice." *Agriculture and Human Values* 32, no. 3: 523–38.

Tinker, George E. 1993. *Missionary Conquest: The Gospel and Native American Cultural Genocide*. Minneapolis: Fortress.

Tiwana, N.S., Neelima Jerath, Gurharminder Singh, and Ravleen Singh. 2009. "Pesticide Pollution in Punjab: A Review." *Asian Journal of Water, Environment and Pollution* 6, no. 1: 89–96.

Tomich, Dale W. 1990. *Slavery in the Circuit of Sugar: Martinique and the World Economy, 1830–1848*. Baltimore: Johns Hopkins University Press.

Topolski, Jerzy. 1962. "La regression économique en Pologne du XVIe au XVIIIe siècle." *Acta poloniae historica* 7: 28–49.

Toscano, Alberto. 2008. "The Open Secret of Real Abstraction." *Rethinking Marxism* 20, no. 2: 273–87.

———. 2016. "A Structuralism of Feeling?" *New Left Review* 97: 73–93.

Trexler, Richard C. 1995. *Sex and Conquest: Gendered Violence, Political Order and the European Conquest of the Americas.* Cambridge: Polity.

Tronto, Joan C. 2002. "The 'Nanny' Question in Feminism." *Hypatia* 17, no. 2: 34–51.

Tsing, Anna Lowenhaupt. 2015. *The Mushroom at the End of the World: On the Possibility of Life in Capitalist Ruins.* Princeton, NJ: Princeton University Press.

Tuck, Richard. 1999. *The Rights of War and Peace: Political Thought and the International Order from Grotius to Kant.* Oxford: Oxford University Press.

Ulrich, Laurel. 1991. *Good Wives: Image and Reality in the Lives of Women in Northern New England, 1650–1750.* New York: Vintage.

UNDP (United Nations Development Programme). 1995. *Human Development Report 1995: Gender and Human Development.* New York: Oxford University Press.

Unger, Richard W. 1984. "Energy Sources for the Dutch Golden Age: Peat, Wind, and Coal." *Research in Economic History* 9: 221–53.

USBC (United States Bureau of the Census). 1909. *A Century of Population Growth: From the First Census of the United States to the Twelfth, 1790–1900.* Washington DC: Government Printing Office.

USDA (United States Department of Agriculture). 2017a. "Food Expenditures." Last modified February 28. www.ers.usda.gov/data-products/food-expenditures.aspx.

———. 2017b. "Sugar and Sweeteners Yearbook Tables." Last modified March 6. www.ers.usda.gov/data-products/sugar-and-sweeteners-yearbook-tables.aspx.

van Dam, Petra J. E. M. 2001. "Sinking Peat Bogs: Environmental Change in Holland, 1350–1550." *Environmental History* 6, no. 1: 32–45.

———. 2002. "Ecological Challenges, Technological Innovations: The Modernization of Sluice Building in Holland, 1300–1600." *Technology and Culture* 43, no. 3: 500–520.

van de Pol, Lotte, and Erika Kuijpers. 2005. "Poor Women's Migration to the City: The Attraction of Amsterdam Health Care and Social Assistance in Early Modern Times." *Journal of Urban History* 32, no. 1: 44–60.

van der Woude, Ad. 2003. "Sources of Energy in the Dutch Golden Age: The Case of Holland." *NEHA-Jaarboek* 66: 64–84.

van Dillewijn, C. 1952. *Botany of Sugarcane.* Waltham, MA: Chronica Botanica.

Van Kirk, Sylvia. 1983. *Many Tender Ties: Women in Fur-Trade Society, 1670–1870.* Norman: University of Oklahoma Press.

van Zanden, J. L. 1993. *The Rise and Decline of Holland's Economy: Merchant Capitalism and the Labour Market.* Manchester: Manchester University Press.

Varoufakis, Yanis. 2016. *And the Weak Suffer What They Must? Europe, Austerity and the Threat to Global Stability.* London: Bodley Head.

Veblen, Thorstein. (1899) 1973. *The Theory of the Leisure Class.* Boston: Houghton Mifflin.

Verlinden, Charles. 1970. *The Beginnings of Modern Colonization.* Ithaca, NY: Cornell University Press.

Vickers, Brian. 2008. "Francis Bacon, Feminist Historiography, and the Dominion of Nature." *Journal of the History of Ideas* 69, no. 1: 117–41.

Vieira, Alberto. 1996. *A escravatura na Madeira nos séculos XV a XVII: O ponto da situação.* Funchal, Madeira: Centro de Estudos de História do Atlântico. www.madeira-edu.pt/Portals/31/hm-esc-3-ponto.pdf.

———. 2004. "Sugar Islands: The Sugar Economy of Madeira and the Canaries, 1450–1650." In *Tropical Babylons: Sugar and the Making of the Atlantic World, 1450–1680,* edited by Stuart B. Schwartz, 42–84. Chapel Hill: University of North Carolina Press.

Vilar, Pierre, and Judith White. 1976. *A History of Gold and Money, 1450–1920.* London: New Left.

von der Heydt-Coca, Magda. 2005. "Andean Silver and the Rise of the Western World." *Critical Sociology* 31, no. 4: 481–513.

von Tunzelmann, G. N. 1981. "Technological Progress during the Industrial Revolution." In *The Economic History of Britain since 1700.* Vol. 1, *1700–1860,* edited by Roderick Floud and Donald McCloskey, 143–63. Cambridge: Cambridge University Press.

Voss, Barbara L. 2008. "Domesticating Imperialism: Sexual Politics and the Archaeology of Empire." *American Anthropologist* 110, no. 2: 191–203.

Vries, P.H.H. 2001. "Are Coal and Colonies Really Crucial? Kenneth Pomeranz and the Great Divergence." *Journal of World History* 12, no. 2: 407–46.

Wackernagel, Mathis, and William Rees. 1996. *Our Ecological Footprint.* Gabriola Island, British Columbia: New Society.

Wackernagel, Mathis, Niels B. Schulz, Diana Deumling, Alejandro Callejas Linares, Martin Jenkins, Valerie Kapos, Chad Monfreda, et al. 2002. "Tracking the Ecological Overshoot of the Human Economy." *Proceedings of the National Academy of Sciences* 99, no. 14: 9266–71.

Wackernagel, Mathis, and Judith Silverstein. 2000. "Big Things First: Focusing on the Scale Imperative with the Ecological Footprint." *Ecological Economics* 32, no. 3: 391–94.

Wakeman, George. 1868. *Official Proceedings of the National Democratic Convention Held at New York, July 4–9, 1868.* Boston: Rockwell and Rollins.

Walia, Harsha. 2014. "Decolonizing Together: Moving beyond a Politics of Solidarity toward a Practice of Decolonization." In *The Winter We Danced: Voices from the Past, the Future, and the Idle No More Movement,* edited by the Kino-nda-niimi Collective, 44–50. Winnipeg: ARP.

Wallerstein, Immanuel. 1974. *The Modern World-System I: Capitalist Agriculture and the Origins of the European World-Economy in the Sixteenth Century.* New York: Academic.

———. 1983. *Historical Capitalism.* London: Verso.

———. 1989. *The Modern World-System III.* San Diego: Academic.

Wang, Ting, Donna Surge, and Karen Jo Walker. 2013. "Seasonal Climate Change across the Roman Warm Period/Vandal Minimum Transition Using Isotope Sclerochronology in Archaeological Shells and Otoliths, Southwest Florida, USA." *Quaternary International* 308–9: 230–41.

Warrell, Helen 2015. "Ruthless UK Employers Trap Migrants in 'Modern-Day Slavery.'" *Financial Times,* August 12. www.ft.com/content/43daccd0-410d-11e5-9abe-5b335da3a90e.

Watts, Michael. 1983. "On the Poverty of Theory: Natural Hazards Research in Context." In *Interpretations of Calamity from the Viewpoint of Human Ecology,* edited by K. Hewitt, 231–62. Boston: Allen and Unwin.

———. 2004. "Resource Curse? Governmentality, Oil and Power in the Niger Delta, Nigeria." *Geopolitics* 9, no. 1: 50–80.

Weatherford, Jack. 2009. *The History of Money.* New York: Three Weathers.

Webber, Jeffery R. 2017. *The Last Day of Oppression, and the First Day of the Same: The Politics and Economics of the New Latin American Left.* Chicago: Haymarket.

Wei, Zhudeng, Xiuqi Fang, and Yun Su. 2014. "Climate Change and Fiscal Balance in China over the Past Two Millennia." *Holocene* 24, no. 12: 1771–84.

Weis, Tony. 2013. *The Ecological Hoofprint: The Global Burden of Industrial Livestock.* London: Zed.

Werlhof, Claudia von. 1988. "On the Concept of Nature and Society in Capitalism." In *Women: The Last Colony,* edited by Maria Mies, Veronika Bennholdt-Thomsen, and Werlhof, 95–112. London: Zed.

Westermann, Ekkehard. 1996. "Central European Forestry and Mining Industries in the Early Modern Period." In *L'uomo e la foresta: Secc. XIII–XVIII,* edited by Simonetta Cavaiocchi, 927–53. Florence: Le Monnier.

Westoby, Jack. 1989. *Introduction to World Forestry.* Oxford: Basil Blackwell.

Westra, Laura. 1998. "Development and Environmental Racism: The Case of Ken Saro-Wiwa and the Ogoni." *Race, Gender and Class* 6, no. 1: 152–62.

White, Lynn Townsend. 1962. *Medieval Technology and Social Change.* London: Oxford University Press.

White, Richard. 1996. "'Are You an Environmentalist or Do You Work for a Living?': Work and Nature." In *Uncommon Ground: Rethinking the Human Place in Nature,* edited by William Cronon, 171–85. New York: W.W. Norton.

———. 2011. *The Organic Machine: The Remaking of the Columbia River.* New York: Macmillan.

Whittle, Jane. 1998. "Individualism and the Family-Land Bond: A Reassessment of Land Transfer Patterns among the English Peasantry, c. 1270–1580." *Past and Present* 160: 25–63.

Wickham, Chris. 1994. *Land and Power: Studies in Italian and European Social History, 400–1200.* Rome: British School at Rome.

———. 2008. "Productive Forces and the Economic Logic of the Feudal Mode of Production." *Historical Materialism* 16, no. 2: 3–22.

Wiesner-Hanks, Merry E. 2008. *Women and Gender in Early Modern Europe.* 3rd ed. Cambridge: Cambridge University Press.

Wiggins, Steve, and Sharada Keats. 2015. *The Rising Cost of a Healthy Diet: Changing Relative Prices of Foods in High-Income and Emerging Economies.*

London: Overseas Development Institute. www.odi.org/sites/odi.org.uk/files/odi-assets/publications-opinion-files/9580.pdf.

Williams, Lewis. 2012. "The Human Ecologist as Alchemist: An Inquiry into Ngai Te Rangi Cosmology, Human Agency and Well-Being in a Time of Ecological Peril." In *Radical Human Ecology: Intercultural and Indigenous Approaches*, edited by Williams, Rose Roberts, and Alastair McIntosh, 91–120. New York: Routledge.

Williams, Michael. 2003. *Deforesting the Earth: From Prehistory to Global Crisis*. Chicago: University of Chicago Press.

Williams, Raymond. 1976. *Keywords: A Vocabulary of Culture and Society*. New York: Oxford University Press.

Wills, Ian R. 1972. "Projections of Effects of Modern Inputs on Agricultural Income and Employment in a Community Development Block, Uttar Pradesh, India." *American Journal of Agricultural Economics* 54, no. 3: 452–60.

Wily, Liz Alden. 2012. "Looking Back to See Forward: The Legal Niceties of Land Theft in Land Rushes." *Journal of Peasant Studies* 39, nos. 3–4: 751–75.

Wintle, Michael. 1999. "Renaissance Maps and the Construction of the Idea of Europe." *Journal of Historical Geography* 25, no. 2: 137–65.

Wish, Harvey. 1937. "American Slave Insurrections before 1861." *Journal of Negro History* 22, no. 3: 299–320.

Wittman, Hannah. 2009. "Reworking the Metabolic Rift: La Vía Campesina, Agrarian Citizenship, and Food Sovereignty." *Journal of Peasant Studies* 36, no. 4: 805–26.

Wolf, Eric R. 1982. *Europe and the People without History*. Berkeley: University of California Press.

Wood, Andy. 2007. *The 1549 Rebellions and the Making of Early Modern England*. Cambridge: Cambridge University Press.

Wood, Ellen Meiksins. 2003. *Empire of Capital*. London: Verso.

Woods, Jeremy, Adrian Williams, John K. Hughes, Mairi Black, and Richard Murphy. 2010. "Energy and the Food System." *Philosophical Transactions of the Royal Society B: Biological Sciences* 365, no. 1554: 2991–3006.

Working Group on the "Anthropocene." 2016. "What Is the 'Anthropocene'?—Current Definition and Status." Last modified January 4. http://quaternary.stratigraphy.org/workinggroups/anthropocene/.

World Economic Forum. 2012. *Energy for Economic Growth: Energy Vision Update 2012*. Geneva: World Economic Forum. http://reports.weforum.org/energy-for-economic-growth-energy-vision-update-2012/.

———. 2016. *The New Plastics Economy: Rethinking the Future of Plastics*. Geneva: World Economic Forum. http://www3.weforum.org/docs/WEF_The_New_Plastics_Economy.pdf.

Worm, Boris, Edward B. Barbier, Nicola Beaumont, J. Emmett Duffy, Carl Folke, Benjamin S. Halpern, Jeremy B.C. Jackson, et al. 2006. "Impacts of Biodiversity Loss on Ocean Ecosystem Services." *Science* 314, no. 5800: 787–90.

Wright, Melissa W. 2006. *Disposable Women and Other Myths of Global Capitalism*. New York: Routledge.

Wrigley, Edward Anthony. 1990. *Continuity, Chance and Change: The Character of the Industrial Revolution in England*. Cambridge: Cambridge University Press.

Yager, Tom. 2002. "What Was Rundale and Where Did It Come From?" *Béaloideas* 70: 153–86.

Yeates, Nicola. 2005. "A Global Political Economy of Care." *Social Policy and Society* 4, no. 2: 227–34.

———. 2009. *Globalizing Care Economies and Migrant Workers: Explorations in Global Care Chains*. Basingstoke: Palgrave Macmillan.

Yuval-Davis, Nira. 1993. "Gender and Nation." *Ethnic and Racial Studies* 16, no. 4: 621–32.

Zaid, Omar Abdullah. 2004. "Accounting Systems and Recording Procedures in the Early Islamic State." *Accounting Historians Journal* 31, no. 2: 149–70.

Zamora, Margarita. 1990. "Abreast of Columbus: Gender and Discovery." *Cultural Critique* 17: 127–49.

Zeeuw, J.W. de. 1978. "Peat and the Dutch Golden Age: The Historical Meaning of Energy Attainability." *AAG Bijdragen* 21: 3–31.

Ziegler, Philip. 2013. *The Black Death*. London: Faber and Faber.

Zinn, Howard. 2003. *A People's History of the United States: 1492–Present*. 3rd ed. London: Pearson/Longman.

Zorrilla, Marcelo Gabriel. 2006. "El acta de requerimiento y la guerra justa." *Revista del Notariado* 885: 247–55.

致 谢

我们的这部书，是为探索人类是如何从过去走到了现在而写的。最终能够完成这样的一部书，我们首先应该感谢我们的家人，感谢我们众多的亲属，因为有了他们的爱，有了他们的智慧，有了我们之间互通有无的帮助，我们在写作时，才能够感受到关爱，才能够全身心地投入，才能够更好地理解我们的使命。我们当时全力以赴地写作，所怀的唯一希望就是，或许将来有一天，我们的孩子们能够生活在一个不同的生活网络中。

使我们的努力最终成书的亲友团非常之强大，无论是我们各自工作中露面和不露面的同事们，还是那些使该书付诸文字（纸版或电子版）的朋友，都给予了我们巨大的支持。加利福尼亚大学出版社的凯特·马歇尔对本书的打磨，出版社董事会决定接受这部书，评论者给我们提出的宝贵建议，以及布拉德利·迪皮尤、多尔·布朗和设计团队所做的辛苦工作，我们给予他们什么样的补偿都不为过。茱莉安娜·弗罗加特的编辑选择，使得这部书更具可读性，对此，我们尤其表示感激。

如果没有版权代理机构ICM的卡罗琳·艾森曼、卡罗莱娜·萨顿和克里斯·达尔的帮助，我们是没有机会与出版界合作的。而且，如果没有马克·梅茨勒的引荐，我们也不会有机会与他们接近。是马克·梅茨勒在美国得克萨斯大学奥斯汀分校工作时，将詹森领到了拉杰的家里，才使得我们见面、策划，并最终撰写这部书。

拉杰：再次感谢马克·梅茨勒，因为您的及时引荐，我才认识了詹森，通过詹森，我学会了用全新的视角看待这个世界；再次感谢马克·梅茨勒在得克萨斯大学历史系的研讨会上，给我们的著作提供了如此宝贵的见解。还有，在这40英亩（约243亩）的校园草坪上，埃里克·唐、莎米拉·路德拉帕、贾森·康斯、鲍勃·詹森、比利·钱德勒、卡伦·恩格尔，以及他们在黑人研究、亚裔美国人研究、人类学、影视广播和法律专业的同事们，他们都是我们灵感的源泉。林登·贝恩斯·约翰逊公共事务学院的埃林·伦茨和杰米·加尔布雷思边喝着啤酒，边提出了新奇的想法，思维敏捷的悉尼·布里格斯，也欣然地接受了我们早早交给他的书稿。我那些超棒的学生，整整一个学期对这部书里的观点进行系列讨论。还有布赖斯·布洛克、利奥·卡特、露西亚·甘博亚、凯特琳·古德里奇、乔斯·古兹曼、本·赫希、布赖恩·杰克逊、蒂姆·诺德勒、乔希·慕斯·奥尔德雷奇、亚历克斯·佩森、博巴克·赖哈尼、斯科特·斯夸尔斯和玛丽·弗，我高兴地向你们承认，我欠你们一个大大的人情！得克萨斯大学奥斯汀分校图书馆优秀的馆员们，尤其是图书馆本森拉丁美洲部和佩里—卡斯塔尼达图书馆优秀的馆员们，我尤其欠你们一个大大的人情。

与史蒂文·汤姆林森、尤金·塞普尔韦达、汤姆·菲尔波特、丽贝卡·麦肯罗伊、戴维·阿尔瓦雷兹、蒂姆、卡里·利格、肖恩·塞兹和格雷厄姆·雷诺兹这些人的谈话，一直都在完善着在学会上所诞生的这项工程。马利克·亚基尼、坎达斯·瓦勒杰、尤塔姆·马洛姆、迪尔德丽·史密斯·沙巴兹，以及野火项目理事会和团队，他们提出的问题都非常正确，而加州大学伯克利分校的地貌小组，连同在吉尔·哈特、内森·塞尔、理查德·沃克、迈克尔·沃茨、康姆雷德·博尔精心指导下的优秀的研究生们，以及辩论队全体成员，他们知道去哪里寻找答案。

本书的几个版本同几次研讨会的参与者们进行了分享，包括罗兹大学人文学科部的研讨会（在目前仍然称作罗兹大学的学校举行）和两次“农政研究计划”会议。通过前者，我们一直受益于理查德·皮特豪斯、瓦施纳·雅格纳特和迈克尔·尼奥科斯莫斯，通过后者，琼·博拉斯让我们想完成这部书的梦想成为可能。在国际问题研究协会，安德雷杰·格鲁巴奇克领衔一个快乐的小组进行了有成效的交谈，小组成员包括克里斯托弗·K. 蔡斯-邓恩、巴里·基思·吉尔斯和丹尼斯·奥赫恩。

读过本书或者听过本书片段，并就如何改进本书提出过建议的人的数目之多，令人咂舌。因此，我要向科尔亚·安布雷斯基、蕾切尔·贝兹纳·克尔、琼·博拉斯、佐伊·布伦特、克里斯·布鲁克、约瑟芬·克劳利—奎因、西尔维娅·费德里奇、哈利雅特·弗里德曼、利兰·格伦南、萨姆·格雷、沙尔马里·戈特尔、弗里德·哈伯曼、内奥米·克莱因、威廉·莱西、菲尔·麦克迈克尔、丹尼尔·博森伯格、乔·夸克、杰基·罗思、奥利维尔·德·舒特、丹尼尔·鲍曼、西蒙·约翰·范德米尔和肯·威尔逊表示深深的感谢！感谢他们所花的时间和所贡献的智慧！

詹森：首先，我要感谢我这位总是那么和蔼可亲、永远有独到见解的合著者——拉杰，感谢他预见到世界-生态的利害关系远远超出了这所大学的范畴，而且为了让这种利害关系为世人所知，需要的正是这样一本书。这本书之所以能够问世，完全是因为有黛安娜·C. 吉尔德和马尔科姆·W.穆尔的关爱和支持，在那么多的周末和夜晚，我们忙于写作，是他们在维系着我们这个小小的家庭。玛吉·托马斯一如既往，帮助我开阔视野，并助我养成了爱护地球的习惯。本书所促成的世界–生态谈话，得益于众多乐于助人和学识渊博的学者，他们包括A.哈伦·艾克拉姆–洛德希、弗雷德里克·奥尔布里顿·琼森、埃尔玛·阿尔特维特、马丁·阿博雷达、盖纳罗·阿瓦隆、卢克·博格曼、亨利·伯恩斯坦、琼·博拉斯、尼尔·布伦纳、加雷斯·布赖恩特、特里·伯克、布拉姆·布舍尔、珍妮弗·卡索罗、丹尼尔·阿尔达纳·科恩、萨姆·科恩、汉纳·科廷、沙雷·德卡德、特累萨·德·洛克雷、马里恩·狄克逊、芭芭拉·爱泼斯坦、亨里克·厄恩斯顿、萨姆·法斯宾德、哈丽雅特·弗里德曼、科洛达格·甘农·奥马利、黛安娜·C. 吉尔德、比克拉姆·吉尔、安德雷杰·格鲁巴奇克、丹尼尔·哈特利、阿龙·G.杰克斯、格里·卡恩斯、史蒂夫·奈特、扎希尔·科里亚、马库斯·克罗格、本杰明·孔克尔、尼克·劳伦斯、伊曼纽尔·莱昂纳迪、萨沙·利利、拉里·洛曼、彼得·马凯蒂、贾斯廷·麦克布赖恩、劳拉·麦金尼、菲尔·麦克迈克尔、弗雷德·墨菲、迈克尔·尼布利特、安德雷泽杰·诺瓦克、丹尼斯·奥赫恩、克斯廷·澳洛夫、克里斯琴·帕伦蒂、迈克尔·帕耶、斯蒂芬·夏皮罗、贝弗利·希尔弗、戴维·A.史密斯、马库斯·泰勒、埃里克·范浩特、理查德·沃克、伊曼纽尔·沃勒斯坦、迈克尔·沃茨、托尼·韦斯和安娜·扎里克。

我在美国纽约州立大学宾厄姆顿分校和其他学校的研究生们，一直都是希望和灵感的源泉，包括库沙里亚宁斯·博迪奥诺、阿尔文·卡姆巴、吉乌塞普·乔弗、克里斯托弗·R.考克斯、丹尼尔·库尼亚、乔舒亚·艾肯、路易斯·加利铎·德·索托、凯尔·吉布森、卡格里·伊迪曼、本杰明·J.马利、罗伯托·J.奥尔蒂斯和法森·卡里布·萨特里奥。还有美国纽约州立大学分校，尤其是戴恩·菲恩的年复一年的本科生研讨会上诸多的学生。

同时，我也要感谢那些在过去3年中邀请了我去研究中心、学术项目、书店和社会司法中心做演讲的学者和活动家。他们，连同那些来听我演讲的听众，促使了我更深刻地思考在世界-生态对话中无数的缺漏。尤其是当我们的观点相左时，我的思维也变得敏锐并得到了升华。

拉杰和詹森：我们推出这部书，并非是将其作为自上而下抛出的一系列对真理的权威阐述，供世人来品头论足，而是将其作为一种贡献，对眼下正在进行的关于这个星球的命运、关于我们在这个星球上如何生活和如何死去的话题有所帮助。我们的希望是：这个话题的挑战、这个话题将带来的不快，以及随之而产生的对古老真理的颠覆，都将逊色于一个联合项目所带来的快乐和爱心，因为我们这一项目的宗旨，就是为这个星球上所有的生灵创造一个公正的、不受任何束缚的世界。或许这部书里有着各种瑕疵，但是我们希望，读者评价这部书的优点时，要记住这一点：我们的思维和行为必须如此这般，犹如我们的生命悬系于我们的任何决定之上。

2017年5月25日

美国得克萨斯州奥斯汀及纽约州韦斯特尔

《廉价的代价》翻译项目组成员

吴文忠	何　芳	赵世忠
杨志刚	封国华	孟庆丰
汪　洋	贾琳楠	赵　挺